中国人民政治协商会议
天津市和平区委员会
天津市档案馆
天津市和平区人民政府
金融服务办公室
天津市和平区档案馆 编

天津人民出版社

百年中国看天津系列丛书

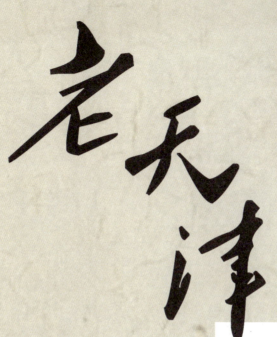

老天津

金融街

图书在版编目(CIP)数据

老天津金融街/中国人民政治协商会议天津市和平区委员会，天津市档案馆，天津市和平区人民政府金融服务办公室，天津市和平区档案馆编 . 一天津：天津人民出版社，2010.11

（百年中国看天津系列丛书）

ISBN 978-7-201-06769-8

Ⅰ.①老…　Ⅱ.①中…　②天…　③天…　④天…　Ⅲ.①金融—经济史—天津市—近代　Ⅳ.①F832.95

中国版本图书馆 CIP 数据核字（2010）第 202138 号

天津人民出版社出版

出版人：刘晓津

（天津市西康路 35 号　邮政编码：300051）

邮购部电话：（022）23332469

网址：http://www.tjrmcbs.com.cn

电子信箱：tjrmcbs@126.com

北京画中画印刷有限公司印刷　新华书店经销

2010 年 11 月第 1 版　2010 年 11 月第 1 次印刷

787×960 毫米　16 开　22 印张　4 插页

字数：440 千字　印数：1-3,500

定价（精）：68.00 元

序

罗澍伟

在推出了《天津金街老字号》一书之后,天津市和平区政协文史委、天津市档案馆与天津市和平区档案馆,最近又完成了《老天津金融街》的编写。我想,这两部书的出版,对于人们认识、宣传和普及"百年中国看天津"这样一个历史命题,会有莫大的好处。

为什么呢?

我们常说,历史永远是历史的,但各个时代的人们总是要按照自己的新经验、新认识去理解;新经验、新认识可以导致新的历史见解,也可以重新审视老的结论,更可以从大量资料中遴选出颇具当代价值的史实来。所以,历史必须不断地加以再写,才能满足时代的新需要。不断地再写历史,一直是人类为驾驭历史所付出努力的一部分,特别是在历史进程的转折点,表现得特别迫切。这一点,早已经成为社会科学工作者的共识。

天津是中国历史文化名城,但其辉煌,却在近代。近代工商业和港口贸易的发达兴盛,直把天津由一个府、县级城池,推向了中国的第二大城市行列,在大江以北则一枝独秀,由传统的区域性经济与金融中心,一跃成为近代化的全域性经济与金融中心。

金融一词来自近代,但金融活动古已有之,究其内容,不外两个方面,一是货币流通,一是信用活动。中国传统的交易形式无论大宗或小额,一律使用现银。可是到了清代中叶以后,随着异地交易的频繁,大量的现银交易已显得非常不便,于是出现了汇兑。据传,中国最早的埠际汇兑就兴起于天津。如果说汇票是中国早期的信用凭证,那么汇兑便是中国早期的信用活动了。

工商业和港口贸易的快速发展,促使近代天津一度成为中国金融创新发展的龙头城市。

1860年开埠后,天津的港口贸易发展迅速,可是国际或埠际间的结算,仍需由洋行附设的银行业务部进行,显得十分不便。随着国内外贸易额的不断增长,国际、埠际汇兑乃至全面的资金融通成为了迫切的需要。为解决这一矛盾,19世纪80年代,各国银行纷纷在天津成立分行,与此同时,中国境内首家不以英镑而是以中国通商口岸通用的银元为计算单位的外国银行也出现了,往来帐户之多,远远超出最初的预料,结果获利甚丰。所以从19世纪末开始,中国的国家银行和民族资本银行也先后在天津建立,既有分行,又有总行,从此,天津的金融市场开始同国内和国际的金融市场对接起来。

一座城市的金融业发达程度,往往是这座城市的经济尤其是商业贸易发达的硬指标。20世纪30年代以前,天津港还是一个内河港,堆放货物的码头就设在海河上游两岸。我们只要看看国内外各大银行在原法租界大法国路和英租界维多利亚路即今日解放北路的集中程度,便可想象到当年天津港口贸易的发达程度了。据不完全统计,上个世纪初,天津有中外银行100多家,当年的解放北路是有名的金融街,银行资本总额占全国的15%,资金流量居全国第二,天津作为中国北方的金融中心,在那时是当之无愧的。

由于银行是近代化的金融组织,资金雄厚,管理制度先进,大都有熟悉地方商情和金融状况的专门人才主持工作。而传统的银号因为能够有效维持天津与各地固有的金融交往,加速进出口商品的流转,两者很快建立起业务联系,一些银行直接起用银号的经理作经纪人,一些银行经纪人又转身成为银号的股东或经理。所以天津的银号从未因银行的空前发展而式微，而是紧跟经济发展之所需，继续发挥原有的作用。到了20世纪30年代，天津银号总数竟占到北平、天津、济南、青岛四大城市的一半以上，而资金总额更占到了2/3。

总之，这时的天津，不仅是中国北方最大的工商业和港口贸易城市，也是全国金融业最发达、金融交易最繁忙的城市之一。在云飞浪卷的历史波涛中，透视天津的金融发展，我们可以见到一幅幅中国近代金融发展的多彩画面。

回眸过去，是为了前瞻未来。

在改革开放不断深化的今天，历史又赋予了天津金融第二次创新发展的机遇，原来的解放北路金融街，将投资145亿元，努力重塑成一座肩负着推动创新重任的天津金融城。

天津金融城位于天津市和平区，是天津市CBD的重要组成部分。其四至范围，东起海河，南至曲阜道，西临建设路，北达海河，总占地面积1.33平方公里，建筑面积270万平方米。

以解放北路为轴心的金融城规划区域内，按照现代金融中心的功能和要求，以银行、信托、保险、证券、期货、金融租赁、基金等金融业为主导，以会计、审计、评估、中介、法律、信息、咨询等现代服务业为辅助，配合展览、旅游、娱乐、餐饮和宾馆等服务设施，建成为天津金融服务中心和金融创新中心。天津金融城将重现中国北方"华尔街"的历史风采！

历史不能重新开始，但我们可以重建一个全新的历史结局。这样光荣而又艰巨的任务，一旦成为一种责任被我们认真履行的时候，成功之门就会自动向我们开启。

这就是本书出版之前，我要说的一些话。

2010年10月6日

目　录

外国银行汇集金融街

天津最早的外资银行
——英国汇丰银行天津分行

　　第二次鸦片战争后,随着天津被迫开埠,外商银行开始进入津城。1881 年成立的英国汇丰银行天津分行既是天津最早的外国金融机构,也是当时天津最大的银行。1941 年 12 月太平洋战争爆发被日军接管停业前,该行一直主宰着旧天津的金融市场,给天津的旧式钱庄、票号及工业企业带来了巨大冲击和重大影响。

　　天津作为首都的门户和北方商贸重镇,汇丰银行天津分行的地位一直高于其他分行,其经理以总行代表的身份坐镇天津。该行的这种特殊地位,使它在群雄逐鹿的天津外商银行中始终独执牛耳。它与清政府、北洋政府都有密切的合作关系,从 1880 年到 1927 年,共向官方借款 48 笔、3.38 亿两白银,取得了盐业与海关两大税源的总管权。天津的外汇市场价格也是以天津分行的牌价为准,外国银行在津设立的“天津外国汇兑银行分会”,天津分行独领风骚,处于主导地位,成为天津外汇市场的实际操纵者。该行每天按上海、伦敦的电报,在上午11 点的时候挂出牌价,天津各银行一律按照这一牌价交易,而天津外汇经纪人也完全由天津分行为主席的“外商国际汇兑银行公会”指定和指挥,并在该行的指导下设有外汇经纪人公会,把持天津的外汇市场。

　　汇丰银行的纸币是随着天津分行的建立而进入华北的。发行钞票是该行的主要业务之一,它先后发行了加印“汇丰银行天津分行”字样的 7 种货币,1933年,天津分行发行钞票数额达 47.5 万元。其在华发行纸币及银元,增加了汇丰银行通过金融市场操纵清廷和北洋政府财政的砝码,可以说,天津分行稍一动作,就能令天津乃至京师的金融业感到震动。

　　汇丰银行天津分行成立后,国人无论是官方还是民营银行的创办、经营,无

建设中的汇丰银行大楼,位于维多利亚路和领事道交口处,建筑设计者为通和洋行

不以其为蓝本。它的成功模式催生了中国一大批银行的创建,也促成了今天解放路星罗棋布、华洋交织的北方金融市场,成就了天津北方第一大金融中心的地位。

位于今解放北路86号的中国银行天津分行,就是汇丰银行天津分行旧址,大楼始建于1924年,由阿特金森(Athinson)及道拉斯(Dallas)的同合工程司工程师设计,设计者为苏格兰建筑师伯内特(B.C.G.Burnett)。1925年建成,占地4400平方米,建筑面积5539平方米。该建筑为三层钢混结构,希腊古典复兴式风格,外观高大雄伟,气势壮观;内堂宽阔舒展,富丽堂皇。

通过向清政府借款,汇丰银行天津分行与清廷的当权派接触日渐频繁,久而久之,这些人便成了该行的客户。1864年庆亲王奕劻被御史参劾,以二厘低息将120万两白银存入银行,户部尚书清锐和鹿传霖前往彻查时,汇丰方以"银行向规,何人存款,不准告人"为由,将此二人拒之门外。由此,汇丰银行"讲信誉、为客户保密"的消息不胫而走,一些手中持有不可告人的巨款、甚至赃款的人视之为安全可靠之所,于是,清廷的王公贵族、达官显贵乃至北洋政府时期的军阀、官僚纷纷将搜刮、贪污、敲诈所得的巨款竞相送上门来,一时蔚然成风。有的连低息都不要,只要能保密、安全就行,更有甚者还要倒贴银行保管费。据史料记载，汇丰天津分行的这项存款数额从 1880 年就一直直线上升，1885 年为 6561 万港元，1913 年增至 2.98 亿港元，1932 年竟达 9.3 亿港元，这 9.3 亿港元相当于当时全国 146 家中国人设立的公私银行总存款量的 42%。

由于是秘密存款，银行方面抓住储户存款来路不明的特点，隐匿、侵吞储户存款的事时有发生。清廷重臣李鸿章曾在该行存有巨款，待李死后，其长子李经芳前来提款时，银行方仅交给他 150 万两，而据李经芳说其父生前告诉他的数目远不止这些，但因拿不出凭据来，双方你来我往，多次纷争，终无结果。北洋总统曹锟在该行存款时，双方约定凭其弟曹锐的亲笔签名提款，1924 年 10 月，冯玉祥发动北京政变，曹锟被囚，曹锐自杀。等曹锟获释后前来提款时，银行竟以没有曹锐的亲笔签名而拒付！曹锟提出死人岂能签名，银行方则称不能违反银行的规定。最终，该存款被银行侵吞。

（周利成）

吴调卿与汇丰银行

英国汇丰银行是当时中国实力最强的银行,也是第一家来到天津的外资银行,汇丰在天津开设分行之后,业务发展很快,这与汇丰银行的第一任买办吴调卿密切相关。

吴调卿(1850—1928)名懋鼎,又名荫伯,江西婺源人,是中国近代史上一位亦官亦商的重要人物。历任天津汇丰银行首席买办,关内外铁路总局督办,京师农工商总局督办大臣。戊戌变法失败后,退出政坛,在天津从事实业,创办中国早期的火柴、织绒、硝皮等工厂,是天津金融及工商业的开拓式人物。

汇丰银行于1865年在香港成立,不久在上海设立分行。1867年,17岁的吴调卿进入上海分行服务,由于办事精细,工作勤奋,很快成为上海分行的副买办,1880年天津分行筹备,成为分行的首席买办。

汇丰银行天津分行最初设在英租界礼士路(营口东道)天津海关对过的一座小楼。别看门面小,汇丰银行却赋予它特殊的权力,汇丰银行坐镇天津的负责人,享受总行代表的权力。吴调卿头脑聪明,擅长官场交谊,再加上与北洋大臣李鸿章为安徽同乡,很快得到器重。由于吴调卿精通英语,经常担任汇丰银行驻天津总代表波维斯的翻译,精通对外事务。时间一长,李鸿章经常让其参与北洋对外事务。同时汇丰银行与地方官场事务,也由他

吴调卿

出面解决。受李鸿章的委托,他还为直隶政府代理了许多军火生意。

汇丰银行天津分行成立后,在吴调卿的努力下,开展了一系列的业务。分行成立前,汇丰银行给清政府的贷款前后不超过四笔,总额仅有 1200 两。分行成立后,吴调卿利用与李鸿章、袁世凯等人的特殊关系,对清政府的贷款越来越多,数目越来越大。1880 年到 1927 年的 47 年间,贷款 78 笔,累计 3.384 亿两。汇丰银行提供的这笔贷款主要是清朝的关税和盐税的担保,于是汇丰银行就获取了中国两大中央税收的存管权。每年平均 1.57 亿两的关税和盐税通过汇丰银行汇集和转拨,由于贷款利率高、折扣大、期限短、外汇汇率差价、债票与实质差价、手续费等,每年利润达 200 万港元以上。

储蓄也是吴调卿上任以来的大笔业务。分行成立前,储蓄主要吸收外国在华企业的业务周转中的间歇金。分行成立后,储蓄业务扩展到清廷要人。吴调卿凭借其特殊关系,使李鸿章等达官贵人纷纷在汇丰银行存款。当年,庆亲王奕劻被御使蒋式星参以二厘低息在汇丰银行存款 120 万两,为此清廷户部派员调查,汇丰银行以"银行向规,任何人存款,不准告人"为由拒绝协助调查。从此汇丰银行得到达官贵人的信任,成为他们藏污纳垢的庇护所。

汇兑是汇丰银行的重点业务,用于国际汇兑的资金,一般占其流动资金的三分之一以上,有些年份高达二分之一以上,基本垄断了中国的国际汇兑业务。天津开埠之初,国际汇兑都是按汇丰银行牌价在上海进行结算的。天津汇丰银行建立后,天津的外汇市价就以汇丰银行挂牌为准。每日上午 10 点前,以汇丰银行为主席的"外商国际汇兑银行公会"指定的外汇经纪人开始向各银行兜揽外汇买卖,视供求情况参照当日上海汇丰银行牌价,决定天津当日挂牌市价。在吴调卿的努力下,汇丰银行利用其对中国国际汇兑业务的垄断地位,对便士的汇价时而放长,时而缩短,推波助澜,从中渔利。分行成立不到三年,天津进出口贸易发生了显著的变化。1883 年英国驻津总领事根据当时的情况报告说:"汇丰银行在这个港口有一个营业鼎盛的分行,使得天津的洋行在金融周转方面得以享受和上海洋行同样的便利,能够直接进口,节省了上海转运的费用,从而得以较低的价格把货物运到天津。"

汇丰银行还享有在中国的货币发行权。汇丰银行凭借特权一直在中国通商口岸发行货币,随着天津分行的建立,发行货币成为天津分行的主要业务之一。

李鸿章在天津开展洋务运动,修铁路是主要内容之一。由于修铁路需要投入大量的资金,吴调卿凭借其特殊地位,使其在铁路筹款过程中发挥了重要作用,从此吴调卿的身份也由买办逐步向官绅过渡。1886年修建津榆铁路遇到资金困难,吴调卿出面借款17万两白银。不久,经李鸿章举荐以直隶候补道参与津唐官轨铁路总局管理。1894年担任津榆铁路官轨总局总办,后改为关内外铁路局总办,在中国铁路修建中发挥了重要作用。此外,吴调卿在中法战争、中日战争中为解救刘铭传的军队、捐款赈灾方面也发挥了巨大作用。戊戌变法维新运动开展后,1898年8月,经户部尚书兼协办大臣王文韶的保荐,吴调卿担任三品衔督理农工商局大臣,在戊戌变法中提出了许多卓有成效的经济改革主张,最著名的是上书奏陈全国各大城市筹办商会,这也是后来少数未被慈禧太后取消的戊戌新政之一。他还会同端方具名连上七折,提出经济改革的具体建议。10月戊戌变法失败后,吴调卿受到汇丰银行的保护,罢官归津。

吴调卿在担任汇丰银行买办期间,在天津进行许多工商业投资。曾创办天津自来火公司、天津织绒厂、北洋硝皮厂、打包公司等,开辟了天津早期的民族工业。在吴调卿办实业的过程中,充分体现了这个戴着顶戴花翎的买办商人的两重性。作为洋人的买办,他开办的实业基本上都是与洋人合资,依靠洋人办企业,传授技术;作为清廷官吏,他在企业当中对洋人有许多限制,始终不放弃企业的管理权。但是有一点值得肯定,吴调卿给天津这座城市带来了工业文明,他开办的实业推动了天津向现代化发展的进程。

1904年吴调卿离任汇丰银行买办的职务,专门从事工商业投资。1928年,病逝于天津。

(曲振明)

麦加利银行与英美烟公司

　　麦加利银行天津分行和天津英美烟公司是两家历史悠久的外资驻津企业，由于两家企业同为英国商人投资，且存在长期的业务往来，相互之间的关系十分紧密。

　　麦加利银行亦称渣打银行，为英国皇家特许银行，总行设在伦敦。麦加利银行天津分行设立于1895年，行址在英租界中街(今解放北路153号)。现存的银行建筑(天津邮政储蓄银行)建于1926年，由英商赫明与帕尔克因(景明)工程公司设计，二层钢混结构楼房(设有地下室)。建筑主入口由爱奥尼克式巨柱形成开敞柱廊，气势宏伟庄严，建筑整体感很强，是典型的古典主义风格。该行的主要业务有定活期存款、汇兑、信用证、募集债券、发行钞票和买卖证券等。其发行的中国银元券分为1元、5元、10元、50元、100元五种面值。1933年该行在天津发

建设中的麦加利银行大楼，建筑设计者为景明洋行(Hemmings & Berkeley)(山本照相馆摄)

天津麦加利银行汇票

行钞票达 91.4 万元。

麦加利银行天津分行设有洋账房与华账房。洋账房设经理、会计主任各 1 人,会计员 6 人;下设出口部、入口部、电汇部、汇兑部、出纳办事员若干人,分司会计、营业、庶务、跑街等职。该行第一任华账房经理是徐朴庵,后由张鸿卿、邓仰周和鲍荫卿三人联合接办,并由邓仰周任第二经理。说起徐朴庵自然会想起他的住宅,原鼓楼东的徐家大院,现在的老城博物馆。徐朴庵虽然是依靠洋人啖食的买办,却饱读诗书,有一番中国绅士的风范。旧时,与天津名宿严范孙、赵元礼往来密切,遇到国内灾荒,还经常捐款赈灾,做了不少善事。

天津英美烟公司位于俄租界六经路,与天津麦加利银行隔海河相望。英美烟公司成立于 1902 年,美国烟草大王杜克控制的美国烟草公司出资三分之一,帝国烟草公司出资三分之二,组成英美烟公司(Britsh American Tobacco Co.),总部设在英国伦敦,旋即向世界各地扩展,中国、印度、泰国、马来西亚、新西兰、加拿大、澳洲、非洲等地均相继设立分支机构,由伦敦总公司统一领导,对世界烟草业实行垄断性经营,产品运销网遍布全球,俨然一大烟草王国。

1919 年 9 月,英美烟草托拉斯在天津市河东俄租界大王庄(今河东区大王庄六经路),购置了一块空地,由英商乐札建筑事务所设计师罗伯特担任设计,投资 500 万元,历时三年盖起一座占地 2.18 万平方米,建筑面积 1.127 万平方米,由 4 层楼房为主要车间的卷烟厂。当时工厂的固定资本为 729524 英镑,其中机器设备为 326133 英镑。1921 年开工时,有卷烟机十数台,切烟机 4 台,月生产能力为 2000 箱(每箱 50000 支),后逐渐增设卷烟机达 98 台,正常开动 60

台,月生产能力为 10000～12000 箱。英美烟公司天津厂的创办,使天津卷烟工业发生巨大的变化,其规模之大,产量之多,是其他烟厂不能相比的。据《天津海关十年(1922—1931)》载:"民国十一年(1922)前我国卷烟税率尚轻,其时本埠销售卷烟,多系由外洋或其他通商口岸输入。嗣后税率激增,运费加重,于是本埠正昌、协和、东亚及大英(即英美)各烟公司,乃扩充营业,增加生产,以应需求焉。各烟公司之中以大英为最巨,现有机器 60 架,工人 4000 名,年产卷烟 60 万箱(指大英烟公司在中国各地的总产量),其余 3 家烟公司,则共有机器 11 架,工人 180 名,年产卷烟 4500 箱而已"。相比之下,显然英美烟公司已在天津卷烟工业中居垄断地位。

英美烟公司在天津设有许多机构,卷烟厂本身附设发电厂;1920 年又兴建了印刷厂,负责印制卷烟包装用的商标纸;产品销售,由其附属的永太和烟草公司天津部和驻华英美烟公司天津部负责。

卷烟工业是一个利税较大的行业,而英美烟公司又占有垄断地位,所以其形成的资金往往要委托一个信得过的银行进行管理,英商麦加利银行与英美烟公司都是总部设在英国伦敦,以海外发展为主的跨国企业,自然成为了长期合作的伙伴。为此,天津英美烟公司在经营当中发生的借贷、储蓄、税金的暂存以及资金汇兑,往往由麦加利银行代理。英美烟公司是纳税大户,无论是北洋政府还是国民政府,经过历次税改,烟草税收不断增加。最初的纳税形式为烟草印花税,即每盒香烟的封签即为纳税凭证,由厂家提前向政府税务部门购买。由于英

在河东区大王庄兴建的天津大英烟公司

美烟公司是大户,每年根据公司的产量都要提前购买大量的税票,等于对政府的财政进行预支,因此颇得政府好评。而这些税票的资金皆由麦加利银行汇兑。由于天津英美烟公司的资金数额较大,故成为天津麦加利银行的主要业务户,两家企业往来十分频繁。天津英美烟公司的机构如卷烟厂和运销总部都设在河东,最初为俄租界,可以得到一定的保护。后来,中国政府收复俄租界后改为特别三区,天津英美烟公司遇到政治变故、社会动荡时,往往托庇于麦加利银行,在动乱中,得以受到英租界当局的保护。如1941年,工厂被日本军军管,1948年工厂工人举行争取"双薪"罢工,1949年1月平津战役中的天津战役爆发等,天津英美烟公司职员纷纷来到麦加利银行的楼上进行办公,一时间这里成为英美烟公司的本部。

1937年七七事变爆发后天津沦陷,随之麦加利银行和英美烟公司业务都不景气,太平洋战争爆发后皆被日军接管而停止营业。两家外籍员工都被押送到山东潍坊集中营。1945年抗战胜利后,两家企业都慢慢恢复营业。中华人民共和国成立后,1952年天津英美烟公司被天津国营企业接管,更名为天津卷烟厂。1956年麦加利银行天津分行关闭,原址成为天津邮政局解放北路营业处办公地。

(曲振明)

花旗银行天津分行

美国花旗银行天津分行坐落在原英租界中街,今解放北路90号。

该行创办于1812年,总行设在美国纽约,原名国际银行,在中国也称万国宝通银行,系美国历史悠久的民营商业银行,势力甚为雄厚,颇为中美两国商人所信用。设立之目的,是与独占外国汇兑之英国海外银行在东方竞争。当时美国无对外的金融机关,从事于外国贸易之美国商人,皆依赖英国银行,商战上常常失利,遂设立花旗银行,并在墨西哥、日本、中国、印度、菲律宾等国设立分行。可以说花旗银行对于远东有特殊意义——该行是美国在中国的国库代理银行。依据特殊执照经营银行业务,乃美国唯一可以在海外经营的银行。美国政府还将中国赔款利息经授权交给花旗银行。1926年,美国政府参加股本,改组为官商合办银行,资本总额为1.24亿美元,董事长詹姆斯·柏尔金斯。该行为美国政府指定的国库代理银行。

19世纪末20世纪初,因经营庚子赔款而在天津广设分行,1901年后先后在中国上海(兼管设在我国其他各地分行的业务)、广州、北京、天津、汉口、大连沈阳、哈尔滨和香港等地设立分行。20世纪初由瑞记洋行代理天津业务。

美国花旗银行天津分行大楼

维多利亚路上的花旗银行

1916年开业，行址初在英租界中街的通济洋行旧址，两年后在原址对面(英租界中街66号,今解放北路中国农业银行)重新建楼,于1921年建成并迁入营业。该建筑为庄严、稳重的西洋古典复兴风格。门前由四根爱奥尼克立柱支撑,构成开放式柱廊。廊前铺筑欧式台阶,营业大厅内有七根方柱,内墙面有壁柱,顶部有欧式雕饰,华丽精巧。该建筑现由农业银行天津分行使用。

花旗银行是美国对华贸易由该行单独协助办理,因此它成为美国在津银行中势力最大的一家,曾参与对清政府和北洋政府的政治贷款。

花旗银行通过白银借款,对北洋政府铸币进行监督。1916年财政部白银借款合同(垫款购买银条合同)第六条规定:"银条到津后,应由天津造币总厂依银行之指挥运入厂中专库收贮,此项银库不收赁资,其运费亦由厂担任。银条入库后至铸币之时为止,名义上仍听银行处分,由银行保管,然如有意外之事,应由政府负。至提出铸币时,每次提出与上次相距时间及提出之数量须由天津花旗银行代表与造币厂监督双方商妥,但按照本条提出之数量,无论何时,不得逾30万盎司。"

据1933年统计,该行资本、公积金、各项存款合计为7016.5万元,稍逊汇丰银行。该行除办理存放款、汇兑业务外,还在中国发行钞票,票面额分为1元、5元、10元和50元四种,截至1932年底发行总额达200万美元,折合银元为600万元,而1933年一年就发行42.3万元,但因市民拒用,翌年即被迫收回,停止流通。

该行天津分行第一任买办为金亮臣,原系上海花旗银行买办,其子金峻轩任翻译,"番纸"代号为守记。金亮臣去世,其子继任,"番纸"代号仍为守记。

1938年该行收缩业务,撤销华账房,金峻轩改任副经理。

1941年太平洋战争爆发,日军没收该行财产,关闭停业。

1945年日本投降后,又在原址恢复营业,并依靠其政治优势取代英国汇丰银行而成为天津外国银行的霸主。

天津解放后该行停业撤离。该建筑目前为中国农业银行天津分行使用。

2003年,美国花旗集团在天津设立花旗银行分行。

(张玉芳)

东方汇理银行天津分行

东方汇理银行建于清光绪元年(1875 年),总行设在巴黎,原为私人银行,后接受法国政府投资,改为由法国政府和一些财团合资经营。资本总额初为资金7200 万法郎,后增至 1.575 亿法郎,董事长兼总经理为朱诺斯。该行为股份有限公司,最高管理机构为董事会,下设总管理处和总稽核处。

它是法国在东方的殖民地银行,成立的目的是开拓印度支那和远东殖民地的金融业务。光绪十四年(1888 年),在越南西贡设立总监理处,由总监理统辖远东、南洋、印度、缅甸以及大洋洲各地分支机构。19 世纪末东方汇理银行来到中国,在上海、广州、湛江、汉口、昆明、天津、北京和内蒙等地设立分行。在华业务主要有吸收存款、发行纸币、办理放款和贴现、经营国际汇兑和投资。1911 年和1913 年该行曾参与善后大借款。该行与中法工商银行为姐妹行,两行董事在两行互有投资。东方汇理银行现为欧洲最大的资产管理公司,是世界五大船舶融资银行之一。

建筑风格

东方汇理银行天津分行 1907 年开业,经理为褒屈朗,资金 100 万两白银,地址在法租界中街(今解放北路)。

1908 年至 1921 年,由比商仪品公司按东方汇理银行法国巴黎总行设计图纸,设计师为查理和康沃西,这是一栋平顶砖木结构的三层楼房,占地 1244 平方米,建筑面积 3651 平方米,形式上基本是古典主义的三段论。该建筑为西方折中主义的建筑特色,集多种建筑技巧和造型为一体,故又称为集仿主义建筑。

台基以天然石料砌筑,首层外墙抹水泥面做横线条处理,二至三层墙面作为柱身,但没有柱子,现在见到的是 1976 年地震后加固的,以红砖砌筑墙面,并

大法国路上的东方汇理银行(山本照相馆摄)

组砌成各种图案以为点缀,女儿墙用西洋古典宝瓶式栏杆,屋顶转角处安置了一个帕拉第奥式的四坡顶亭子,是整个建筑的精华所在,可惜在1976年地震中损毁,后拆除,使大楼失去了灵动之感。

各层门窗有矩形和椭圆形,窗楣和窗套以拱形、三角形等图案点缀,大小交替、错落有致,加之铁铸雕花大门和窗栏,表现出灵活多样的巴洛克风格。外檐均设有花饰铁栏杆。正门由室外地坪到室内地坪上10步台阶,分两个台段,两台之间设精致的空心花饰铁门。

楼门内共有房屋50间,另有4间地下室,一楼为营业大厅,地面铺有彩色水泥砖,天花板用石膏塑花卉、人物装饰。大厅东北侧为副楼围合的天井屋院。副楼三层设办公室、会客室和单元宿舍,地下室建有保险库。

解放后,此楼曾为艺术博物馆,举办过很多重要的文物展览和书画展览。此楼现由天津国际拍卖公司等单位使用。

金融活动

法租界的金融活动规模虽稍逊于英租界,但所渗透的范围也相当可观。其中最大的金融机构即为东方汇理银行天津分行。该行定有严格的保密制度,一切机要及档案均由外籍人员掌管,华人无权过问。该行以经营进出口押汇及买卖外汇为重点业务。利用不平等条约,任意提高或压低外汇兑换率。

分行曾代表法国与英美德日等国共同组成五国银行团(包括汇丰银行、德华银行、日本横滨正金银行和华俄道胜银行），垄断清政府和北洋政府的外债借款，于1913年借给袁世凯2500万英镑的"善后大借款"。

国民政府迁都南京后，通过东方汇理银行天津分行和上海分行从法国购买电讯器材，在华中架设长途电话线。以法商巴黎工业电机厂上海办事处名义，向巴黎长途电话公司订货，做了一大笔生意。该行名义上是银行业，但对一般正规业务如存款、放款、汇兑和贴现都不感兴趣，很少经营，主要精力放在经营进口、出口押汇、买卖外汇上。

1941年12月，日本偷袭珍珠港，向英、美宣战，在天津接管了英租界和英、美、比商银行，唯有东方汇理和中法工商两家银行幸免。天津沦陷期间，该行利用国外白银行市趋高之机，曾两次贩运银元40余万元到伦敦，委托省立国民银行在白银市场变卖。

1945年抗战胜利后，趁英、美、比商银行的天津银行相继复业但业务尚未打开之机，东方汇理银行天津分行迅速复兴，大肆招揽进出口业务，并倒卖黄金、美钞。由于该行经理傅适曾先后在天津、汉口、上海分行担任过营业主任、会计主任、襄理、副经理，非常熟悉中国情况，因此，他除担任天津分行经理，还负责领导在华各分支机构，使东方汇理银行在津占据外商银行的首席地位。

五任买办

该行第一任华账房经理是魏莲舫，曾在钱业任职，系余大亨银号后任经理魏安甫之叔。"番纸"代号为莲记；第二任是林继香，系张勋的管家人，"番纸"代号为松记；第三任是訾质甫，系天津大木商永发顺的资东，"番纸"代号质记；第四任是齐莲洲，曾任洽源银号经理，"番纸"代号为莲记；第五任是范竹斋，系瑞兴益面纱庄和北洋纱厂经理，靖源隆、余丰厚棉纱庄资东，福安信托公司资东，被称为天津纱布业八大家之一。在法租界、城内鼓楼西拥有大批房地产，"番纸"代号为竹记。

1949年天津解放后，英、美等国银行相继歇业，中国银行天津分行先后指定华比银行和东方汇理银行经营外汇。1951年至1952年间，每月为中国政府垫款美金约200万元，英镑100万元，该行收益创造了成立以来的最高纪录。由于美国对中国实行禁运和经济封锁，冻结中国在美资金，英国也效尤，以致中国对资本主义国家的经济贸易关系中断。东方汇理银行天津分行及其他在华分支机构的国外资金被冻结,牵连到中国银行天津分行的国外资金也被冻结,该行业务也随之陷入搁浅。1956年宣告停业清理,1957年1月经批准歇业,结束了该行在天津60年的历史,成为天津最后关闭的一家外国银行。

　　1982年该行在深圳设立分行,1991年重设上海分行,1994年重设广州分行。

（张玉芳）

大法国路上的圣母玛丽亚大楼,以前是贝尔蒙特饭店,现在是平民公寓(山本照相馆摄)

中法工商银行天津分行

1860年天津被辟为商埠后,英法两国在天津占据海河西岸大片土地作为租界,建造码头,以利外轮直接停靠。各国外商银行、洋行、保险公司等纷纷来津设立机构。

到20世纪初,天津英租界中街已人满为患,欲新开设银行在英租界已找不到合适的地方了,于是他们开始向法租界发展。法租界道路建设较英租界晚,但是起点高。1918年法租界在与英租界连接的地段修建了一条大法国路,这是天津第一条沥青混凝土路。因该段路地近梨栈商贸区,连接海河万国桥,水路交通方便,加之20年代后,军阀混战,天津治安不好,许多银行纷纷在大法国路建楼开业,中法工商银行即坐落于此。

中法工商银行为中法合办金融机构,其前身系首家中外合办银行的中法实业银行,与东方汇理银行为姊妹行。它组建于1913年末,资金陆续增至一亿五千万法郎,中法各半,中国方面为官股,由王克敏、周自齐为代表。法方代表人为裴诺德、赛利尔,实权操在裴诺德手里,在北京、上海和天津设有分行。天津分行1915年开始营业,经理为裴诺德,行址在中街西宾馆(现解放北路总工会)。该行开业时并无现金股本,只靠特权由巴黎总行印刷纸币,分发各分行流通使用。该行经营业务极广,除一般银行业务外,还代销法国彩票,经营各种股票、债券和代取证券本息等。该行大量吸收华人存款,用以支持法商华顺洋行、中央汽车行和永和营造公司等进行经济掠夺活动。该行每年两次结算,均有巨额收益汇往巴黎总行,使该行票面五百法郎的股票经常保持两千法郎的市场价格。后因银行在业务外大搞造船航运,及当权法人舞弊挥霍,使银行一再亏损,多次遭遇挤兑,终于在1921年6月宣告歇业。结果3000余户的存款和百万余元的海外华工的汇款,均被该行吞没,流通于市面的大量纸币成为废纸。

大法国路上的中法工商银行（山本照相馆摄）

1923年，法国人又改头换面，以中法实业管理公司的名义复业。中国官方派曹汝霖接替王克敏任总裁。该公司发行500元票面的债券，分期20至23年偿还前银行债务。在清偿过程中，采取法郎折成银元，银元折成美金，美金再折成银元的欺骗手法，进行重重剥削。再加上手续繁琐，许多债权人弄不清楚手续而丧失债权。仅此一项，该行即获利4700余万美金。

随着业务的好转，1923年该公司改组为中法工商银行，总行设在法国巴黎，资本总额为5000万法郎，法方认股2/3，中方认股1/3。董事长格里奥莱，副董事长钱永铭。在我国上海、天津、北京和香港等地设立分行，与英国和瑞士等国建立了通汇关系。

天津分行于1925年开业，1932年至1933年又增建。由永和工程司建筑工程师马利奎特设计营造。行址在法租界中街114号（今解放北路74号天津总工会）

中法工商银行大楼是解放北路气势最恢宏华丽的古罗马式转角建筑。该幢建筑，从结构到装饰，几乎处处精美。整个建筑为主楼与配楼混合建筑，钢筋混凝土箱型梁基础，梁、柱及楼层板和屋面板均为钢筋混凝土浇筑而成，砖砌墙体。大楼沿街立面运用了西洋古典主义的建筑要素。

建筑物入口在马路转角处，以正入口为中心，向两侧沿弧线对称排列10根科林斯巨柱，高至二层窗楣，形成空柱廊。空柱廊两侧为实墙，衬托中间巨柱式空廊及入口。一层、二层全部是落地钢窗，楼内门厅采用黑白相间的马赛克地面和仿石砌墙面。213平方米的营业大厅采用淡黄色为基调的彩色水磨石地面，柜台内侧设西洋古典圆柱6根，方柱两根，大厅顶部装有彩色玻璃采光窗，沿大厅四周装有一圈白色半球形吊灯。

沿解放路一侧的科林斯壁柱，与柱廊形成严谨的对应关系，使立面主次分明。三层及顶层空柱廊是后建的。外墙设计简洁，仍然是落地高窗，窗外就是被科林斯柱支起的探出式房檐。巧妙的是四层突然内收，外侧又由数十根列柱形成另一个柱廊。两个柱廊层次分明，形成强烈对比，使整幢建筑看起来宏伟雄浑，又尽显华丽。那十根科林斯柱真是巧夺天工，柱身打磨细致，柱头上的花纹，雕刻细致，好似浪花翻滚。顶层双柱空柱廊有瓶饰栏杆，除双柱下用实用的柱墩外，柱跨间有花饰，主要入口廊柱上的中央三跨的顶层双柱空柱廊适当地挑出，并用八对檐托支撑，使入口更为突出。檐部、柱头、柱基是古罗马科林斯柱式的典型，做工精致。在柱廊上部又增加两层，并冠以双柱空廊，这在天津还是很少见的。

该大楼总建筑面积为6240平方米，首层为营业大厅、经理室、业务洽谈室和会客室等。二层为办公用房，三层为普通职员住房，四层为高级职员住房。地下室设有两间保险金库，共140平方米。配楼为三层，首层为汽车库和仓库；二层为四级住房和仓库，三层为勤杂人员用房。

该行第一任华账房经理张鸿卿，曾在户部银行、大清银行和中国银行任职，系麦加利银行和华义银行华账房的股东，还是大生银行董事兼北京分行的经理。

第二任经理陈及三，曾任春华茂银号经理，中南银行副经理和华竹绸布店资东。

第三任经理王采拯（其父系天津四大买办之一王铭槐），曾任青岛德华银行买办。

第四任经理张晋卿，系交通银行副经理张朗轩之弟，曾任余大亨银号副经理，番纸代号为晋记。

第五任经理阎治华，原系该行翻译番，纸代号为治记。1941年，该行华账房撤销，阎治华改任该行副经理。

1948年该行结业。

（张玉芳）

横滨正金银行天津分行

日本横滨正金银行创办于 1880 年，总裁儿玉见次。总行设在日本横滨，资本总额初为 300 万日元，后增至 1 千万日元，该行为日本政府特许的国际汇兑银行。据有关资料记载，截至 1943 年，该行在世界各地设立 70 处分支机构，日本国内 8 处，在我国上海、广州、汉口、北京、青岛、大连、香港和天津等地设立了 27 处。

横滨正金银行天津分店以下简称"正金津行"成立于中日甲午战争后的 1899 年 8 月 1 日，是继汇丰、麦加利、德华银行之后，第四个在津开业的外商银行。在当时天津日本人开办的 6 家银行中，它居重要地位，在日军侵华战争中扮演了重要角色。

正金银行天津分行原设计为二层楼坡屋顶，马路转角处有八角楼，上盖圆穹顶。1900 年八国联军入侵，清政府炮轰租界，中街上许多建筑遭到炮击，横滨正金银行也遭到破坏，后经过修复继续营业。

新营业大楼 1925 年奠基，建于 1926 年 10 月，由英商同和工程司英籍建筑师阿特金森和

建于 1899 年的横滨正金银行天津分行

达拉斯及澳大利亚建筑师伯内特设计，由华胜建筑公司施工（另一说施工亦为同和工程司）。占地2830平方米，建筑面积3150平方米。该建筑为三层（另一说为四层）混合结构，局部带有地下室，是希腊古典复兴形式，古典主义三段论很明确，构图严谨。主立面在今解放路，入口在正中。正面有八根贯通一二层的科林斯式巨柱式柱廊屹立在1.5米高的基座上，整个檐部与柱身比约为1：4，柱身及柱顶的雕饰做工精细，

横滨正金银行天津分行办公大厅

构图和谐轻巧。端跨用壁柱收尾。上下两层窗间用金色花铜板装饰。建筑侧面有10根柱子与正面有机呼应，形成强烈的虚实对比。檐口部位有狮头滴水装饰。外墙身以花岗岩贴砌而成。整体建筑突出廊柱的造型，其精妙细致的雕刻，与厚重的外墙形成强烈的对比。金色的大门和墙面上金色的装饰板更使整个建筑显得庄重而华丽，彰显着银行的巨大财力与可靠的信誉。在诸多银行建筑中分外抢眼。

　　该建筑的平面近似矩形，功能区划分明晰。大楼的首层为营业大厅，中央顶部为双层玻璃顶篷。下层为九格井字梁，镶嵌彩色玻璃，既美观又便于大厅采光。这座希腊古典复兴式建筑庄重典雅，面积达300平方米。其四周设有经理办公室、秘书办公室、客人休息室、电话间、买办办公室、职员办事处、账目档案室和保险金库等。大厅顶部装有机械通风设施，利用营业柜台作为进风管道及进气口，将地下室内通过天然冰冷却的空气送入大厅，以调节空气，应当说这在当时是非常先进的。由于入口正面外墙与营业大厅墙面不平行，设计者把入口门厅设计成圆形，使人感觉不到门厅与营业大厅不在一根轴线上。

二三层大多为办公用房,部分对外出租。建筑内部大部分为砖墙。保险金库和档案室采用浇筑钢筋混凝土墙体,大厅地面和营业大厅柜台外侧镶嵌大理石,柜台内侧地面为硬木条形地板。大厅贯通一二层,钢筋混凝土井字梁式厅顶,中央镶嵌有九块彩色玻璃,构成一个正方形的采光玻璃顶。下面悬挂有四个豪华吊灯。主入口门套为黑色大理石,厅周围采用仿砌石墙面,均匀设置壁柱;厅顶及井字梁侧面附有精致的石膏浮雕花饰,装点得营业大厅富丽堂皇。

该行的组织特点是所有行内大小职员一概都用本国人,这为天津各外商银行所仅见。初期成员有支配人(经理)、副支配人(副经理)各一人,支配人代理(襄理)数人,会计主任一人,当座部(往来存放)、外汇部(汇兑押汇)、事务部、计算部(专记日记账)及秘书各数人。

日本人称买办的办公室为华账房,买办为掌柜的,与洋账房不在一起办公。华账房同人称先生,称正金津行为公司,称经理、副经理、襄理为大、二、三房东。正金银行天津分行华账房第一任经理魏信臣,他初在城里二道街盐商"聚恒号"杨家的聚通恒钱庄学徒。1899年8月通过日本三井洋行职员介绍,被正金津行征聘为买办,他交纳3万两寄库保证金,签订保证书,再经日本驻津总领事郑永昌签证,才正式接办正金华账房,任经理。从合同规定买办的权利中可以看出买办的收益一部分是来自佣金。

魏发现在市场交易时完全使用现银,不仅收付检验浪费时间,往返运送亦极不方便,于是倡议在外商银行的华账房开立存款账户,这样钱业间冲算串换账款,商店购买洋行商品的货款,均可使用华账房的"番纸"进行转账,其"番纸"代号为信记。不仅方便了商品交易,同时也加速了资金周转。自此,魏在天津金融界和工商界有了较高的声誉。魏信臣通过薪金、佣金利润及利用其有利地位积累了大量财富。在房地产、金融和工商业多有投资,主要有:丹华火柴公司、嘉瑞面粉公司、北洋纱厂、裕元纱厂、劝业场、同益兴棉纱庄、同泰兴棉纱庄、义丰成钱庄、裕津银行、志通银号、永同生银号和义信房地产公司等。

正金银行天津分行华账房第二任经理为魏的胞弟魏浚泉,其"番纸"代号为浚记。七七事变后,魏浚泉的侄子魏伯刚继任第三任经理。他打破了华账房以某记为代号的"番纸"旧俗,直接使用正金银行华账房的名称。其主要业务是存放款、进出口押汇、代理日本银行寄存保管等。该行开始营业后就利用特权发行了与我国银元等价的银元钞票和银两钞票。发行的钞票(兑换券),票面额以银元为单位,有1元、5元、10元、50元和100元共五种。以银两为单位的有1两、5两、10两三种。银元钞票经常在市面流通的近百万元,银两钞票也超过50万两大关。截至1932年,共发行659.8万,折合我国银元为593.8万元。

该行吸收清朝王公大臣、宗室遗老及北洋军阀的大量"长期保价存款"(存款人的目的不在利息而在保险),在辛亥革命前后,仅清室的庆亲王奕劻、兵部尚书铁良、军机大臣那桐及军阀段芝贵、倪嗣冲等在该行存款就不下数百万。自创办到1914年第一次世界大战前,为该行奠定基础阶段。1915年至1931年为该行的发展阶段,通过贷款、透支、贴现、押汇等优惠,帮助洋行大量对华输出商品,利用不平等交换手段,掠夺中国的廉价原料。

1932年至1936年,该行的经营方针由支持商品输出,发展为奖励资本输出,直接在天津设立工厂和以廉价收买中国的民族工业,在该行借款、透支的工厂有:中华火柴股份有限公司、宝成纱厂,以及被日本钟渊纺织株式会社收买的裕元纱厂。

1937年日本侵略中国,由于驻津日军不断增加,日本洋行和工厂相继扩展和新建及日本浪人源源不断的涌入,该行的业务和机构也随之扩充。自1939年初至1945年,先后增设了日租界旭街、宫岛街两个分店和河东老车站、特一区中街和天贸大楼三个出张所。该行为适应战争需要,迅速扩展业务,在天津开设多家分支机构,并改变了其国际汇兑银行性质,功能类似国家银行,是日本银行(中央金库)在天津的代理,负责办理日本在天津驻屯军的开支业务,它还是日本在天津特务活动经费的支付所,日本在天津的军事工业部门,甚至可以在这里透支。该行的成员多为日本人,不让华人参与核心业务。以此同时,还接受日本政府指令,扶持成立中国联合准备银行,独占日汇市场,推行军用票、金银券、准备券的流通,并以大量资金资助日本在华的大企业开发资源、收购物资,以达到以战养战的目的。

横滨正金银行于1946年被盟军统帅部下令解散,随后被国民政府中国银行按敌伪产予以接收。

该建筑现为中国银行天津分行使用。

(张玉芳)

王铭槐与华俄道胜银行天津分行

华俄道胜银行于 1895 年创办,初由俄国财政部和法国财团共同投资,是沙俄帝国控制的一个政府金融机构混合体,总管理处设在上海。翌年,改为中俄合资,沙俄认股 600 万卢布,清政府认股 500 万两白银,先后在上海、天津、汉口、大连、吉林、哈尔滨、迪化(今乌鲁木齐)等地设立分行。该行是中国第一家中外合资的银行。1910 年清政府退出股款后,该行又与另一家俄法合资银行北方银行合并,改称俄亚银行,中文名称不变。1917 年俄国十月革命后,华俄道胜银行总行及原俄国境内的分支机构,被苏维埃政府收归国有。该行转以巴黎分行为总行继续营业。天津分行依附于英租界当局的庇护亦继续营业。1926 年,华俄道胜银行因外汇投机失败,经营困难,决定停业;包括天津分行在内的在华各分行也于是年 9 月接到该行巴黎董事会停业通知后关闭。其在华发行并流通的卢布随即变成废纸,持有该银行货币的客户深受其害。

1896 年,华俄道胜银行天津分行在英租界中街(今解放北路)与领事道(今大同道)转角处开业。该行于 1897 年参与第一笔对华借款——津芦铁路借款,借款总额 11250 万法郎,分 20 年偿还。根据沙俄政府颁布的《华俄道胜银行条例》规定:银行有权代收中国各种税收;有权经营与地方及国库有关的业务;可以铸造中国政府许可的货币;代还中国政府所募公债利息;敷设中国境内铁道和电线等项工程。该行在华还大量发行纸币,代收税款,向旧中国政府提供政治贷款和铁路贷款等。

该行名义上是中俄合办,实际上是沙俄政府独家经营。通过李鸿章签订的合作条文,道胜银行可以将清朝政府的对外借款、盐务和海关的税收,以及清王公贵族、显宦朝臣等金银财务都收存到银行作为金融资金。沙俄政府还在道胜银行中设有李鸿章基金和专款户名,对这样一个和李鸿章有着密切关系的银行,李鸿章当然要派自己的心腹去作为道胜银行天津分行的买办了。

王铭槐是最早在津门成名的浙江买办。他年轻时曾在上海老顺记五金行学徒,后进入专营进口机器和军火的德商泰来洋行做买办,当时正值李鸿章热衷于办洋务,发展军事工业。甲午战争期间,王铭槐通过德国洋行为李鸿章购入鱼雷艇和其他军火,不仅赚到了大笔的佣金,还得到了李鸿章的赏识,遂被举荐到华俄道胜银行天津分行充任买办。在任期间,他沿着京山铁路线北上,在牛庄、铁岭等地开设了胜字号钱庄20多个,作为天津道胜银行在各地专收税款的代理处,同时做汇兑生意。在天津估衣街还开设了胜豫银号,进行商业投资活动,成为天津"四大买办"之一。清政府各部门向道胜银行的贷款,除了规定的利息外,王铭槐还要收取佣金,银行的银库也由其亲自掌管。由于俄方人员只在周六查点银库,这给王铭槐提供了一个挪用现金的时间差。每周六后,他就令人将库金拉至他自己开设的银号放款生息,到下周五再拉回银库,以备查验。后来俄方干脆只是查验银库最上层的箱子,而根本不查底层的箱子。于是王铭槐更加大胆,每次查验时只将上层箱子装满银子,下层只以空箱子充数。他还利用这笔资金投资各种商业活动和房地产开发,获利甚丰,不久就开设了道胜货栈、久福原绸庄和回青大药房等自己的产业。但后因投资房地产的20万两白银没有及时收回,其弄虚作假、挪用银库巨款的事情终于1901年败露,银行主管随即将其

维多利亚路和领事道交口处的华俄道胜银行(山本照相馆摄)

开除。

今天解放北路上的中国人民银行天津分行就是华俄道胜银行天津分行的旧址,该建筑于 1900 年兴建,为天津唯一一个采用穹顶、采光亭的建筑。由德国建筑师理查·西尔(Richard Seel)设计,后经几次改建。大楼为二层砖木结构,棕红色穹顶,黄色面砖,由文艺复兴时期的穹顶、采光亭,罗马时期的圆拱券,马洛克时期的曲线形尖山墙等组成,以折中主义形式为主旋律,集当年各种流行风格于一身。自入口进入六角形门厅,经门厅两侧的弧形台阶进入底层营业大厅。大厅为对称的短"L"形,两侧为办公室、接待室,设有半地下室,为金库、账库等。现为天津市特级历史风貌建筑。

(周利成)

比利时领事馆与华比银行

　　比利时领事馆设立于庚子之役后,华比银行天津分行设于 1906 年,1922 年它们相继搬入新建成的位于英租界维多利亚道上的（今和平区解放北路 102 ~ 104 号）大楼。该楼由华比银行建于 1921 年,东沿解放北路,南抵太原道,西临大沽路,北临大连道。由比利时仪品公司设计并监理。建筑面积 2339.5 平方米,为混合结构三层楼房,外檐主立面为石材饰面,立面简洁明快,体现了当时简约的现代主义建筑风格。室内功能设计得当,装饰考究。该建筑现基本保持原貌,木地板、木楼梯等设施保存完好,为我市重点保护等级历史风貌建筑。

　　说起比利时领事馆,还得先从天津比租界开辟、发展、接收说起。1900 年八国联军入侵天津、北京时,比利时并没有派兵参战,但是同年 11 月 17 日,比利时驻天津领事梅禄德向天津领事团宣布,他奉比利时驻华公使之命,占领海河东岸俄国占领区以下长 1 公里的地段。1902 年 2 月 6 日,比利时驻天津代理领事嘎德斯奉比国钦差全权大臣姚士登之命与清政府天津道台张莲芬签订《天津比国租界合同》。比租界位置在俄租界以南,海河与大直沽村之间,直到小孙庄,面积 740 余亩。同时,还规定,如果日后比租界商务兴旺,可以开辟由比租界到京山铁路的通道,作为比租界的预备租界,这片土地不

维多利亚路和怡和道交口处的华比银行(山本照相馆摄)

29

1925年的维多利亚路，从华比银行向南看，左侧是福利公司（Hall & Holtz Ltd.）

得卖与别国。

　　天津比租界是近代中国唯一的一个比利时租界，地处偏僻，比国政府无意经营，从1902年开辟到1931年交还中国的29年间，始终未能进行开发。比国政府仅将治理权保留，而将经营权转让给比国银公司，以致当时通称比租界为"股票租界"。虽然比利时商人在天津开设有不少工商企业，包括世昌洋行（电车、电灯）、华比银行等，但是均未在该租界进行投资。后来仅有英国和记洋行在界内租地180亩，开办了蛋厂（今食品一厂）。因此该租界的收入极为有限，仅能维持日常开支，唯一的一项市政工程——沿河马路所花费的8万两白银也完全依靠举债建成。天津比租界属于各国在华租界中极不发达的一类。

　　由于天津比租界面临财政危机，1927年1月17日，比利时驻华公使洛恩宣布，比利时愿意将天津比租界交还中国，以示友好。1929年8月31日，中比两国签订了交还天津比租界的约章，规定该租界的行政管理权，以及所有租界公产，移交中国政府；而比租界工部局所负的9万3千两白银（包括利息）债务由中国政府偿还。1931年1月15日，交接典礼于上午11时在比租界工部局前举行，中方代表有接收专员、天津市长臧启芳，外交部长王正廷，河北省府主席王树常，前国务总理颜惠庆等，比方代表有总领事施爱恩、使馆一等秘书爵尔登等。比工部局前专门搭了彩坊。彩坊红地彩花，正额用金字排成"接收天津比租界纪念"字样，坊身遍缀彩灯。各界人士五千余人在现场观看了典礼。典礼上，比中代表分别致辞,乐队演奏了两国国歌,比国国旗徐徐降下,中华民国国旗冉冉上升。这天全市机关学校放假一天,各居民铺户均挂国旗庆祝,主要街道亦悬有庆祝标语。

《大公报》在描写典礼现场景况时,曾用了"空前庆典"、"参加者咸极庄肃,而有雍容欢快之感"等语。

天津比租界被接管后改为天津特别行政区第四区,简称特四区。该区的管理事务由特别第三区兼署管理。比租界的权力机构是董事会,设在比利时领事馆内。比租界初建时,比国政府命令比国在津侨民组织临时董事会,商议兴革事宜。但这个董事会必须接受比国驻华公使的直接监督和比国外交部的间接监督,按月呈报一切办理情况。最初临时董事会由比国政府任命4名侨居天津的比国人组成,另派4人为助理,襄助董事的工作。后来临时董事会成为正式机构,这4名助理便成为副董事。从此,比租界的董事会便有董事和副董事之设,是为比租界董事会组成的特色。历届董事长均由总领事担任,所以总领事实际上是比租界的最高行政长官。第一任董事长是嘎德斯,嘎德斯奉调回国后,由王格森接任。1914年第一次世界大战后由斯爱尔接任。董事由比租界内的高级侨民组成。担任董事必须具备两个条件:一、必须是侨居天津的比国人,并熟悉中国情况但不限定居住在比租界;二、必须拥有财产白银2万两以上。先后担任董事的有华比银行负责人罗伯特和德福斯,比商天津电车电灯公司总经理马洒,

1931年王正廷(有×者)参加天津比租界接受仪式

31

华比银行发行的纸币

比商仪品放款公司经理欧爱叶,比商良济药房经理马丁,开滦矿务局总工程师窦根,耀华玻璃公司经理那森等。

由于比租界位置比较偏僻,比利时领事为保持与各租界当局的密切联系,始终没有把比国领事馆设在比租界,而是设在比较繁华、交通便利的英租界内,租用华比银行大楼内房间办公。

华比银行(BelgianBank)属比利时通用银行系统,创立于1902年,总行设在比利时首都布鲁塞尔。同年12月,在上海设立分行。后陆续在天津、北京、汉口、香港等地设立分行。资本金为3000万比法郎,全部由27人承购。天津分行于1906年开业,主要经营存款、外汇及抵押放款,并发行钞票,还着重在中国投资铁路,专营承揽铁路借款。新中国成立后,曾被批准为经营外汇的"指定银行",代理中国银行买卖外汇及国外汇兑业务。1956年申请停业清理,1976年正式停业。该建筑除华比银行自用外,建筑的二层还对外出租,美商德士古股份有限公司等均曾租用为办公用房。原华比银行大楼现由中国建设银行使用。

(张绍祖)

欧爱叶与天津仪品放款银行

　　1860 年天津开埠后，随着各国租界的建立，外国淘金者源源不断地涌入津城，有从小职员做起，最终左右中国政治的赫德、德璀琳之流；也有从两手空空的流浪汉发迹成了百万富翁，甚至千万富翁之类，比商仪品放款银行的创办人便是其中之一。

　　比商仪品放款银行，又称比商仪品放款公司，为比利时、法国合资创办的银行，名义上属于比国财团，实际上其并未正式投资，总行虽设在比利时首都布鲁塞尔，但法国巴黎另设有总管理处，直接掌管中国各地分公司。1912 年后，该行在中国的上海、天津、汉口和香港等地设立分行，其资本总额达到 1000 万法郎。

大法国路上的仪品公司（山本照相馆摄）

其创办人欧爱叶更是从一个一文不名的淘金者一跃成为百万富翁。

法国人欧爱叶曾于八国联军侵华时只身来华淘金，遍游中国大江南北，最终落脚于天津，借天主教关系结识北京商人袁廷珍，得以介入商界。《辛丑条约》缔结后，天主教崇德堂、首善堂依仗洋人势力，串通官府，大量霸占房地，民怨极大。欧爱叶了解到这一情况后，便向梵蒂冈罗马教皇建议：限令教会专心致力于传教，经济方面事务可成立专业财团负责。这一建议得到罗马教皇的嘉许，罗马教皇遂勒令首善堂、崇善堂停止房地产生意，同时授权欧爱叶成立公司，接管房地产业务。于是，他立即返回法国成立了仪品放款银行。

1912年，欧爱叶返回天津，成立天津仪品放款银行，又称天津仪品公司，行址设在法租界中街(今解放北路111号)。银行业务受巴黎总管理处指挥。欧爱叶施展欺骗手段，诡称比国总公司拥有巨额资金，系属于比国财团体系的机构，乃以天津仪品放款银行名义接收了首善堂、崇德堂经管的全部房地产，签订了以10年为期分期偿付房价的契约，规定欠款按年息五厘支付，做成在津的第一笔生意。

欧爱叶以总公司董事长的最高领导身份，亲自主持天津仪品银行工作，并以袁廷珍为买办，不断拓展在华业务。1926年，袁廷珍去世，其子袁子珍继任买办。其后，仪品公司业务日益扩张，欧爱叶又以比利时人魏尔伯继任经理。魏尔伯原系津浦、陇海两铁路局的工程人员，与原津浦铁路局材料处处长沈少兰关系密切。沈少兰拥有大量房产，魏尔伯担任经理后，沈少兰遂将全部房产存入仪品公司作为寄库保证金。从此，仪品银行越做越大，又相继成立了中法义隆房产公司、中法义兴轮船公司、仪品机器砖窑、粘板公司，还在布鲁塞尔成立了古玩店。北洋时期，天津仪品放款银行曾为华北总管理处，负责管理北京、济南分公司及山海关、秦皇岛、北戴河等地的办事处。可以说仪品银行起家始自天津、北京，由经营房地产抵押放款，逐渐扩大业务兼办房地产的买卖和修建。

天津仪品银行成立后，以房地产出租及抵押放款为主要业务，下设房产部、放款部、建筑工程部和挂旗部。放款部的业务是以房地产为抵押进行放款，也是天津仪品银行最主要的生财之道。放款部在办理房地产抵押放款前，先要由建筑工程部的外籍工程师验契，核对房地产的实际情况并进行估价，然后按估价的30%～60%计算出借款金额。借款方认可后，其房地契由公司的房产经理部送有关机关办理过户手续,重新税出新契,房产所有权自然也就属于仪品银行。如果房地产坐落在英、法、日、意等各国租界内,就在各该租界工部局地亩处办理过户手续和税出新契;如果房产在中国地内,就一律到比租界工部局办理各项手续。贷款利息通常为月息二分至二分五厘,每三个月交付一次利息,缴款更是严格限定货币种类,以北洋银元或香港港币为最佳,外国银行只收华比、汇丰、花旗三银行的纸币或支票,中国的银行只承认中国、交通两行的纸币。

借款期限规定为 5 年至 10 年。抵押的房地产每年由建筑工程部工程师勘查一次,逐年贬值 3% ~ 5%。自借款之日起,不动产值年年递减,借款金额却在年年攀升。假如借款人因故至年终未能交足借款利息,则需将欠息加入借款额内,以此类推,借款数额越来越大,直到不动产值与借款额持平时,仪品银行即可取得该房产的产权,向法国领事馆及该管租界工部局申请注销原业主的契纸,新契正式生效。

天津仪品银行还有一种放款形式,即以地皮抵押放款,用贷款建房。这是由于土地原业主无力兴建房产,所以向公司办理借款投资建房,当然一切的建房工程均由仪品公司包办,经租管理也由其掌管,实质是仪品银行无偿利用中国人的地皮兴建房屋,然后坐收房租收益的 10 年至 20 年不等,期满后,房产才归原地主所有。就这样,仪品银行在短短的二三十年里,就拥有了大量的房地产,可以说,当年天津的各个区域都有仪品银行的房产。

抗日战争爆发后,天津仪品银行业务遭受冲击,勉强维持至 1940 年即宣告停业。

(周利成)

日本人投资的朝鲜银行天津分行

朝鲜银行原为日本人于 1909 年 11 月在汉城建立的韩国银行，1911 年更名为朝鲜银行。总行设在汉城，初期总资本为 250 万日元。总裁由日本政府任命，日本政府拥有十分之三的股份，委派日本驻朝鲜总督对银行直接控制和监督，同时赋予经理国库、发行货币的权力。朝鲜银行实质上成为日本对朝鲜半岛进行殖民统治的中央银行。朝鲜银行早期的活动范围仅限于朝鲜半岛，1913 年大藏省理财局长胜田主计就任第二任总裁后，提出了"鲜满经济一体化"的政策，该行陆续在中国上海、沈阳、大连、抚顺、长春、天津、北京、青岛、济南等地开设 26 处分行。1916 年 11 月，朝鲜银行取得了原横滨正金银行代理东北地区国库业务的特权，并且其在东北发行的纸币量大大超过横滨正金银行，银行资本总额迅速扩张，最高时达到 8000 万日元。1918 年设立朝鲜银行天津分行，行址在法租界中街（今解放北路 97 号），1938 年迁至日租界旭街（今和平路）。1945 年抗战胜利后，包括朝鲜银行天津分行在内的关内的朝鲜银行以及关外的原朝鲜银行资产，统由国民党指定的中央银行天津分行接收。

1918 年，朝鲜银行天津分行在津成立，首任经理为日本人野崎，其主要业务有存款、放款、贴现、汇兑和代理收付等，曾在中国发行钞票（兑换券）总额为 12521 万日元，代表日金圆流通各地。该行设有华账房，第一任经理赵幼田，第二任经理华欣如。天津分行建立之时日租界正在开发，各种配套设施尚不完善，同日资的横滨正金银行一样，朝鲜银行也选择了更有优势的法租界设立自己的营业场所。其在法租界中街上的办公大楼，部分曾为经营珠宝古玩的法国乌力文洋行使用，该楼东接张自忠路，南抵营口道，西临解放北路，北沿承德道。建筑面积 2300 平方米，三层砖混结构，立面沿解放北路和承德道的转角处展开，风格统一。三个立面中各设有一个入口，其中以转角处为主入口。一、二层以十几根巨大的圆柱贯通,柱头并未有装饰,两柱之间勾勒出弧形,与列柱组合起来形成"券柱式"。二层上端挑出檐口,檐部与列柱的柱头呈现白色。窗台做瓶式列柱装饰,形成护栏式回廊,缓坡式屋顶,转角处作山花式处理。大楼外檐为法国古典主义建筑风格,建筑简洁明快,精致协调。

1938年,朝鲜银行天津分行迁至日租界旭街(今和平路129号,曾为天津市新华书店和平路书店)。该建筑为三层砖混结构,建筑面积2700平方米,平面呈倒八字形,正门为菲律宾木雕花大门,两侧为14根陶立克式砖柱,整体为西洋古典风格,采用中式建筑的磨砖对缝传统手法,顶部出檐、坡顶。现为天津市特殊保护等级历史风貌建筑。

（周利成）

朝鲜银行

中国人开办的银行

天津金融管理局始末

1948 年 1 月 1 日成立的天津金融管理局(简称天津金管局),是南京国民政府财政部对天津和北平两市金融实施监管的机构。其主要任务是检查银行钱庄、审核行庄业务、取缔金钞黑市、控制和打击平津私营行庄,以配合国民党当局财政经济政策,为官僚资本服务。其具体业务由中央银行总行领导,往来文件均抄呈财政部。中央银行天津分行也有协助该局实施监管的特权。1949 年 1 月 15 日,该局被天津市军事管制委员会金融接管处及时接管。

办公地址及机构职能

天津金管局成立伊始,"暂假十区中正路中国银行三楼开始办公",相继内设秘书处、稽核处、会计室及北平办事处等机构。局长为施奎龄,副局长兼稽核处长为曹振昭,秘书处长由谢天培担任。施奎龄声称,要在"中国经济已临近严重关头"之时,"管制金融"。

其有八大职责:一是国家行局库及其信托部或其附属机构的放款、汇款、投资及其他交易的审查及检举事项;二是省市银行、中外商银行(庄)、信托公司、保险公司、信用合作社及其附属机构或其他经营金融业务之行号的放款、汇款、投资及其他交易的审查和检举事项;三是银钱业联合准备委员会及票据交换所的督导及检举事项;四是政府机关及国营事业机关违背公款存汇办法之检举及取缔事项;五是非法金融机构的检举及取缔事项;六是黄金、外汇、外币非法买卖之检举及取缔事项;七是金融市场动态调查及报告事项;八是财政部及中央银行委办的事项。

据《天津通志·金融志》载,中国银行天津分行 1945 年 12 月复员接收,行址在十区中正路(今解放北路)。1946 年 3 月 5 日《天津市银行同业公会会员代表名册》载,中国银行天津分行地址在"旧英界中街"。

经考,天津金融管理局的局址,在今营口道至开封道之间的解放北路沿街上。该局被接管前夕,曾任河北省田粮处副处长的潘鹤被委任为局长,局址设在六区威尔逊路(今解放南路)2号。

设置缘由及方针任务

1947年12月2日,在南京国民政府行政院第32次会议上,通过了在上海、天津、广州、汉口设置金融管理局的《要案》和《组织规程》,以期防止各地金融机关投机及从事非法活动,安定市场。这是国民党当局试图挽救经济危机的金融自救之策。

当时,国库空虚,国内通货膨胀愈加严重,物价上涨曾达抗战前数百万倍,囤积居奇、买卖黄金美钞、经营黑银号等非法行为层出不穷。抗战胜利后,执政当局派员"劫收"且热衷内战,也导致金融市场紊乱不堪。

1947年12月6日,曾任河北省财政厅长、河北省银行总经理的施奎龄握着"尚方宝剑"拉开阵势,但当局腐败昏聩,天津金管局又得"绝对遵照中央法令国家政策执行任务",因此,其监管工作不可能代表广大人民的利益,这也意味着其难逃短命的厄运。

1948年1月3日,天津金管局举行记者招待会,报告工作方针、职能任务。一方面:领导金融业务,配合经济建设,设法使市场游资纳入正轨,归入行庄,以扶植农商厂矿;疏导游资,稳定金融,安定民生,对各行庄、企业的资金状况加以调查,予以调整与扶持。另一方面:消灭金钞黑市,限期令各兑换业一律改业,其他商店如兼营金钞也在取缔之列;严禁行庄直接购货、助长涨风;对金融市场利率加以管理,限制资金集中各大都市。

为体现"派员调查严禁徇私",该局还强调廉政建设,施奎龄公开宣称,"一是金管局业务有时须派员调查,所有派员均持正式公文,如无公文即系假冒。二是派出人员的车饭费用均由局方供给,概不接受各方招待,如有被调查者行贿图免,收贿者固罪有应得,行贿者亦应负刑事责任。三是个人(施自称)在津亲友私交甚多,其中不少金融业者,但个人作风,决不能超过公令而讲人情"。

施奎龄磨刀霍霍,高调行事,"先声夺人,正式发挥威力"。为了解资金流动情形，自 1 月 7 日起，开始监督票据交换业务。1 月 10 日，根据天津市经济会议的议决，天津金管局会同天津市政府各方组成金融小组，处理案件。普查天津银行钱庄业务，也全面展开，对 62 家钱兑业及黑银号发出通牒，限期改业。1 月 13 日天津金融管理局北平组成立，"北平完全受津局指挥"。四联总处天津分处被撤销后，其部分业务也由天津金管局承担。

督导整顿及查办大案

天津金管局对金钞黑市买卖、黑银号、金融机构的非法经营问题及贯彻政府财政金融货币业务政策、票据清算制度等方面，进行了效率较高的检查督导和规范整饬。

"严格取缔金钞交易"，就是指望施重典、出奇效的天津金管局烧的第一把火。1 月 20 日，天津金管局规定国家各行局库的"头寸"（指投资者拥有或借用的资金数量），一律集中存放于中央银行天津分行。1 月 21 日，天津市商会以支票当日不能抵现为由，请求取消。天津金管局在第一时间将此动议驳回，要求"当日支票不准抵现及集中退票"。

1 月 30 日《益世报》载，天津金管局据密告，派出取缔金钞黑市小组，会同军警查抄设在林森路 184 号亨记钱庄三楼的黄金黑商店。在这家名叫晋记商行的"暗字号"，抄获黄金 26 条。文中对金管人员的雷霆行动进行了一番绘声绘色的描摹。金管局又以舆论施压，声称所接密告函已有百件，并盼市民继续检举。后以"住马厂道的某韩人"为突破口，该局还破获了一起涉外金钞案，抄获黄金 254 两、美钞 5320 元。

天津金管局突击解决金融痼疾的意图明显，但执行和制定金融政策，要做到统筹兼顾、有的放矢，简直比登天还难。尽管天津金管局重拳加强硬，但天津跟上海一样，情况复杂，盘根错节，"大老虎"谁也不敢摸、不能摸。况且，其稽查工作也从未规范化，而是黑幕重重，刑讯逼供扩大化现象明显，导致人人自危，怨声载道。如该局稽核主任陈大鹏"藉查金钞为名，大肆逮捕无辜市民，敲诈勒索，毒刑拷打，亲自刑讯的达二百余起"。

3 月 12 日，天津金管局"令饬银钱两业公会转饬所属 160 家会员行庄"，"停止商业拆放"，并声称对"暗中拆放者，决予严惩不贷"，"予以最严厉至处分"。其

交通银行天津分行

措辞不可谓不严厉,但也难以遏止物价疯狂上涨、取缔非法商人投机倒把,工商界更是不买账。天津市商会认为此举对守法工商业者的正常开支影响甚巨,希望天津金管局赶紧放宽银行钱庄拆借限度,别再卡脖子、瞎指挥。事实上,金管局不仅对于拆放管不住,对行庄存在的副账、副业等17种违法情形,也管不了。到了10月份,天津金管局对商业行庄私存金银外币交存中央银行天津分行情况仍在详细统计,但天津汇出款已明显流向台湾。天津金管局是"市场卫士"还是"危机推手"?我们只能说它是国民党当局垂死挣扎时催生出的短命怪胎,其充当了帮助国民党当局溃退做准备的角色。

接管全局及安置人员

天津解放当天,该局作为官僚资本对象被接收。接管干部孙及民在《忆天津金融管理局的接管及证券交易所的建立》一文中称,金管局人员复杂,国民党党员较多,但多为大学生,文化程度高。当时施奎龄已逃跑,副局长和主任秘书也已辞职。接管后,改组了机构和人员,基本保持了原有组织分工,其转为军管会金融接管处的一部分后,对内隶属于中国人民银行天津分行,称金管科。这支被改造的金融管理队伍,不仅参与私营银钱业的管理、取缔金钞黑市、查缉地下钱庄,还参与起草执行天津金融政策法令,为迅速规范天津金融市场秩序出了力。

接管天津金融业的重头戏不仅是金管局,而且是"四行二局一库"(也称"国行三行二局一库"),即中央银行天津分行、中国银行天津分行、交通银行天津分行、中国农民银行天津分行、邮政储金汇业局天津分局、中央信托局天津分局、中央合作金库河北省分库。国民党当局溃败前的这些驻津主要金融机构,是反映老天津 20 世纪 40 年代末金融面貌的主体元素。

(王勇则)

中央银行天津分行

原中央银行天津分行位于和平区解放北路 117 号、119 号，现为中国人民银行天津分行，列入特殊保护等级历史风貌建筑名录。

1924 年，广州曾有中央银行这一金融机构。1926 年 12 月，随着北伐军攻占武汉，中央银行随即在汉口营业。1927 年 10 月，国民政府制订《中央银行条例》，颁布《中央银行章程》，规定中央银行为国家银行，并于 1928 年 11 月 1 日在南京正式成立。主要业务为调剂金融，经营贷款、贴现业务，代理国库收存关税、盐税，并发行钞票。天津分行于 1931 年开业。

中央银行天津分行旧址原为 1926 年建成的中日合资的中华汇业银行，中

当年中央银行天津分行

央银行天津分行于 1936 年购得此楼。该建筑由中国第一代著名建筑师沈理源设计,为三层混合结构楼房,设有半地下室,建筑面积 4245 平方米。建筑立面为古典复兴式,古典主义三段论设计很明显。半地下室作为台基,底层左侧开有券洞式旁门,为进入楼内的通道。一、二层用 4 根巨柱式爱奥尼克空柱廊统一起来,三层作为檐部加各楼层的形式出现,檐口出檐很小,较简洁。中部位波浪形山花,强化垂直轴线布局。入口由高台阶上门厅,再进入营业大厅,大厅简洁的玻璃顶受维也纳学派的影响。经楼梯上二层,大厅用类似爱奥尼克柱子支撑,顶棚是色彩鲜艳的小八角形藻井,甚为华丽。二层为办公室、会议室等。会议室内部装修极为讲究,全部用高级硬木雕饰,室内用类似爱奥尼克木雕圆柱支撑,圆柱旁有木雕方壁柱,雕刻精细。墙面用高级硬木护墙板,顶棚周边用齿饰、剑蛋饰、檐托,衬托出雕刻精细的木藻井。三层为职工宿舍等,混砖结构。

在天津中央银行分行成立之前,曾在北京、天津设有中央银行兑换所。1929年 4 月 30 日,中央银行电令北平兑换所结束,所有未了事宜划归天津兑换所代管。1931 年 4 月 10 日中央银行天津分行开业,李达(宏章)任经理,谈公远任副理。内部设会计、汇兑、出纳、营业、国库各课,在营口道 10 号设收税处。其办行宗旨为调剂金融,不作公债买卖及储蓄,只作贷款及贴现等业务,并代理国库收存关税、盐税及发行钞票。

业务包括:(1)经收存款;(2)收管各银行法定准备金;(3) 办理票据交换及各银行之间的划拨结算;(4) 国民政府发行、保证之国库券及公债息票之重贴现;(5)国内银行承兑汇票、国内商业汇票及期票之重贴现;(6) 买卖国外支付之汇票、支票;(7)买卖国内外殷实银行之即期汇票、支票;(8)买卖国民政府发行或保证之公债、库券;(9)买卖生金银及外国货币;(10)办理国内外汇兑及发行本票;(11) 以生金银为抵押之放

中央银行天津分行大楼现貌

款;(12)以国民政府发行或保证之公债、库券为抵押之放款;(13)政府委办之信托业务。

中央银行天津分行成立后,根据国民政府颁布的银行法规定,行使中央银行职能,办理中央银行各种兑换业务及中央银行各种兑换券的发行等各项业务。1934年中央银行天津分行曾在津发行加印天津地名的纸币。1935年中央银行厘定一、二、三等分行,天津分行定为一等分行。这一年11月,国民政府实行法币政策,该行负责接收天津各发行银行所发兑换券的现金准备、保证准备及未收回的新、旧钞票,并继续办理收兑。截至1937年11月,中央银行天津分行发行总额为3234.3万元。据1946年底统计,中央银行天津分行存款余额5465701万元,放款余额416090万元,纯收益为393175万元。

1937年"七七事变"后,天津银行撤退。1945年抗战胜利后,中央银行天津分行于11月16日在原址复业。1947年,吴葆晋任襄理。1949年1月15日天津解放,该行被天津市军事管制委员会接管部接收。(图片1:中央银行天津分行)

(王兆祥)

"督军银行"——大陆银行

　　总行设在天津法租界6号路(今哈尔滨道)的大陆银行,是在北洋政府时期兴办银行的高潮中应运而生的产物。因此与北洋军阀各派系之间存在着密切的资金链接关系。大陆银行取名大陆,是由冯国璋批准的,寓含东亚大陆之意。也正是因为有了冯国璋的背景,财政部对大陆银行股本实收的验资手续非常简单,很快颁发了营业执照。

　　一战期间,欧洲各国暂时无暇东顾,中国的民族工业进入了一个快速发展的阶段。同时民族资本也有了迅速积累,从而进一步促进金融业的发展。当时中国原有的金融组织钱庄及票号已经不适应新的经济环境,渐渐暴露出其弱点。尤其是北洋政府成立后,由于关、盐两税的绝大部分为外国银行扣留,而各省上解款项又很有限,不足以应付政府财政开支和军阀间混战的开支,不得不靠借贷度日。当时经营北洋政府公债向北洋政府借款可获得高额利润,这就使得许多人热衷于创办银行。

而当时军阀和官僚是最富和富得最快的阶层,他们为了具有更强大的经济后盾,更重要的是为了在失势之后仍旧尊贵,同时也为他们所拥有的资金谋求出路,很多人也都热衷于新式银行的投资。

　　当时,以副总统代

大陆银行大楼

理大总统职位的冯国璋,看到由皖系军阀安徽督军倪嗣冲等人投资兴办的金城银行获利丰厚,很是眼热,也想出资扶持一家银行,一面作为自己的"钱袋",攫取高额金融利润,一面借此与皖系军阀相抗衡。他认定时任北京中国银行行长的谈荔孙是个不可多得的金融人才,于是委托自己的亲信王桂林去说动谈荔孙,由冯国璋出资,谈荔孙做"掌门人",创办大陆银行。而谈荔孙也感到任职国家银行难以施展自己利用金融资本从事实业的抱负,渴望创办商业银行,但缺乏资金,两个人的想法一拍即合。

大陆银行创办之初,资本来源主要为军阀、官僚的投资。初创时的大股东中,冯国璋既是直系军阀首领,又是当时北京政府的代理大总统,身兼军阀、官僚双重身份,他首先投资 20 万元;张勋是著名辫子军首领,时为安徽督军,也具有两重身份;筹组银行的事宜由冯国璋的副官长张调宸代表洽办,张调宸曾在南京督军公署任职,时任北京掌门监督。通过冯国璋的关照和王桂林从中的活动,南京的军政要员、巨商大贾如江苏督军李纯、江苏省长齐耀林、江宁镇守使齐燮元、江苏省财政厅长俞仲韩以及扬州的盐商贾颂平、丁敬臣都入了股份。与此同时,谈荔孙也在北京大事活动,把中国银行总裁冯耿光、副总裁张嘉璈拉进银行领导层。不难看出,该行主要以直系军阀为后台,由于创办时军阀官僚资本占很大比重,因此上海人称之为"督军银行"。

从创立之日至抗日战争全面爆发之前,是大陆银行快速发展时期,不仅完成了股份的扩充和分支机构的创建,而且成功地拓展了业务;在这期间,大陆银行共经过了四次增资。从这四次增资的资金来源和份额上,可以充分地体现了它"督军银行"的特色。

民国时期大陆银行本票样票

大陆银行 1919 年 4 月开幕时,资本为 100 万元,仅收足 38 万元。大陆银行成立后不久,李纯、齐燮元等每人增资 8 万元,王桂林、俞纪琦等每人增资 3 万元,辫子军张勋、代理国务总理龚心湛、财政部长李司浩、银行界巨头钱永明、吴鼎昌、吴震修都分别增加了投股。到 1919 年冬季扩大股本为 200 万元。

1924 年,由于该行业务蒸蒸日上,因此进行第二次增股,将总资本增至 500 万元。冯国璋之子冯叔庵、冯家迁联合旧股东齐燮元、俞仲韩、王桂林、倪嗣冲等共同入股。其中倪嗣冲认股 20 万元,冯家迁认股 20 万元,谈荔孙本人以年终奖金 15000 元入股。

1926 年冬季第三次扩股,资本额定为 1000 万元,实收 750 万元,需要增资 250 万元。其中周学熙投资 50 万元,并由其子周志俊代表加入董事会为董事。颜惠庆在 1925 年直系倒台后,在天津做寓公。谈荔孙利用他在国内外的声望,办理大陆商业公司,请他做董事长。并联系他的表侄曹懋德投资 5 万元。谈荔孙本人则以年终奖金 2 万元增资。由于冯国璋的代表张调宸故去,改由冯家迁做董事。

1930 年第四次扩股,股本实收 1000 万元。曾任北京内阁总理的颜惠庆、财政总长的周学熙、山西政务厅和警务处长的南桂馨都入了股。南桂馨当过阎锡山的常驻天津代表,入股 50 万元,他的加入,就把山西晋帮官僚也带过来了。这次入股还包括傅作义、陆近礼、薄以重、王宪、苏体仁等,由苏体仁为代表参加董事会。通过几次增资,大陆银行已经进入了鼎盛时期。这一时期的大陆银行已列入全国知名银行的行列,并且制作有大陆银行月份牌,广为宣传。

随着大陆银行的发展,大陆银行的"督军"特色开始逐渐减退,这从大陆银行总行的不断变动也可以体现出来。大陆银行成立之初,总行设于督军寓公集中的天津。以此为依托,进而在北京、上海、汉口设立分支机构。1920 年春,因北洋政府定都在北京,为便于吸收政府官僚和北洋军阀的大宗存款,在北京设立分行。到了 1923 年,为了顺应"军事上北伐,经济上南伐"的时局发展趋势,将上海分行改为总行,并以上海为基地,渐次向长江下游三角洲挺进。不论是大陆银行的"督军"特色,还是他的"进京"、"南下"策略,都体现出大陆银行审时度势、应变有方的经营方针。而这种灵活的经营方针,正是大陆银行能够持续发展的一条重要的成功之道。

（王兆祥）

民国二十一年大陆银行月份牌

大陆银行总经理谈荔孙

　　大陆银行于1919年4月在天津筹备成立,总行设在天津法租界6号路(今哈尔滨道70号),总经理为谈荔孙。大陆银行开业时,谈荔孙同时兼任北京中国银行行长,一时无暇照顾大陆银行的业务,便请出自己的学生曹国嘉出面维持银行日常事务。政府机关中有人指责谈荔孙身为中国银行行长又兼任商业银行职务,有公私不分之嫌。谈荔孙闻讯,立即辞去中国银行的职务,专任大陆银行董事长兼总经理,以便实现自己利用商业银行,振兴中国实业的志向。

　　作为大陆银行的"掌门人",谈荔孙在创立大陆银行到1933年他辞世这13年中,对大陆银行可以说是精心操持,鞠躬尽瘁。具备丰富的银行实际工作经验的谈荔孙,对于主持大陆银行,有自己独到的心得。在当时外国银行猛烈冲击、华资银行普遍不景气的境况下,大陆银行却能脱颖而出,业务蒸蒸日上,谈荔孙功不可没。可以说,大陆银行的发展与他出色的经营理念、独到的企业考核和人性化的员工管理息息相关、密不可分。

　　第一,谈荔孙主持大陆银行,一个重要的经营理念就是服务社会。为了支持民族工商业与外商争夺市场,为了在外货倾销面前维持民族工商业的生存,他作出了种种努力。如对于天津庆云麦粉厂、南通大生纱厂、六和沟煤矿、龙烟铁矿、平绥铁路、天津电话局等企业,或单独投资或联合同业协力扶助,给予全力支持。在对常州纺织公司、上海长丰面粉公司、中兴烟草公司、苏州华盛纸厂的放款中,因各借款户营业失败而导致所欠款项无收回希望时,大陆银行一是没去打官司,二是没有因此改变对民族工业的支持态度,仍然积极开展对南京大同面粉厂、上海信大面粉厂和汉口既济水电公司的放款。

　　1932年,傅作义任绥远省政府主席,计划兴办绥远毛织厂以利民生。但苦于缺乏资金,便向谈荔孙求助,谈荔孙除了联系多家银行贷款,还替傅作义在天津与海京洋行谈妥购买整套毛纺织染机器设备,并由海京洋行附属的海京毛织厂负责安装机器、技术指导和培训工人,直到生产出产品为止。

谈荔孙针对中国社会的社情民风,推行一项"特种定期存款",客户一次存入171.51元,定期15年,15年后可得本息1000元。在当时动荡不安的环境下,此项储蓄对于养老、丧葬、子女教育、婚嫁等都很实用,深得小资产者的欢迎。开办当年,天津就有储户1100多户,又过几年,各地发展到6300多户。仅此一项,大陆银行即获得了107万元长达15年的固定存款,相当于大陆银行股资的十分之一。除此以外,谈荔孙还推出了儿女教育储金、子女婚嫁储金、家庭日用储金、娱老储金、劳工储金等各项基金储金,以适应各类不同层次、不同年龄的储户需要(见图2)。

此外,谈荔孙服务社会的思想还体现在对教育的支持上,在一些高等院校如清华、辅仁、燕京等大学内,开设办事处。1934年,大陆银行设立了奖学金和赠送中学生毕业会考奖金。1935年又举办儿童优息储蓄,这些都体现出大陆银行对教育事业的支持与贡献。

第二,谈荔孙经营大陆银行既稳健扎实,又不乏开拓之风。谈荔孙对贷款采取慎重稳健的方针,对贷款的条件制定了严格的规定。他还重视对市场信息的调查研究,掌握贷款户的真实情况,由此避免了巨额贷款和投资的损失。正确应对天津协和公司的金融诈骗就是一个典型的例子。

1928年9月,"天津协和贸易公司倒账案"震惊了全国金融界,一时间受骗款高达600万元。大陆银行对协和贸易公司也放过抵押贷款,最多时已达90余万元。谈荔孙经过调查,对其实力产生怀疑,并最终了解到真实状况。大陆银行立即决定对所有协和公司抵押借款到期的决不转期,逐渐将抵押贷款本利按期收回,余下的6万多元抵押借款,大陆银行最后也迫使其结清,一周后协和公司便宣告破产。在天津的"北四行"中以中南遭受倒账最多,金城、盐业等行也受到一定损失。唯独大陆银行一家虽也与该公司有放款关系,却未遭任何损失,深受当时同业间的称赞,认为该行大有见识。

1931年春天,谈荔孙决定投资100万元在黑龙江省创办一家大型榨油厂。他认为如果能合理地开发利用当地的大豆资源,获利将是惊人的,并开始与天津西门子洋行洽购整套的榨油设备。正当这时,谈荔孙会见从前在日本时候的好友何澄(亚农),谈及日本人在东北虎视眈眈的严峻局势,引起谈荔孙的警觉,立刻取消了原先的一切计划。事隔仅两个多月,发生了"九一八事变",东三省很快落入日本人之手。大陆银行因及早抽身,避免了100万元损失,只亏损设备定金15000美元。在1932年一次行务会议上他说:"大陆银行的营业要步步为营,沉着迈进,无论什么事,想到进取,首先要考虑到失败,应该多留余地。"这些都反映了谈荔孙稳健、扎实的经营作风。

第三,高效科学的人事制度和管理方法。在人事制度方面,谈荔孙首创"总账"职务。他认为当时我国银行内部把营业和会计账务分开,对开展业务、加强内部管理十分不利。因而仿照日本的做法,设置"总账"职务。职权是管理全行的各项业务,包括营业、账务、出纳、会计和其他各项事务,不但对各项业务活动有监督权、指挥权,而且对经理已决定的事情,总账认为有妨碍业务时,可行使"否决权"。总账的职责仅次于经理,较副经理、襄理的职责尤为重要。其优点在于使经理、副经理能腾出较多的时间和精力处理其他更重要的事情。

谈荔孙还在大陆银行内实行严格的业务考试制度。大陆银行曾在天津设立行员补习所,招考各地青年学生入所学习训练,培养了很多优秀的银行业务人才,考试合格的青年被吸纳到大陆银行工作。这种以考试的方式进行的人事任用,不仅打破了行员以推荐为主的惯例,有利于避免行员中的拉帮结派,而且提高了行员素质,为银行增加了新鲜血液。

除了先进的人事制度和考试制度,谈荔孙对行员的管理非常严格,他在内部制定的规章制度中对行员奖惩、行员请假、行员旅费、行员遣散、行员恤养金、练习生服务以及接待顾客等都拟出了规则,经过几次修订,日趋健全。这样,就极大地提高了银行内部办事系统的业务效率。他尤其重视行员接待顾客的态度,要求行员在接待顾客的时候应殷勤和蔼,言语应端庄流利,无论什么顾客都要起立到柜台前接洽,不得随意在座答话,询问顾客时不能大呼小叫,递给顾客款项、单据时不准任意抛掷、怠慢顾客等等。正是由于谈荔孙采取了这一系列的有效措施,使得大陆银行高效运转,成为当时银行业中的佼佼者,谈荔孙本人也成为中国近代著名的银行金融家。

(王兆祥)

谈季祯识破骗局，大陆银行免遭损失

20 世纪 30 年代，天津发生了一起震惊全国的金融诈骗案件。受其牵连，有的银行因此倒闭歇业，退出金融界；有的一蹶不振，名存实亡；有的缩小规模，谨慎从业。其中中南银行天津分行损失达 280 万元，而中南天津分行在总行领取所拨资本才 150 万，损失达该分行开办时所取资本的近 2 倍，因此业务日渐滑落，信誉大受影响。幸有上海总行的资助和北四行（金城、盐业、中南、大陆）的联合扶持，才免于倒闭。在这场金融风波中大陆银行天津分行经理谈季祯（总经理谈荔孙的侄子）沉着应对，及早识破骗局，果断采取措施，大陆银行几乎没有遭到伤害，被业内人称赞为"有见识"。

这起骗案主谋是天津协和贸易公司总经理祁礽奚，他勾结美商利用瑞通洋行名义，开出面粉和其他货物的假栈单（即存货栈单），向天津各银行进行抵押借款行骗。协和总公司设在天津（旧英租界海大道先农大楼内），另外还建立了仓库和加工厂（如猪羊肠加工厂）。为了采购桐油和出口桐油方便，在汉口设有分公司并建立仓库和桐油厂；为了采购花生和草帽缏，在青岛、济南设立分支公司；为了采购羊绒、核桃仁、菜籽、麻黄等山货分别在太原、石家庄、包头、张家口设立庄号。所谓瑞通洋行是在天津成立的一家皮包公司。既称洋行，主要是因为雇用美国人康理祺（C.H.COMICH）当经理，并且在天津美国领事馆注册登记，办公地址先设在天津海大道信中大楼内，不久迁到协和公司早建的仓库内（现在和平区河北路）。后来又在天津河东六经路修建了两座仓库，管理人员都是由协和公司调来的。这些由协和公司转来的不动产（仓库和办公大楼）算是瑞通洋行的财产，但是账面上始终没有登记，还是由协和公司利用。

祖籍山西而久居福建的祁礽奚，在英国哥伦比亚大学毕业后，于 1920 年来到天津。初在洋行任职员，后便约集宁波帮商人李祖才和公立女医院院长丁懋英,三人合资 1 万元创办了协和贸易公司,经营土特产进出口贸易,祁任经理。由于经营得手,开业当年即盈利 30 多万元。然而天有不测风云,协和贸易公司在 1927 年遭到几笔贸易上的挫折,损失严重,以至资不抵债,空有其名。祁礽奚便与康理祺密谋,商定以瑞通洋行的名义,用面粉和其他货物开出一批栈单(即货单)作为凭证,向一些银行骗取抵押贷款。这样,在短期内即向银行抵押借款 500 多万元,其中还不包括向外国银行和私人的借款。当时的各家银行因不明底细,都愿与协和贸易公司往来,大陆银行对协和的放款一般在 60～70 万元,最多时曾超过 90 余万元。

1928 年 1 月,大陆银行天津分行建了两个仓库。开业后,为了扩大业务,银行副经理谈季祯找到瑞通洋行副经理严仁曾商洽,希望协和公司将进口面粉的一部分储存在大陆银行仓库。严仁曾婉言谢绝,他说:"瑞通洋行经理康理祺有言:协和公司的货物不准存入其他仓库,他以仓库存放的货物签发栈单,用以向外抵借款项。"谈季祯急于与瑞通洋行开展业务,就作出进一步的宽让:"大陆银行仓库仓位大,原二层或三层全部供给协和公司存货,租用或借用均可,栈单仍可用瑞通洋行的名义。"严仁曾仍然不同意,表示:"现今瑞通洋行仓位有富余,可不在外单位存储,康理祺所立规章很严,只允许对本库存放的货物签发栈单。"以后双方又进行过几次商谈,均未谈妥。

但是,通过双方的几次接触,谈季祯从中了解到瑞通洋行的一些情况,发现其规定有悖常理,同时又回忆了严仁曾的谈话态度,不由得产生了疑问:瑞通洋

抗战期间大陆银行仓库被日军轰炸

行的仓库共有五层。每层仓位即使以存放 20 万袋面粉计算,最多也只能存放 100 万袋。然而,现在仅大陆银行一家就持有瑞通洋行的存货栈单 50 万袋以上。这样各银行所持栈单合计起来不下几百万袋,看来其中必有虚假。

大陆银行预感到向协和公司贷款风险较大,意识到应把瑞通洋行的底细调查清楚。谈季祯召集大陆银行仓库人员开会,提出:"我们仓库初建,经验不多,为迅速打开局面,招徕业务,请大家提供洋行办库经验,或推荐在洋行工作过的人才。"会后,职员陈家栋向谈副经理介绍了他的表兄张印堂在瑞通洋行仓库做事。谈闻此立即约请张印堂当天晚上去家中面谈;谈话主要是了解瑞通洋行的存货情况,并提出邀请张来大陆银行仓库工作。张说:"瑞通洋行共有 3 个仓库,有两个小库只存放洋杂货和已打包待运出口的山货,不存别的货物。自开业以来,面粉最多存放 80 万袋左右,平时只有 50 ~ 60 万袋。进口的面粉,都是货未到埠便已售出,轮船一靠岸就被买主直接运走,不需入库。"至于受聘事,张印堂表示,由于已跟瑞通洋行立有字据,不便中断,今后如需了解瑞通情况,可通过表弟告知。谈季祯嘱咐他,这次交谈和日后交易,务必对外保密,不可有任何泄漏。此后,谈季祯每十天让张通报一次瑞通仓库货物存放情况,每月给张 30 元作为酬谢。

谈季祯详细分析了他所掌握的瑞通仓库的存流量,认为瑞通洋行以栈单向银行借款有诈。他决定,一方面对此骗局不宜过早揭穿,以免大陆银行的巨额贷款顷刻之间全部蒙受损失。另一方面,又必须马上采取措施,设法陆续收回借款。谈便向天津分行总经理许福昺和副经理齐文炳提出建议:"由于协和公司以瑞通仓库栈单作抵借,与我行仓库本身业务有矛盾,故对协和公司的放款,凡到期的应收回,不能转期。"这一做法同时向大陆银行总行经理谈荔孙(丹崖)面陈,得到首肯。

协和公司抵借陆续到期,委派负责借贷业务的副经理王恭宽来大陆银行洽谈转期事,由谈季祯接待。谈以要配合大陆银行仓库业务,在放款中应照顾在本仓库存户的抵借款项为由,坚持协和公司的借款不能转期,到期必须按时归还。协和公司无法,又怕骗局败露,只好挖东补西,勉强周转。1928 年 6 月初,大陆银行已收回协和公司的借款 70 万元。6 月中旬,协和公司在大陆银行的最后一批抵借 66000 元即将到期。到期前 3 日,王恭宽亲函请求转期,得到的答复是这批借款不能转期,应如期归还。借款到期那天,谈季祯派营业员携带抵押栈单和一切手续,前往收款。王恭宽与祁礽奚研究后,告诉催款人:"今天下午三时还清。"然后协和公司经理祁礽奚亲自出马,以空头栈单向昔日不甚往来的农商银行副经理卞傲成恳商借款8万元。当天下午3时大陆银行来人,祁礽奚便开出农商银行支票偿清前贷。

在结清大陆银行贷款一周后,因中国实业银行拒付协和公司的空头支票,这一大骗案终于被揭露,阴谋大白于天下。协和公司的瑞通洋行宣布破产,康理祺逃入美国驻津领事馆,祁礽奚潜逃去东北。此骗局仅银行界就损失560万元。只有大陆银行因谈季祯的机智和银行上层的决断,才避免了不必要的损失,一直被银行业内传为佳话。

(王兆祥)

筹建天津中南分行

　　中南银行天津分行于 1922 年 7 月 5 日，"租赁英租界中街九十八号门牌楼房一所，充作营业行址"正式开业。6 月 28 日，天津分行在给直隶警察厅的备案呈文中写道："本行额定资本国币二千万元，于去岁七月间收足四分之一，计洋五百万元，定名为中南银行，当经呈报财政部立案。按照国内商业银行条例办理一切业务，并经财政部币制局特许，有发行纸币权，当即成立总行于上海。并已呈明财政部，准于国内各都会及各繁盛商埠以及国外各埠设立分行号及委托代理机关。本分行于去岁十月间奉总行指派来津筹办一切。告于本埠英租界中街九十八号门牌租定营业房屋，现已筹备完竣，函准总行定于七月五日正式开幕。"为了维持秩序，银行特别致函英国工部局，要求："贵局派遣巡捕四名，于是日上午八点钟至下午八点钟止，来行照料一切。"天津分行成立后，同时设立北京办事处，由天津分行管辖。

　　为了更好地开展业务，扩大中南银行在天津的影响，中南天津分行开业之后，就开始进行了中南天津分行银行大楼的筹建工作。并于第二年经过反复的筹措、酝酿，确定筹建银行大楼的方案。现选取天津分行行屋建筑过程中，有代表性的二三事，加以介绍。

　　修建中南天津分行大楼，首先选定天津基泰工程公司承建，并且由基泰工程公司画出了图纸和工程预算。当时天津基泰工程公司在给中南天津分行的信函中就提到："贵新行做法单草稿蓝纸一本，请交来人携回改正及估价。"到了年底，基泰公司催要欠款的信中又提到："贵新行建筑楼房图式，经二次更改已蒙采纳。旋又未见实用，至以为歉。唯所有绘图费用按照天津万国工程师会章程绘图、监工各三厘半，共收七厘，自应照章收费。兹因特别盛情又遇特别意外，敝公司愿将绘图费减一厘，仅收二厘半，以示减让。合计工程按敝公司图式最低估价

原中南银行天津分行大楼现貌

值银十三万两,以二厘半计,合银三千二百五十两。现值阳历年关,结账之期,即祈查照前议,照为支付,以应支需而补时间之损失至荷至盼。"从这些来往的信件可以看出,天津基泰公司为中南银行大楼的建造做了一定的前期工作,所以没有最后承包工程,与上海总行董事长黄奕住的参与有直接关系。

上海总行董事长黄奕住力主推荐上海一家建筑公司来津承建。这就是曾经建造上海工部局的张裕泰营造厂。同时推荐一位名字叫刚达的德国工程师做出工程图样。6月3日,他在从厦门给上海刚达工程师的电报中称:"(天津)中南银行房屋尚未与人承包,汝可与张裕泰速起程天津,与中南银行接洽,何时起程,电。"同日,又给天津中南银行分行发了电报:"总行转到五月十七日津行电云,津屋尚未与人承包。我已电工程师刚达与承包人张裕泰启程天津,到时与他接洽,图样切不可改换。黄奕住。"

张裕泰与天津中南银行进行了实质性接触，要求提前支取一定款项，以便工程的周转。他的弟弟张裕田在给天津中南银行经理的信中说："前黄奕住先生由厦找沪弟，当以敝厂建筑贵行工程，需款浩繁，因面恳奕翁可否在贵行往来万元之谱，以便就近陆续支取，一切工程易于进行……此种款项将来由造价项下扣除可也。"在另一封信中又说，"现在津地敝厂支洋一万有零……家兄等初到津地，不免人地生疏，当乞先生指示一切，俾使易于进行。"

对于张裕泰营造厂建筑天津行屋，上海总行有不同的意见。1923年7月17日，史家修在给天津经理王孟钟的来函中说："叠接函电关于津行建筑行屋一事，奕老之派德工程师来津画图佐工，乃出于热心赞助。一面电尊处商办一切，亦有电来沪属为从长计议，是奕老对此并无若何成见。现在董事会及弟等商量以为，尊处开办以来，外间赞誉及内部营业，均颇不恶，可见自己有无行屋，不足重轻，况建筑费至十六万两之巨，在尊处亦负担太重。以可以运用之资金为建筑所搁置，于营业进行不无影响。故决定将津行房屋暂行停止建筑。俟奕老异日来沪时，大家细为权商，如何而后可以合适，如何而后可以省钱，协商妥当再行知照。尊处办理此时，即祈将该工程师及包工人张裕泰正式拒绝，万勿签约。奕老手续欠周，签订后必有后悔。假定奕老出资建筑津行，担负房租太巨，长此以往，亦复吃亏不起。如归津行自置，则格外不能随便迁就，务须从长计议，暂停工作，勿闹意气，致生误会。此间已决定缓办，另函奕老矣。"信后附上海总行给黄奕住董事长的电报称："（天津）建筑订约事，同仁等全体反对，绝不承认。请电知工程师及包工人取消合同。"

中南银行是天津市文物保护单位

在这之后,发生了张裕泰在建造中南银行厦门分行银库时,偷工减料的事情。黄奕住特别经上海总行关照天津的工程。10 月 14 日,总行史家修在给津行王孟钟的信中说:"关于建筑厦库,张裕泰有不按承包合同,偷减灰料情事,经奕老查出,电致刚达交涉云云……厦事本与津事不同,自可毋庸过虑,唯奕老既有函来,难保张裕泰将来不有减料省工情事。恳望尊处格外注意,或派一人专任查察,则更为周密矣。"

由于建造厦门银行银库的影响,最终中南银行天津分行放弃上海的施工队,聘请了北京建筑公司承包了建筑合同。当时双方签订了如下建筑合同草案:

立合同人:天津中南银行(简称房主)、北京建筑公司(简称包工人)。今因北京建筑公司包揽天津中南银行在天津英租界中街第十号地段内建造楼房一座及附属小楼房前后围墙等,双方议定左列规条,互资遵守。

(一)房主聘定光宁工程司为绘图及监工人。

(二)此项工程包工人必须遵照英工部局核准之图式及原定做法单、第二改定做法单所规定建造。倘有与做法单及图式不符之处,一经监工人或房主代表查出,认为必须改造时,包工人应即遵照办理,所有改造工料费统归包工人担负,不得另索。

(三)包工人应交房主押款洋二千元,自签订合同之日起,十日内必须动工,倘有迟延,房主得商之监工人将本合同之效力取消,没收其押款,另招其他包工人建造。

(四)如逾期不能竣工,每一日包工人认罚洋一百元。倘包工人能于以上规定期限之前竣工,每一日房主愿酬洋五十元,万一遇有天时人事意外变故不能做工,双方商议将按日推展,不在上列之内。

(五)此项工程做至地基工竣时,应即由包工人向殷实保险公司保以火险,其保价费包工人自理,于房主无涉。

(六)此项工程按照两做法单并重改做法单及图式估定工料价目统计,银元十万元整,此后如有赔累或得利等事,双方各无异说。概不发生有要求加减价目情事。

(七)包工人领支工料价银应分四期。每期必须经监工人签字证明方能照付。

（八）绘图监工费及英工部局各费均归房主自理，除此二项外，关于此项工程内无论何种费用统归包工人担负。

（九）包工人需觅得殷实铺保，并需经房主及监工人认可者。取保之数以全价二分之一为限，在工程既成之后已经房主同监工人验收两年以内，工程有亏损之处，如包工人不认修理，该铺保人仍需担负赔偿责任。保数以房主所付修理费为限。

（十）包工人在建筑中发生意外之事，不能继续建筑并经监工人查验，包工人寔无建筑完善之能力，应由监工人通知房主另觅其他包工人接办，惟关于房主方面所受之何种损失，应由铺保完全担负赔偿责任。

（十一）此项合同须由房主天津中南银行、包工人北京建筑公司、监工人光宁工程司三方面签订之。

（十二）此项合同缮写同样三份，由房主、包工人、监工人各一份。

中南银行天津分行大楼如今已是天津市历史风貌建筑，它的修建经历了一波三折的反复变化，反映当事人的慎重。以上介绍虽然并不系统，但从一个侧面反映了中南银行董事长黄奕住和天津分行经理王孟钟以及相关营造厂家的活动。这些资料珍贵，值得关注。

（王兆祥）

四行准备库与四行储蓄会

　　20世纪初的上海南京西路上有一栋22层高的大厦,这就是号称"远东第一高楼"的上海国际饭店。这座名扬海内外的国际饭店,就是由近代中国著名的"北四行"(金城、盐业、中南、大陆四家银行)组建的"四行储蓄会"于1934年建造完成的。

　　盐业、金城、中南,大陆四银行在1915年至1921年间,先后开业,或设总行于北京,或设总行于天津、上海。四行中只有中南银行经政府特许享有钞票发行权。为了做大做强银行业务,四行决定共同发行中南银行钞票,于1921年、1922年先后组织了"四行联合营业事务所"和"四行准备库",地址在天津法租界21号路(今和平路),1925年迁至英租界中街67号(今解放路147号)。四行准备库机构由每行派代表一人参加组成联合事务所,主任为吴鼎昌。

　　在钞票流通过程中,四银行向"四行准备库"领用的钞票都印有暗记,称"暗记券"。如盐业银行领用的加印记"Y"字,金城银行领用的加印记"K"字,中南银行领用的加印记"S"字,大陆银行领用的加印记"C"字。四银行以六成现金,四成保证金(以房地产、有价证券等作保证品)向四行准备库领用钞票,四行准备库每天兑回四个银行的暗记券,称"回笼券",整理后,向四个银行分别收回现金。四行准备库发行的中南银行钞票,信用昭著,风行全国,发行额达

四行储蓄会建造的上海国际饭店

5000万元以上,仅次于中央、中国、交通三家银行的钞票。

1935年11月,国民党政府实行通货集中发行的法币政策,规定中央、中国、交通、中国农民四银行所发行的纸币为"法币",取消了中南银行的钞票发行权,将中南银行的发行事务移交中央银行接收,四行准备库宣告结束。

除了四行联合发行钞票,联合储蓄业务也是北四行开展的一项重要的金融举措。早在北京政府时期,社会上的一些小额闲散资金因无理想寄存机构,成为游资。当时的外商银行利用中国金融市场的这种弱势,采取各种储蓄方法,吸引中国游资,其中最主要的一种就是有奖储蓄。最早的有奖储蓄机构是1912年法国人在上海法租界设立的"万国储蓄会",以有奖储蓄的办法吸收民间资金。1918年,另一家相同性质的有奖储蓄机构"中法储蓄会"于北平成立,其经营方法与万国储蓄会相似。

北四行联营以后,时任联合事务所主任的吴鼎昌认为,联合营业事务应有储蓄一项。当时国内银行办理储蓄存款大都偏重抽签给奖办法,储蓄者历久不中,已生厌心。此时正是大力吸收储蓄存款的好机会,遂于1922年12月与三行领导人联系,动议设立四行储蓄机构。吴鼎昌拟就储蓄会章程一份,分送三行征求意见。主要内容有两点:"(一)四行必须取得发起会员之资格,有经营稽核之权,负保本保息之责,不能按照普通储蓄会听会员举人办理,致失作用;(二)保本保息之责骤视之责任重大,实则银行联合吸收七厘之存款,不过将一部分红利分给会员,以广招徕而已。况运用资金,承做放款,严定限制,其流弊甚少。"1923年1月24日,盐业、金城、中南和大陆四银行代表会议于北京召开,决定在联合营业事务所之下,设立四行储蓄会。

四行储蓄会由盐业、金城、中南和大陆银行每家各投资25万元银元,共计100万元银元(以下"元"均指银元)作为储蓄会专门办理储蓄业务的"基本储金"。为了科学管理,严

四行储蓄会

格制度,又议定通过了《四行储蓄会规约》、《四行储蓄会章程》、《四行储蓄会办事章程》、《四行储蓄会放款限制章程》、《四行储蓄会执行委员会章程》及《四行储蓄会监察委员会章程》6个重要文件。并组织了由金城银行总理周作民、中南银行总理胡笔江、大陆银行总理谈荔孙和盐业银行总理吴鼎昌为委员的执行委员会,"公推吴鼎昌为主任,综理本会一切事务"。会议同时决定,将总会事务所(即总管理处)设于上海静安寺路170号联合营业事务所内,各地多设分会。其中天津分会在1923年6月成立,地址与四行准备库同;1929年7月又成立宫北分会,地址在天津宫北大街。四行储蓄会无股东,也无董监会。1926年2月聘任钱永铭(新之)为副主任。执行委员会之外,设监察委员4人,分别为徐国安、张家骏、范锐、王按云。

四行储蓄会章程规定,凡在该会储蓄者,本息由四银行担保,红利由各会员照分,即存款人都是会员,所以存款人都有红利可得。同时各地盐业、金城、中南、大陆银行皆可代理收储。当时定期储金利率规定为年息七厘,每半年办理决算一次,分配盈余,先提基本酬金(即四银行担保本息的酬金),再提公积金,余为红利(即给存款人的红利)及职员酬劳金。由于本息有四个银行担保,还可分配红利,因此很受存款人欢迎。

四行储蓄会开业以后,即向社会公开吸收存款。但与一般银行机构不同,四行储蓄会存款称为"储金",按份缴纳,以国币50元为一份。具体又分为四种类型:一是基本储金,由四行各缴纳5000份,共100万元,以周息7厘计算,满2年付息一次,不退还本金。二是定期储金,以周息7厘计算,定期二年,一次交纳50元为一份。三是分期储金,以周息7厘计算,每月缴纳2元,至25个月期满为一份;每月缴纳1元,至25个月期满为半份。四是长期储金,定期10年,一次交纳50元为一份,以周息7厘复利计算,以1年为计算周期,期满一次还本付息。四行储蓄会以"保本保息(7厘),期短利厚,又分红利,营业独立,会计公开"为号召,给人以耳目一新之感。

1926年以后,四行储蓄会存款增加极快,而存款去路却不通畅。这时钱新之在吴鼎昌支持下,试图改变这一状况,开始自办放款。如1927年7月与天津中兴煤矿公司议定为期1年,金额50万元的放款。直到1937年为止,虽然放款金额与存款金额同步增长,但始终没有改变四行成为四行储蓄会主要放款对象的局面。

四行储蓄会在 1937 年左右，因存款增加，资金充裕，在上海买进地产，建筑 22 层大楼，由澳大利亚人邬达克建筑师设计，建筑费为 300 多万元。底层房屋一部分为总管理处，地下一层建有设备完善的保管库。因为当时政府规定储蓄银行不能办理信托业务，所以由四行储蓄会拨出一部分业务，成立四行信托部，专办信托业务，包括收受信托存款，经营房地产、出租保管箱、仓库等。

抗战胜利后，国民党政府财政部规定，银行应采取股份有限公司组织，银行不能办银行。因为四行储蓄会及四行信托部的股东都是四个银行，为了符合规定，在 1948 年 8 月 1 日将储蓄会和信托部改名为"联合商业储蓄信托银行股份有限公司"，由钱新之任董事长，戴铭礼为总经理。这就是后来胎死腹中的"联合银行"。

在中国金融业早期发展中，四行储蓄会是一家富有特色的金融组织。虽为北四行联合出资设立，但独立经营，单独核算，实际上是与四行并列的金融机构。就业务范围而言，四行储蓄会只经营个人储蓄存款与抵押放款，属于储蓄银行性质。储蓄会采取会员制的组织方式，使客户在利息之外，能够以会员身份再分得一份红利，实际是变相提高了存款利率，对客户极具吸引力。这使得四行储蓄会在激烈的市场竞争中能够很快站稳脚跟，并迅速超过其他银行。在存款规模扩大以后，该会又以巨额资金投资于公债与房地产，并获取巨额利润。至 20 世纪 30 年代，四行储蓄会的声势甚至超过了北四行，所以，当时社会上又有"四行一会"的说法。

（王兆祥）

67

"北四行"联营集团的形成

　　号称"北四行"的四家银行都是在民国初年先后成立的。首先是盐业银行于1915年3月在北京开业,后又在天津开设分行;其次是金城银行于1917年5月在天津开业;再其次是大陆银行于1919年在天津开业;最后是中南银行于1921年春在上海开业,1922年在天津设分行。金城、大陆两行的总行都在天津,盐业总行设在北京,中南总行设在上海。"北四行"在天津的总行和分行行址都设在英、法租界内,所以自建行之始,各行之间即有诸多方面的联系,天津也自然成为"北四行"的一个主要活动中心。

　　当时"北四行"的主要负责人:盐业银行为吴鼎昌,金城银行为周作民,大陆银行为谈荔孙,中南银行为胡笔江。吴、周、谈、胡四人彼此关系十分密切。四家银行在业务上虽然是各自经营,但是在遇到重大问题时,彼此互通声气一致对外。例如在承担摊销北洋政府发行公债和摊派借款等事情时,"北四行"的负责人总是采取一致态度,形成一个小团体,这是"北四行"名称的最早渊源。随着近代金融经济的发展,北四行之间的业务关系更加紧密,以"北四行"联营集团为代表的中国近代商业银行,已初步呈现出资本主义银行业的集中与垄断倾向。

　　"北四行"金融资本的集中趋势还细微地表现在银行内部的相互投资和人员的相互兼职上。金城银行1917年创办以后,银行及金融界个人持有股份不断增加,既有金城本身持有行股大量增加,包括总经理周作民名下所有在内,又有盐业、中南、大陆等银行持有股份的增加,以及胡笔江、任振采等银钱业资本家个人所持股份的增加。在金城的董事和监事中,有盐业总经理吴鼎昌、盐业董事长兼中南银行董事任振采、中南银行总经理胡笔江,有任过大陆银行董事长的四行储蓄会副主任钱新之等。盐业银行的董监会里也有四行储蓄会的钱新之。"北四行"之间的相互投资和兼职,以及在金融业务上的相互配合,为银行的联营合并,也为银行资本的集中垄断奠定了基础。也正是由于"北四行"金融资本中一些股东互有投资,互为董监,为四行联营提供了一个有利的人事联络条件。

"北四行"之间的联络首先是由盐业银行总经理吴鼎昌倡议发起的。1921年,吴鼎昌自欧美考察访问归来,路经上海与中南银行总经理胡笔江谈到:"外商银行资本既厚,团体亦坚,每刻调剂金融,辅助实业。而我国银行界各自为谋,不相联合,势孤力弱,实难与敌。以今日银行之需要,似非群策群力,联合进行不足以资发展。"吴鼎昌提议四行联营,当商得金城银行总经理周作民的同意,共同协议设立"三行联合营业事务所",联合营业的范围以不侵害各行各自之营业为限。大陆银行总经理谈荔孙随后也申请参加,遂于1922年改为"四行联合营业事务所",联合对外放款。四行各派出总经理担任该所办事员,并互推吴鼎昌为主任,共同协商办理一切事务。联合营业基金由各行出资认缴。事务所地点,北京设在盐业银行,天津设在金城银行,上海设在中南银行。三处事务所费用由上述三行垫付,四行共同负担。

四行联合营业事务所成立的当年,做了三笔联合放款:一是交通银行自置上海黄浦滩14号(即汉口路一号)地基和房屋修建,向四行联合营业事务所商押银元100万元。二是对裕元纱厂联合放款50万元,归入联合营业承做。三是承做南通大生纱厂联合放款,放款金额以一次70万两为限。四行联营,开创了中国近代银行业联合营业的先河,组成了当时我国唯一的"北四行联营集团"。四行联营,壮大了资金运用实力,巩固了其在华北乃至整个中国金融界的优势地

四库准备库发行的中南银行钞券

中南银行银圆兑换券

位,扩大了社会信誉,"北四行"的业务得到飞速发展。据统计,1934 年,"北四行"联营集团总资本达 3250 万元,成为国内最大的私营银行集团。这在一定程度上也促动了华资银行业在中国的进一步发展。

在"北四行"中,只有中南银行有发行钞票权。经协商决定,由四行联合营业事务所联合发行中南银行钞券,并设立四行联合准备库。四行准备库总库设在上海,天津设四行准备分库,先在法租界六号路(今哈尔滨道),以后迁至中街(今解放路 145 号)。该库发行额逐年递增,由 1922 年年末的 250 万元,增至 1935 年 11 月的 7000 多万元,占全国重要银行发行总额的 12.28%。1934 年,金城、大陆证券投资各 1400 万,盐业投资 700 万,四行准备库达 4200 万,仅次于中央银行,这些证券信誉高,保证随时兑付十足现银元。

由于有资力雄厚的"北四行"作为后盾,准备库信誉日隆,经过几次挤兑风潮,均保无虞。中南银行钞票很顺利地在京、津、沪等大城市流通起来。1935 年 11 月,国民党政府实行统一发行法币政策,凡过去发行钞券的商业银行一律停止发行。中南钞票自不例外,四行准备库的沪、津、汉分库遵令停止发行,并将全部现金准备、保证准备连同库存券和销毁券一并移交"发行准备委员会"接收保管,办理善后。至此,中南银行钞券发行和四行准备库便告结束。

应该看到,"北四行联营集团"的初期发展很大程度上依托于历届政府的维持。从"北四行"的主要投资人看,除中南银行是南洋华侨黄奕住回国投资兴办外,其余都是北洋政府的军政官僚。金城、盐业、大陆三家银行,实际上是北洋政府的军阀官僚们创办起来的,官僚政客私人资本比重很大。金城主要是皖系军阀倪嗣冲等投资创办的,军阀官僚股本占 90.4%。盐业是袁世凯委托河南督军张镇芳和其族侄袁乃宽集资创办,张、袁二人投资占股本的 25% 以上。大陆行是北洋政府代总统冯国璋等投资创办,称"督军银行",官气很重。中南的股本中也有倪嗣冲、靳云鹏等军阀官僚的很大资本,沾了不少的"官气"。北洋政府垮台后,为了扩展银行事业,应付国民党统治后的政治经济局面,"北四行"领导人周作民等多方活动,通过政学系的关系,积极向国民政府靠拢,并从经济上支持蒋介石。周作民先后担任国民政府财政委员会委员、华北政务委员会北平分会常委、金融顾问委员会委员等要职。吴鼎昌和四行储蓄会的钱新之也曾担任国民政府的实业部长和财政部次长、代部长,并都成了政学系的上层人物。"北四行"联营集团有了政府作为靠山的社会背景,业务发展迅速,社会影响大增。

同时,还应该看到"北四行"联营集团的领导人,如周作民、吴鼎昌、胡笔江、谈荔孙等,都是近代著名的金融家和欧美、日本的留学生,接受过资本主义经济学的系统教育,具有近代资本主义银行的专业知识。他们本身又有在本国发展资本主义和银行事业的强烈愿望,具备较强的创业精神。他们按照资本主义近代银行制度经办银行,制定了正确的经营方针和管理方法。这些自身优势的有效发挥,也是"北四行"联营集团取得成功的决定性因素。

(王兆祥)

倪氏财团投资的金城银行

　　金城银行是以倪嗣冲、倪幼丹父子及王郅隆为核心人物的"倪氏财团"投资最多的银行。

　　第一次世界大战期间，中国民族工商业的发展和北洋政府财政上对银行资金的需要，是刺激并促成金城银行创立的两个主要因素。据金城银行档案《行史稿》记载："民国初元，经济社会趋于新式，国人均以发达工商业为职志。其时适欧洲大战期中，银涨金跌，各外商银行因资力及战事关系，均无暇经营中国事业，而中国工商业也有勃兴之势。平津一带，产业渐兴，需要金融机关，于是商业银行遂应运而生。"

　　倪氏财团发起组织金城银行的动机有五：一是办银行可获巨利。二是银行经营公债买卖有丰厚利润。三是北洋政府官员手中的资金要谋求出路。民初最有钱的人要数北洋政府官员。倪氏财团王郅隆是皖系中筹划财务的中坚人物，在金城未发起之前，王郅隆集资五十万元拟办盐运。但因盐商群起反对，无法进行。王郅隆已招到一部分资本，就想办个银行。四是打算通过兴办银行，为所创

倪氏财团核心人物倪嗣冲

管理委员倪幼丹先生

倪氏财团核心人物倪幼丹

办的企业融通资金。1915 年
倪氏财团倪嗣冲、王郅隆趁
抵制日货运动及第一次世界
大战的有利时机，在天津发
起组织裕元纱厂。但裕元纱
厂股东大多数是洪宪帝制
派，1916 年洪宪帝制失败，有
关人物纷纷避走，因而资本
未能如数筹集，裕元纱厂的
兴建几告停顿。1916 年，倪

金城银行总董王郅隆

嗣冲、王郅隆在天津设立裕庆公银号，原意想以该银号资金来供裕元纱厂之用。
裕庆公银号成立后，觉得它的资金力量不足以扶助裕元纱厂。倪嗣冲、王郅隆认
为，工商业家办企业，需有自己的金融机构，以便吸收社会上的闲散资金，提供
给自己的企业。倪、王投资百万创办裕元纱厂，急需资金周转使用。倪嗣冲、王郅
隆拟办一个更大的银行，这时想到了老朋友周作民。

周作民于 1884 年(清光绪十年)2 月 12 日出生于江苏淮安一个教书先生家
庭。父亲周佩香是个举人，以开馆授学为生，家境清贫。周作民自幼随父读书，15
岁时转入东文学堂读书，师从著名学者罗振玉。1902 年前往广东，进入广东公
学，学费由罗振玉倾力相助。1906 年周作民以优异成绩考取广东官费赴日留学，
入京都第三高等学校，两年半后，广东官费因故停发，他只得辍学回国。1908 年
秋，周作民在南京法政学堂任翻译，并在业余时间自学财经。辛亥革命后，周作
民担任南京临时政府财政部库藏司科长，走上仕途。1912 年随临时政府北迁，在
财政部继续供职。1913 年任库藏司司长。1915 年周作民离开财政部，任交通银
行总行稽核科科长，后又兼任国库课主任，从此开始了他的银行生涯。

1917 年周作民时任交通银行芜湖分行经理。他觉得官场多变，在官办银行
供职非长久之计，也想办一个民营银行。周作民的想法与倪嗣冲、王郅隆不谋而
合，他们达成共识，倪嗣冲以其长子倪道杰(幼丹)为代表与王郅隆共同出面，拉
上陆军次长徐树铮、财政次长兼天津造币厂监督吴鼎昌、陆军部经理司司长陈
国栋、长芦盐运使段谷香、山东财政厅长曲荔斋、山东省财政厅长曲卓新、长芦

盐运使段永彬等,与交通银行高级人员任振采(总行协理)、胡笔江(北京分行经理)、任凤苞、周作民及裕庆公银号经理郭善堂共为发起人。于 1917 年 5 月 15 日成立金城银行。从发起人看,一类人拥有雄厚的资力,一类人掌有管理银行的实际经验,这两类人结合起来使金城银行的资本较一般银行充实,招揽"达官贵人"、"军政机关",存款门路广,买卖投机公债消息灵通,同时还能取得官僚资本所办交通银行的特殊帮助。金城银行设总行于天津英租界维多利亚道(今和平区解放北路 108 号,旧 120 号)。"名曰金城,盖取金城汤池永久坚固之意也。"

金城银行大楼原有建筑属德商德华银行所有,建于 1907—1908 年,为德国

金城银行,该建筑前身为德华银行(山本照相馆摄)

著名建筑师贝克、培迪克所设计。该楼按照当时德国流行的商业办公大楼式样，采用了折中主义的形式，立面以错落有致的廊柱装饰，楼顶为高陡的复折四坡屋顶，正面和侧面的装饰山墙强调中间的突出立面和侧立面上的入口，显得极有韵律。第一次世界大战德国战败，该产于 1918 年由在华德国敌产保管会管理。1920 年 8 月 27 日，金城银行自该会购买上述财产，并于 1937 年聘请著名建筑工程师沈理源设计改造。主楼为西洋古典形式，砖木结构，牛舌瓦屋面，二层楼房。主入口位于解放北路。进门后为营业大厅，旁有经理室、会客室等，地下室有库房。主楼后建有钢筋混凝土仓库。全部建筑面积 5933.35 平方米，占地 7.233 亩(4822.02 平方米)。金城银行资本金定为 200 万元，实收四分之一，即 50 万元，其中倪氏财团投资 28 万元，占创办时实收资本的 56%。至 1919 年 1 月，资本收足 200 万元，倪氏财团投资 69.7 万元。同年 10 月增资为 500 万元，1922 年 3 月收足，其中倪氏财团投资 122.95 万元。

该行第一任总董王郅隆，董事梁士诒、朱宝仁、段永彬、倪道杰、徐树铮、任凤苞、倪道煦、魏联芳、王景杭、曲荔斋、吴鼎昌；监察人为胡笔江、郭善堂；总经理周作民。1919 年梁士诒当选董事，倪道煦去职。1920 年王郅隆改任董事，梁士诒当选总董，朱宝仁、魏联芳任董事；吴鼎昌担任监察人。该行创始人之一周作民，在创业初期虽然股份很小，直至 1929 年才被选为第六届董事会的董事，1935 年才被选为第八届董事会的董事长，但从建行至全国解放始终担任该行总经理职务。可见倪嗣冲慧眼识人，从金城银行成立就把总经理的重任加在周作民的身上。

倪嗣冲、倪幼丹、王郅隆、周作民等人对发展民族工商业的重要性有清楚的认识，把银行对于工商业的投资视为"天职"。在 1918 年 12 月 29 日的董事会上，倪幼丹、王郅隆、周作民等就明确指出："银行与工商业本有绝大关系，工商业发达，银行斯可发达，故银行对于工商业之投资，自系天职。而投资之目的则有二：1.专谋营业上之利益；2.助长工商事业之发展。"比如说，对久大精盐公司、丹华火柴公司、裕元纱厂等等的投资，目的虽然是在营利，可是对于工商事业的发展也有很大的关系。

据统计，金城对工矿企业的放款从 1919 年的 83 万元，到 1923 年增至近 700 万元，增加了近八倍，在五类放款对象中占居首位。金城放款的工矿企业有

100多家，其中，放款在一万元以上的有纺织业22家、化学工业6家、面粉业10家、煤矿11家、食品4家、烟酒2家、印刷2家、建筑业2家、机电2家、皮革2家。人们常说，金城放款的重点是"三白一黑"也就是纺织、化工、面粉、煤矿四大工业。金城银行对永利制碱公司的资助已经成为我国金融史上的一段美谈。在金城巨额资金的支持下，1928年，永利的"红三角"纯碱在美国建国150周年博览会上得奖，信誉蒸蒸日上，逐步将洋碱逐出国内市场。金城对华北资源的开发和产业的发展作出的贡献，受到社会各界的赞誉。由于金城在加强同民族工商业关系的同时，增强了自己的实力，仅仅经过三年时间，存款额一度雄居全国商业银行之首，在华北地区与中国、交通和盐业三大银行并驾齐驱。金城银行通过大量购入北洋政府公债、国库券和进行财政性投放等方式，既获得了巨额利润，又为北洋政府渡过财政困难提供了支持。1921年，金城银行与盐业、中南等银行组成联营机构，后来大陆银行也加入，遂成为四行联营。该行成为中国重要的私营银行之一，被称为"北四行"的主要支柱。至1927年金城银行资本总额已经增至700万元，倪氏财团投资达113.24万元。周作民总经理在1928年9月1日董事会上讲：本行自开业以来10年间（1917—1927年）获净利1065万元，资本利得率高达166.2%，迅速跻身于全国十大银行之列，充分显示了倪氏财团的实力和周作民作为银行家的才干。

抗日战争时期金城银行飞速发展。金城在整个抗战时期的业务方针为"厚集资金，套购外汇、黄金，囤购货物，经营证券和房地产买卖"，还提出"今后的生命线在外汇"的经营思想。金城银行在抗战中逐渐积累了巨额的外汇资金。抗战胜利后到上海解放前，金城银行在国民政府恶性通货膨胀下，存放汇正当业务经营日趋萎缩，资力大为削弱。而1948年金圆券发行时，国民党当局为夺取外汇，对周作民施加恐吓与威胁，乃至不准离境，使国民党当局与金城银行之间的矛盾更加深化。

中华人民共和国成立后金城银行开始了整顿与改造。1950年8月，在党的政策指引下，金城银行申请公股参加领导，获得批准。1951年9月，金城等"北五行"（那时四行储蓄会和四行信托部已改组为联合银行）正式公私合营。

（张绍祖）

抗战中金城银行发展的绝招

　　金城银行,1917 年 5 月创立于天津,地址在英租界 20 号(今解放北路 108 号)。1937 年之前,是金城银行的初步发展时期,在华北获得了与中国、交通、盐业三银行并列的地位。在抗日战争时期,国内百业凋零,经济受到严重的破坏。但金城银行不论是在沦陷区还是在国统区,都能够平稳发展,这与金城银行独特的经营策略有着密切的直接关系。

一、专做外汇

　　抗战之初,国民党政府即已确定实行通货膨胀政策。精明的银行家周作民也料到战时通货膨胀是各国政府无一例外的选择。因此,抗战一开始,周作民就

金城银行天津分行外景

告诫下属:"今后金城的生命线在外汇。"他说:"现在战争打起来了,我们要想尽各种办法充实我行力量;法币维持不了多久,物价必定上涨。我们的出路要多拉存款,少做放款,以吸收来的存款多囤物资,多购外汇。"各地的几个重要分行都按照他的指示,尽可能筹措头寸,多购外汇。为了应付各地分行到香港套购外汇事宜,周作民在机构上也作了调整。1938 年 10 月底,于香港筹设特别会计机构,对内简称"港总处",专门办理总行、分行外币账务事宜。同时在上海总处添置"副账",以便营运时就近考察。

金城银行营业厅

不仅如此,金城银行在国统区也千方百计地套购外汇,积累外汇资产,争购国民党政府发行的美金储蓄券和美金公债。同时,港、沪两处金城还利用手头的资金,在伦敦、纽约等世界金融中心套购黄金、外国股票和外汇。如 1938 年 7 月,沪行托港总处在伦敦购进黄金近 7000 盎司,支出 48835 英镑;同年 8 月,沪总处代港总处在美国购进通用电气公司等 5 家美国公司股票,共计 800 股;9 月,沪总处又通过港总处在英国购进美金 50 万元。鉴于欧洲形势日趋紧张,周作民担心大战爆发英美汇兑更加缩小,存放欧洲银行的款项也可能受到统制,因此指示港总处将所购 50 万美金分存港、沪两地。后又指示伦敦代理行,将由其代为保管的黄金随时脱售,购入美元,转入港总处账户。截至 1945 年 6 月,金城银行(不包括渝总处)购买的外币债券和外国股票,账面金额总计 900 余万元。

二、囤积物资

周作民的另一经营策略是对物资的采购运销。早在 1937 年 2 月,他即指示汉口分行经理戴自牧:"物价看涨,可择易入易出而较本轻利厚如面、麦等物,尽量购存若干。"抗战开始,周作民指示由金城银行开办的通成公司进行物资囤积,告知说:"公司所得的利润怎样分配,随后再谈,好在是一家,内部的事好商量。"次年 4 月,又指示香港办事处:"此间盛传政府对于金融又将有新限制,物价势必看涨,希择便于进出较易获利之货,量力购储,待价而沽。"在他的指示下,各地分行、支行根据不同情况,筹集资金,购储物资,囤积居奇。汉口分行囤购粮食、棉花、桐油,郑州分行囤购麦、棉,广州分行囤购纱、米、谷等,均获利不菲。

金城囤积和运销物资的主要机构是所属的通成公司。通成原在华北、华中设有大量分支机构,上海、南京沦陷后,便在广州设立办事处,专运沪、津等地物资。尤其是棉纱布匹,在港、粤销售,试图"沟通粤、汉两地货运,以为沪、汉两埠绕道连贯之计"。广州遭日机轰炸,交通时断,通成公司将目标转向西南。1938 年 7 月成立昆明办事处,进而成立重庆分公司和成都、宜宾办事处,建立了一条外连上海、天津,内通大后方的物资运输线。通成公司认为:"西南现为后方资源之重地,无论如何,战事以后,亦必仍为发展国民经济之要区。通成公司经营棉、煤、粮与运输各业,虽属范围不大,然已具物产公司之雏形,环顾国中,此类组织尚属不多,为求光大将来之信誉,此时必须健全西南方面公司独立之机构,尽力拓张各项业务,便利民生,以奠永久之基,至一时营业利润之厚薄,犹其余事耳。"应当说,这是一个颇有见地的经营构想。

通成公司依靠众多分支机构,运用金城银行所提供的巨额贷款,放手进行粮、煤的采购运销,获得大量利润。1938 年净得 43 万元,1941 年达到 118 万元,1943 年增至 620 万元。同时,这种物资运销,特别是将天津、上海的货物运往内地,也在一定程度上补充了后方的物资消耗,用通成公司自己的话说,是"借供社会上之需要,谋自身之生存"。

太平洋战争爆发以后,交通受阻,许多物资被统制,囤购货物已"不合时宜"。周作民及时调整经营方向,转而重点投资证券和房地产。

三、联合经营

这一时期,周作民还尝试建立跨国集团公司。1938 年,他到东南亚考察,回国后便酝酿建立一个通过贸易、文化、教育、服务等渠道与华侨联系的机构。次年注册成立了"南洋企业公司",注册资本 500 万元,周自任董事长。1940 年,在泰国建立了第一个子公司,即"南洋企业公司泰国公司"。该公司除与母公司进行贸易外,还在华侨中开展各项活动,如介绍华侨子弟回国求学、组织华商庆祝中国节日、举办国画展览等,并利用报纸广为宣传。南洋企业公司的建立,是周作民根据时局变化作出的一项战略决策,体现出符合国际发展趋势的联合发展的经营意识。

金城银行联合经营的最高成就还是要数金城、大陆、中南、盐业四家银行形成的"北四行"联合经营,并且成为北四行的核心支柱。四行联营,壮大了资金运用实力,巩固了其在华北乃至整个中国金融界的优势地位,扩大了社会信誉,"北四行"的业务得到飞速发展。据统计,1934 年,"北四行"联营集团总资本达3250 万元,为国内最大的私营银行集团,正是在这个联营集团的烘托之下,金城银行得到更加稳固的发展,成为抗战时期银行中的佼佼者。

(王兆祥)

银行家周作民与范旭东

　　周作民是中国近代著名银行家,他经营着"北四行"核心支柱的金城银行。该行坐落在天津法租界中街(现解放北路)108号,行名"金城",取"金城汤池永久坚固"之意。范旭东是中国近代杰出企业家,开办中国早期的制碱化工企业。二人密切合作,共同演绎出中国近代金融与实业互相促进、共同发展的历史佳话。

　　周作民创办金城银行,一个重要的经营理念就是金融控制或参与实业。他认为:一个银行家要把对工业的投资视为"天职"。就是说要着重将金融资本渗透到产业资本中去,在民族工业的投资中寻求效益。所以,金城银行非常重视自营企业和与金城有投资关系的企业,在资金方面给予大力支持。周作民的这一经营信念和理想有多方面的渊源,最主要的是早年留学日本的经历对他产生的影响。

　　周作民从日本留学回国后,效法日本三井、三菱等株式会社的做法,着重将金融资本渗透到产业资本中去,在民族工业发展的同时寻求银行自身的运转。金城对民族工商业的放款,本着既与本行有利又能助长工商业发展的宗旨,密切联系金融与实业的关系。其投资重点是有关国计民生的工商、交通运输事业,采取独资或与同业联合投资等方式,辅之以放款透支,承购公司股票、公司债券以及其他各种担保业务。金城银行工商放款总额1919年为83万元,1927年增至686万元。直接投资的企业有北洋、中兴

金城银行经理周作民

等面粉工业,久大、永利等化工工业,以及民生行业公司、天津航运等交通事业。特别是金城对范旭东永利制碱的支持,更是展现了一个金融家与一个企业家之间非同寻常的密切合作关系。

天津久大精盐公司、永利化学工业公司创办人范旭东是周作民早年留学日本的同学,毕业于日本帝国大学化学系。为了打破英国卜内门公司对中国碱业市场的垄断,范旭东决定在久大、永利的基础上创办塘沽制碱厂。据说,他曾对着塘沽堆积如山的盐坨,立下誓愿:"一个化学家,看见这样的丰富资源而不起雄心者,非丈夫也!"中国人要办碱厂,首先受到英商千方百计的阻拦。卜内门公司利用英国人控制的中国盐务稽查所,阻挠批准制碱厂用盐免税,并通过汇丰银行要求中国政府把制碱特权给予英商,以此作为汇丰银行向北京政府提供借款的条件。另外,像制碱这样的化工企业,投资大,技术难度高,基建、试制时间长,而且当时制碱技术在中国人手中尚未娴熟,建厂存在很大的困难。

就在这种情况下,周作民主持的金城银行给予范旭东倾力支持。周作民认为范旭东从事的实业在民族工业中属于首创,于国于民都是一件好事,宁愿冒风险也在所不辞。况且他了解范旭东的为人,知其做事扎实,坚守信用,有勇往直前的创业精神。周作民曾对人说过:"我深切知道范旭东做事扎扎实实,为人坚守信用,在他的周围又有一班工程技术人才,他的事业不会不成功的。"他又

永利化学工业的奠基人——范旭东

说:"久大刚刚有些基础,旭东接着要办制碱厂,一件事比一件事需要更多的资金。我们金城在永利的投资从业务观点来看,很不划算,分的红利很少,可是永利事业的成功,对于金城来说,也大有好处,替我们做了很好的宣传。"他力排众议,果断地对永利碱厂进行投资。

在永利公司塘沽制碱厂试制产品,尚未正式筹建之前,周作民就曾以久大公司名义,由金城银行贷款五六十万元,实为筹设永利制碱奠定基础。1921年后,永利直接和金城开户,订立每年透支10万元的合同,以后随着

原金城银行大楼现貌

工程的进展,透支数额逐年增加,1924年增加到15万元。塘沽制碱厂聘请留美化学专家侯德榜主持生产技术,经过反复试验,至1924年终于试制成功"红三角"纯碱,并开始在市场推销,这是中国人自办的唯一制碱工业,值得骄傲。但"红三角"面市之后,即引起控制中国酸碱市场多年的英商卜内门公司的注意。1925年,伦敦总公司首脑尼克逊来华视察,要求与范旭东在大连见面。当时英商想用利诱的办法控制永利,要求合营,由他们派专家主持永利的生产技术。英商企图控制我国酸碱工业发展,自然遭到范、侯等人的严拒。

　　不久上海爆发"五卅"惨案,掀起全国的抵制洋货运动。英商恼羞成怒,用倾销办法,降低洋碱售价40%,使刚刚投入市场的"红三角"永利纯碱销路受到严重影响,永利资金周转十分紧张。在此关键时刻,周作民毅然决定给予永利透支贷款60万元,支持继续生产,顶住英商恶毒的倾销压力。当时,金城银行给予巨额贷款支持永利渡过难关,确是惊人之举。永利在困难时刻受到金城大力支持,一方面完善生产管理,至1927年日平均出碱36吨;另一方面努力推销,使国产"红三角"纯碱畅销大江南北,为我国发展酸碱工业奠定了基础。范旭东后来在一篇文章中说:"我们在世界秘密中寻出一条道路。受尽工业技术的折磨和世界托拉斯的压迫与利诱,我们没有屈服,更深谢金城银行周先生的巨大支持。现在每年进口的洋碱由一百万担减至四十八万担了,民族碱工业终至舒出一口闷气。"

周作民的金城银行所以不遗余力地支持范旭东的制碱公司,除了二人的私交关系以外,还有以下几个方面的考虑:其一,支持与国计民生有关的重要工矿企业是商业银行不容推卸的责任。尤其像永利这样新兴的工业之母酸碱事业,在受到帝国主义经济侵略倾销的压力下,商业银行给予巨额贷款,虽有风险,但必须要力所能及地予以支持,使之渡过难关,抵制帝国主义的经济掠夺。其二,金城银行支持的是有发展前景的产业。范旭东和侯德榜是留学日美的化学专家,具有发展我国酸碱事业的远大抱负。当时永利的创建资本只有40万元,在塘沽海滩上艰苦创业,困难重重。正是由于有了商业银行的资金支持,经过艰苦努力,中国人自制的"红三角"纯碱终于获得成功,享誉国内外。其三,银行融资与企业管理相辅相成。范、侯等专家治厂,完全学习国外先进经验,科学管理,组织精干,用人得当,办事认真,遵守信用,自奉节俭,严禁铺张浪费。范、侯所取得的成功,为我国新兴的民族工业树立了典范,同时也提高了给予支持永利发展的金城银行的社会信誉。

长期以来,金城银行与永利公司已经形成了休戚与共的依赖关系。周作民自永利成立之日起,即被选为该公司董事长。同样,范旭东也一贯支持周作民,当了多年的金城监察人。1945年范旭东在重庆病逝的时候,周作民正在上海,当他听到这个消息,极为悲痛。11月1日,范旭东的生前友好准备在上海为他举行追悼会,公推周作民主持仪式。周因环境关系,不便出头露面,特地请李偶夫转告永利同人,说明苦衷。1945年12月初他到重庆,还特地到范旭东墓前行礼,不禁痛哭。以后,周作民仍然不断过问范旭东去世以后永利公司的发展去向。他在1945年12月29日的日记里写道:"约侯德榜、范鸿畴、李烛尘、孙学悟、余啸秋五君午飧,听取永利公司一切报告……欣羡之余,不胜惭愧。惟在中国境内需用款项约法币30亿元,可谓巨矣,如何筹措,此系问题。"关切之情溢于言表。从周作民与范旭东的密切关系和共同奋斗中,我们看到了为了中国振兴而努力奋斗的企业家的身影,他们所走的正是近代中国经济发展的艰难曲折的路程。

(王兆祥)

中国农工银行津版假钞票

　　中国农工银行是由原大宛农工银行改组,于1927年2月正式成立的。1929年,总行由北京迁到天津,地址在法租界十四号路(现承德道24号),后迁英租界中街(今解放北路63号)。1931年又由天津迁到上海。1952年中国农工银行天津分行参加了天津银行业的公私合营。

　　该行开办目的在于以农工银行扶助农工业的发展。开办资本金定为1000万元(实收500万元),是民国时期一家重要的民办商业银行。中国农工银行得到当时北洋政府的特许,发行银圆兑换券。该行的第一版银圆票在1927年开始发行,发行的主币面额为壹圆、伍圆、拾圆三种。辅币面额为壹角、贰角、伍角三种。1935年国民政府实施法币政策,中国农工银行的纸币发行权被取消,该行发

农工银行发行的真钞票(正面)

农工银行发行的真钞票(反面)

假钞票(正面)

假钞票(反面)

行业务由中央银行接收。

在农工银行发行的钞票中,曾经出现一种天津版壹圆券假钞票。这种壹圆券的假钞票印制精良,与图1所示真钞票券面大小一致(同为145厘米×78厘米),设计与印制风格也非常相近。这两种钞票粗看貌似相同,若仔细辨认,两者在具体图案和文字几个方面都有许多不同之处。

农工银行发行的壹圆券真钞票以褐色为主色调,四周边框外边为直线,中心图案为长城,中心图案两角有两个"壹"字,上框含有"政府特准"四字,地名"天津"二字在位于左右框的圈内,印制时间为"中华民国十六年印",背面中心无"1"字,四角"1"字斜立,团花之上有两个钞票号码。

而假钞壹圆券正面以紫色为主色调,四周边框的外边为小弧线相连,中心图案为一城门,上框无字,"天津"二字在下框的左右两边,印制时间为"中华民国十五年十月印",背面中心有"1"字,四角"1"字直立,背面无号码。

是不是农工银行发行了时间、设计都不同的两种版别的壹圆券钞票呢?答案是否定的。因为中国农工银行是1927年2月正式成立,12月开始发行银圆票,从开始发行钞票的时间看,发行之前一次印制即可,没必要在1926年和1927年分别设计印制两种壹圆券。从农工银行行名在1927年2月方才启用来看,民国十六年(1927年)印制"中国农工银行"券,当然更为准确。

再进一步考察,钞票背面容易为国人忽略或看不懂的英文行名露出了破绽。十六年版壹圆券的英文行名是"THEAGRICULTURALANDINDUSTRI-ALBANKOFCHINA",而十五年十月版壹圆券的英文行名是"PROVINGIAL-BANKOFCHIHLI",两钞的英文行名竟然完全不同。前者翻译应为"中国农工银行",而后者翻译应为"直隶省银行"。拿直隶省银行壹圆券与中国农工银行十五年十月版做对比,发现二者除了行名不同之外,其余处处相同。由此断定,中国农工银行十五年十月版是将直隶省银行壹圆券涂改行名改制而来的假钞。

为什么有人要用直隶省银行票去改造成中国农工银行票呢?原来,直隶省银行是宣统二年(1910年)由原天津官银号改名而来,该行钞票广泛使用于直隶省境内,银行信用也得到社会的认可。到了1926—1927年期间,军阀诸玉璞掌控河北,也控制了直隶省银行。为了军事的需要,其时大量发行了直隶省银行票,致使提款风潮频发,币值不断下降。到1927年底,其所发钞票已不能兑现,成为废纸。我们所见的直隶省银行中华民国十五年十月印的壹圆券即为1926—1927年滥发而后被停兑的纸币中的一种。而在1927年12月中国农工银行开始发行纸币，在天津也有发行，其币值稳定社会信赖，故有人即以已成为废纸的直隶省银行券鱼目混珠，改头换面，冒充刚刚面世的中国农工银行券。

值得注意的是，由于中国"农工银行民国十六年"壹圆券与"直隶省银行十五年版"壹圆券都是由当时的财政部印刷局印制，所以此种"假钞"，就钞票本身而言并不假，用纸、用墨、所用印刷机器等等完全合于规矩，而且因同时期、同印刷局所制，总体风格也相同，所以更使老百姓不易分辨，具有更大的欺骗性。

2005年《中国钱币》杂志发表《几张鱼目混珠的中国农工银行壹圆券》一文，对这种"鱼目混珠"的假币进行了介绍。文章中写到：仔细观看这些改制币涂改的行名，可看出，书写行名处的印刷颜色是被人处理过的，为去掉原行名，底色略浅于别处；其中隐约中还能看到原行名的痕迹；为仿正规的"中国农工银行"行名写法，原书写"直隶省银行"的位置明显偏小，强行嵌入伪造的行名后，显得不协调；印假行名并非用专门印刷油墨，所以行名颜色与直隶省银行票总体的印色有所区别，而且印出的字，字边有发"洇"的现象。比较这些假钞各自行名字体等情况，竟张张不同，说明这不是出于一人之手，应是当时多人假仿所致。这些假钞应该是曾经流通社会。

从假币上出现"天津"字样，可以确认它出自天津，也一定在天津有所流散。今天，通过几张旧时的纸币，我们可以进一步了解民国时期货币动荡的历史。当然，也了解了假币的仿冒手法，为今天的防伪反假提供了一定的实物借鉴。

（王兆祥）

实业银行发行钞票及
钞票挤兑风波

中国实业银行为振兴中国实业而设。该行在 1915 年由财政部奉令筹办，于 1919 年开业，总行设在天津。创办人为中国银行总裁李士伟、前财政总长周学熙和前国务院总理熊希龄、钱能训以及著名的实业界人士。该行董事长龚仙舟，总经理胡祖同，实收资本 3507400 元。中国实业银行除经营银行一般业务外，特别注重对实业界的业务往来，并有发行钞票的特权。

中国实业银行共发行三版纸币。第一版为 1922 年版，财政部印刷局承印，面值有一元、五元、十元、五十元、一百元等，正面图案为纺织图，背面为耕作图，地名有上海、北京、天津以及汉口等。第二版为 1924 年版，美国钞票公司承印，面值有一元、五元、十元、五十元、一百元五种，正面图案为神马驰海图，背面印万里长城图景，地名有上海、北京、天津、汉口、山东、青岛、威海卫等。第三版为 1931 年版，美国钞票公司承印，面值有一元、五元、十元三种。正面图案为神马驰海图，背面为万里长城图景，地名有上海、天津、福建、山东、青岛、厦门

大法国路和宝士徒道交口处的中国实业银行

等。

1935 年 11 月 4 日，国民政府实行币制改革，中国实业银行的准备金规定由中国银行接收，在 1935 年 6 月 30 日检查该行准备金时，仅上海的发行额为 28822913 元。现金准备为 95.14%，保证准备 4.86%。虽然该行现金准备十分充足，但由于行内用人不当，经营不善，再加监守自盗，内部空虚，最终在天津实业银行引起了一场钞票挤兑风波。尽管风波最终得到平息，但从此中国实业银行元气大伤，最终被四大家族所吞没。这场挤兑风波的起因，首先是从错用了发行课主任冯子衡引起的。

天津分行为了加强钞票的发行业务，设立了发行课，提升业务员冯子衡为发行课主任，专职办理发行工作。冯子衡发财致富野心很大，以致不择手段，在任业务员的时候，就借用银行款项，买卖地皮，借款营私。最初小有得利，后来地皮落价，就成了银行的呆滞放款，影响了资金的周转。当了主任以后，他掌握着数以百万计的钞票"现金准备"和"保证准备"，更是肆无忌惮滥用库款，营私舞弊，套购公债。据说他个人已经获利十几万元。

1929 年，南京政府逮捕了天津以王君直为首的 5 位盐商"纲总"，勒索许多款项，并强迫购销大量的"南京市政公债"，才被放回天津。各纲总回到天津以后，相继贬价卖出公债。冯子衡认为是发财机会，大量用库款购入。岂料 1932 年淞沪之战爆发，南京市政建设公债暴跌，冯子衡亏赔甚巨。而当时实业银行发行的钞票现金准备一部分已经移作现金流行，再加上被冯盗用，致使库存空虚，无法应付，形势岌岌可危。到了年终除夕，对于同业间交往账款不能及时冲算。一时间，外界纷纷猜测，认为中国实业银行情形不稳。

冯子衡趁机浑水摸鱼，对外宣扬实业银行已无法挽救，即将倒闭，并将库存现洋 144000 元交由脚行运往和济等 7 家银号，清还交往账款以示惠于各银号。同时鼓动存款人到银行换取外国银行钞票。很多不明真相的人托他帮助办理。但库内所有外钞为数有限，不敷分配，冯又抬出整箱现洋，支付存款。一时人心惶惶，大车小辆纷纷往外拉运现洋，致使实业银行全面崩溃，到了不可收拾的地步。

2 月 9 日，春节放假后的第一天上班，各银行开门办公，而在中国实业银行门前，兑现的人群人山人海，水泄不通。副经理朱幼桥四处奔走求援，以行内的有价证券及押款各户的押品,转向中国、盐业等银行筹措现洋,经过三四天的时间,才将钞票兑清。但还有大量存款仍难以应付,不论是否到期,存户一齐持存单前来提取,挤满了柜台。银行上下不得不日夜开会研究对策,但仍一筹莫展,以总行名义向沪行求援,也得不到答复。

不得已,总行聘请周鉴澄律师以侵占罪控告冯子衡,英租界工部局于2月23日将冯拘捕,但最终官司不了了之。总行解除了原天津分行经理、副经理的职务,由北京分行经理卓君庸来津支撑一时。1932年总行迁移上海,同时派孙履安、洪渭渔、方尔梅接任天津分行的经理、副经理,并由上海调拨一批款项,支付津行的存款。

孙履安接任津行经理后,进行大力整顿,一方面奖掖人才,催收旧欠,招揽存款;另一方面裁减人员,节约开支。但终因银行元气大伤,很难恢复,业务始终没有多大起色。无奈,孙履安辞职回到上海。到1935年,银行由民国政府财政部接收,加入官股,并派原中国银行国库局局长胡孟嘉为总理,实业银行最终被南京政府的四大家族所吞并。

（王兆祥）

周学熙实业集团与中国实业银行

二十世纪初叶,周学熙在袁世凯的支持下,开创北洋实业。1906年周学熙开办启新洋灰公司和滦州矿务公司,这是北洋实业中最早的近代化企业。启新从开办后一直有高额利润,滦矿与开平联合后更获得显著效益(见图1)。他们共同构成北洋实业的两大支柱。因两公司地处华北,人们习惯称之为"华北灰矿集团",另外还有华新纺织公司和后来的耀华玻璃公司,规模都很大,发行的股票也成为人们的抢手货。

为了进一步扩大开办实业,必须注重聚集新资本。周学熙首先倡导积累启新、滦矿自身的资本,以发展、壮大新企业。光绪三十三年(1907年)七月《洋灰公司创办章程》中规定:"除官私及酌提公积外,按十四成分派,以一成报效北洋兴办实业。"1912年,在开、滦两矿《联合办理合同草案》上也特别载明:"股东分利满十五万镑之后,先提十五分之一,归直隶兴办实业之用。"经股东会通过,"嗣后股息以每股二元四角为最大限度(股票,票面每股15元),过此则提存为'创办新事业专款'并以之生息,建设实业"。除了这些规定,还有数目相当大的公积金用于新企业的开发也被保留了下来。

周学熙通过当时天津的一般华商银行都奔走于灰矿之门,吸收其存款的现象,逐渐认识到企业和银行之间密不可分的互动关系。由于周学熙开办的公司规模大,流动资金也多,一方面有大量的款项需存入银行,而另一方面各公司遇有现金周转不足时,却不能彼此内部划拨通融,还得向银行借贷。当时银行贷款利息一分七八厘,而存款利息只五六厘,贷款利息较之存款利息高出几倍。这等于把自己的钱存入银行,再由银行借款给自己,无形中被银行剥去一层皮。这样一来,不仅巨息的肥水白白流入他人田地,而且由于自己的资金不能及时得到周转利用,影响了工业资本作用的充分发挥。

于是，周学熙产生了"欲发展实业必须设有相应的金融机关"的想法。他说："盖必先有健全之金融，而后能有奋兴之实业，此全在主持营运者，善于利用，及维护之而已。"这就明确了发展工业企业与"健全金融"之间的密切关系。他主张建立一个为发展实业服务的金融机构。早在1915年第二次出任财政总长时，周学熙就曾提出"理财不专着重于税收，而在于统筹金融经济之建设"。他主张创办大宛农工银行，"以谋农村之兴建"；创办中国实业银行，"以为发展实业之助"。他认为必须"以中国实业银行推行都市工业建设，以县农工银行发展乡村经济，双管齐下，希望致中国富强之域"。同时，为了改变对灰、煤的单一重工业结构的投资，转向轻纺、玻璃等部门发展，也要有一个为其筹款的银行金融机构，以便有利于自己所掌握的各企业的资金周转。开办银行，他自信能从英国人控制的开滦矿务局招来大量存款。

1919年4月，中国实业银行开业，银行资本定为2000万元，收足350万元，总行设在天津。地址在法租界12号路(今营口道)26号，1923年迁到英租界领事道该行新址(今大同道13号)。周学熙除将滦矿、启新所谓"新事业专款"的部分资金及两公司股东之股息、花红转为银行资本入股外，他还利用在政府财政部门的势力，由北洋政府指令长芦、东纲和两淮三大盐引的商人必须投资。还招收了一部分北洋军阀官僚如徐世昌、熊希龄、孟恩远、曹汝霖、田中玉、陈光远、钱能训等人的资本。周学熙自任银行总理，启新股东及时任中国银行总裁的李士伟为协理。同时设立天津分行，以巢季仙为经理，朱幼桥为副理。此外，又陆续在北京、济南、上海设立分行。后为了照顾华新纺织公司的四个纱厂，又在青岛、唐山、新乡设立支行或办事处。

中国实业银行自成立之年，为了更多地吸收存款，效法外国人在中国开办有奖储蓄的方法，拨资本10万元，设立了有奖储蓄部，推行以十五年为期的有奖储蓄。其办法是每户储款以2000元金额为限，分十四年摊交，第十五年期满还本；储户认全户或半额或四分之三或四分之一均可；每月开奖一次，获头奖者每全户可得2000元，余按比例推算。这一做法，在当时中国华资银行中，实乃独树一帜，堪称"高瞻远瞩"。据统计，1920年实业银行有奖储蓄存款是60887.91元，到1933年有奖储蓄存款达到3147955.03元。为扩大业务，1931年6月，周学熙又加拨资本50万元，添办普通储蓄业务。到1933年，普通储蓄存款已达

4591771.82 元。

　　周学熙为了扩充实业银行的资金,将金融资本转入工业资本,采用了他在清末掌管天津官银号兴办北洋实业的老办法,招揽社会存款和发行纸钞,取得了"龙马"图案钞票的发行权。钞票上画的是"龙马"图案,以表示与启新洋灰公司的"飞马牌"洋灰属于一个系统。该钞票在唐山开滦与启新矿场上流通使用,矿工们称之为"马牌钞票"。由于工业资本与银行资本的结合,使工业资本更为集中,成为发展工业的后盾。如 1912 年创办唐山、卫辉两纱厂,实业银行专门发行了 180 万元的公司债券。为了耀华玻璃公司的发展,银行提供 60 万元的资金贷款,这些举措,都有效地保证了企业的正常运转,带来了可观的效益。也正是由于周学熙的努力,工业资本和银行资本得以有机地结合,工业资本更为集中,成为发展工业的后盾,才使一个囊括十几个企业公司,资本额高达 4000 多万元的周学熙实业集团得以形成。

(王兆祥)

新华大楼——天津金融大鳄的活动中心

　　在解放北路与滨江道交口西北角,有一座主体六层、局部八层的高楼,这就是原新华信托储蓄银行天津分行所在地,简称新华银行、新华大楼。从墙上钉挂的"原新华信托银行大楼旧址"石牌可知,该楼已于1997年6月2日被市政府公布为天津市文物保护单位,也是本市重点保护等级历史风貌建筑。

新华储蓄银行

在20世纪三四十年代,该楼堪称"天津中资银行的大本营",这是因为驻津的"中资银行每天下午四点均要到该行来进行汇总结账,沟通情况"。另外,由于天津金融决策、协调、业务机构,如天津银行业同业公会、天津市钱业同业公会等,一度设在此处,因此该楼也是当时炙手可热的天津金融业巨子的活动中心。

新华信托储蓄银行的历史沿革

《天津通志·金融志》(天津社会科学院出版社1995年出版)对这家官商合办银行的沿革有比较清晰的记载:

新华信托储蓄银行由中国、交通两行合拨资金100万元于1914年10月20日创办,设总行于北京。该行因以"提倡社会储蓄,培养人民俭德"为宗旨,故定名为新华储蓄银行。1917年、1919年为适应业务的扩展需要,先后筹设天津、上海分行,并兼营商业银行业务。天津分行开业后,由总行拨资本金5万元,马殿元为经理,行址在法租界中街(今解放北路)7号。天津分行的主要业务为办理存放汇及一切储蓄业务,经收信托款项,买卖有价证券、房地产、保险及仓库业。1921年发行流通储蓄金券,在京、津、沪三地流通甚广。1928年,国民政府迁都南京,华北商务锐减,新华储蓄银行旧账未清,新业务也难开展,濒临倒闭。中、交两行遂接管该行北平、天津、上海三分行业务。

1931年2月,新华储蓄银行改组,更名为新华信托储蓄银行,总行迁至上海,冯耿光为董事长,王志莘为总经理,孙瑞璜为副总经理,总行派俞鸿任天津分行经理。同年11月,天津分行在东马路设办事处。天津分行此时的业务侧重于储蓄信托,属于投资银行性质。由于改组之后业务性质更易,资金来源亦多属固定性质,因此放款稍偏重于定期抵押。

1934年新华信托储蓄银行首先由总行、天津分行和上海第三办事处推行整借零还小额信用放款,每户100元至500元为度,月息八厘,最长12个月,分期摊还,无需提供抵押品,但借款者必须认购新华人寿储金,用途则以婚嫁、还债、丧葬、医疗为多。天津分行办理这项业务与总行稍有区别,即借款人必须由供职单位担保。此外,该行还首创人寿储金、生活储金、教育储金。同年建立天津敦桥道办事处。1935年10月建立天津梨栈办事处。1935年12月,天津分行迁入新华大楼办公。1936年底,建立天津旭街(今和平路)办事处及河北大街办事处。由于该行储蓄种类繁多,存储方法和处理手续简单方便,服务态度热情周到,深受客户欢迎。据1938年底天津银行同业公会统计,新华信托储蓄银行天津分行存款数目在同业中,除中行、中央、交行、农行四行外,居首位。1944年11月,总行拨伪联银券50万元作天津分行营运基金。1946年7月,总行再次拨法币20万元作天津分行营运基金。1948年12月又改拨金圆券5万元。

1949年1月15日天津解放后,新华信托储蓄银行天津分行资本额为旧人民币2400万元。天津分行经理俞鸿于1948年10月辞职,由范希郇继任。1951年范辞职,由华文煜继任。同年12月,公私合营银行联合总管理处在天津办事处成立,该行受其领导。1952年12月15日该行与其他银行合并成立公私合营银行天津分行。

朱锡祚所撰《新华信托储蓄银行沿革》载,1917年底,马殿元、曹璜受派来津筹设新华银行天津分行,转年春开业,行址设在万国桥附近,马任分行经理。军阀陈光远在津私产,多半由该行代管。该行一度无异于陈光远的"私人账房"。

1921年《银行周报》增刊载,新华储蓄银行天津分行地址在"法界中街七号路",法租界七号路跟法租界中街是一回事,因此,称之为"法租界中街七号",不确。当时,其沪行所在地为"天津路鸿仁里口五〇八号",因此,将天津分行地址写作"路鸿仁里",实为误称。

《中国二十世纪通鉴1921—1940》载有《上海新华商业储蓄银行更名为新华信托储蓄银行》一文,文中称"上海新华商业储蓄银行更名为新华信托储蓄银行上海新华商业储蓄银行,在上海召开董事会,决定接受由中国、交通两行增拨的资金,以便扩大营业,更改行名为新华信托储蓄银行,并将上海分行改为总行,北平、天津两地改设分行。董事会推定冯耿光为董事长,张嘉璈、胡祖同、宋汉章、王子裕为常务董事,王志莘为总经理"。该记载,可对上文作些补充。

新华信托储蓄银行天津分行初始之貌

新华信托储蓄银行天津分行大楼建于1934年3月。

据《新华信托储蓄银行建筑天津分行新屋材料做法说明书》载,"建筑地点在天津法租界中街及四号路转角,原来法国球房旧址。本工程计前后两所,前面为正楼,后面为附楼。正楼为七层,最末层为地窖,全部系铁筋、三合土骨络建筑,既先将铁筋、三合土、梁柱、楼板先行打好,然后再砌各部墙身。"也就是说,该楼属于钢筋混凝土框架结构。

1935年9月24日《益世报》以《津市唯一闳伟建筑新华大楼下月落成》为题,记载了该楼初建的详情:

"本市法租界中街与四号路转角地方,近有一新建筑即将落成,巍峨耸立,高入云表,非只为本市之空前大建筑,并将成为津市金融界之重心,是即新华银行新建筑之大楼是也。该楼占地约近三亩,楼高自地窖至顶塔凡九层,建筑及装饰共需款百万余元,其中,除新华银行自用外,并有银行公会、银行俱乐部、银钱业公库、票据交换所等专用房屋。此外,尚有单间公事房,准备出租。工程自去岁三月间开始,经过约及年半,现已大致完竣,刻正从事于装饰内部及整理工作,全部约十月中即可落成。本报记者昨日前往参观,承该行监工人娄育后君引导各处,得以遍览一过。兹撫纪所见如次。该楼位于蓝牌电车道之西北隅,外表作黄灰色,甚为庄严宏丽。大门凡三,新华银行之门,即在转角地方,外系铜门,内有转门,出入甚为严密。西面迤北之大门,为供银行公会俱乐部出入;北面迤西之大门,为专供租用公事房者出入。全楼建筑可分为南北两部,南部第一、二两层为新华自用,占全楼十八分之一。自转角大门入内,左方营业处,通达二楼,经理室、文书室、副经理室、会计室、庶务室,均在营业处两旁。右方客室、女客室及化妆室。此部均系由各色云石砌成,新图案花纹绚烂美丽。营业柜台系柚木所制,地板为檀木铺成,颇为考究。该行在地窖一层设有自用银库、文书库、出租库及保管库。保管库建筑至为严密,洋灰墙壁之内,有铜板一层,内设保管箱凡一千三百个,分别编号,各有锁钥,式各不同,且均系双主钥匙,由保管者及银行各持一具,存物于此,可万无一失。其库门为一重约十三吨之钢闸,据云不畏轰炸。其中,并设有通风防湿保温各种设备,专为租与顾客存放珍贵物品。库外设有顾客检查室数间,室小如斗,甚为周密。银钱公库将于该楼落成后移入,出入经西面之门。该室布置,一楼北部为该库之办公处、来宾处、库长室、客室、文书、庶务等室。公库设于地窖内,大部为存银公库。另一小部,为票据库,外有银洋检验处及票据检查处,建筑甚为坚固。二楼南部,为新华之上部,北部为票据交换所,计有交换所、电话室、办公室三间。三层以上南部,自三层至六层,均为出租之公事房,每层八间,大小不等,共三十二间,专租公司商号及律师、会计师、医师应用,租价每间自二十七元至一百零八元,刻已租出一半。

大华火油公司亦租用该楼一部,并已从事布置,日内即行迁入。北部三层为银行公会之普通会议室,办公室八间及客厅、衣帽室。四层为银行俱乐部之食堂、配膳室、球室、吸烟室、棋室、浴室、理发室及休息室。五层仍为俱乐部、男女盥漱室、衣帽室及大会场。此大会场,高凡两层,可供跳舞之用。六层为大会场上部,及茶点室、存物室,及衣帽室。六层以上为平台,可作屋顶花园,东南角有塔两层,上为水塔储水,以供全楼之需。下为东方无线电台租充放送广播之用。西面有新华银行之电话交换室及厨房等。

此外该楼迤西一带,为副楼一座,系三层,为银行同人之宿舍及娱乐之用。此楼各处建筑,据云均极力采用国产原料,如洋灰钢砖等项,均非舶来品。此楼内外各楼梯墙壁,多用云石、豆碴石、人造云石及人造石装饰。临街窗户,均系钢铁所制。室内门窗,则用木质,地面则掺用地板及缸砖两种。

全楼共有电梯五座,除两座普通供人升降者外,其余三座:一为新华银行一层图书室向地窖文书库运送册簿之升降机;一为银行公库由一层向地窖银库运送现银之升降机;另一为屋顶厨房向食堂运送食品之升降机。

另据该行钱逸群主任谈称,本行此次建筑一部为银行公会、俱乐部公库等承租,本行自用一小部,其他公事房亦均出租,核与置产金额尚有相当利息收入云云。最后可介绍者,为此楼系工程师沈理源绘图设计,由申泰营造厂承造,一切美术图案则系由美术家梁宝绘稿,花纹线均富有现代美云。"

天津市金融业管理中枢所在地

新华大楼建成后,一直是设施齐备先进的大型写字楼。据 1936 年交通部天津电话局编印的《民国二十六年天津电话号簿》载,在该楼办公的机构包括:银行公会、中国征信所天津分所、天津市银行钱业同业公会合组公库、诚孚信托股份有限公司、诚孚信托公司管理恒源纱厂事务处、宁绍保险公司天津经理处、四明保险股份有限公司天津分公司、明信法律事务所、邝体乾律师事务所、大华火油股份有限公司汽油部以及日商满铁天津事务所、兴中公司天津出张所等、日满商事株式会社天津出张所等。

另外,1924 年协和医学院第一届毕业生梁宝平大夫,当时也在法租界新华大楼五楼 502 号办公。有记载称他是广东人,曾在天津开创眼科门诊。另外,《北洋画报》刊发的其医疗广告称,可治疗眼科、耳鼻喉科、内外科、痨伤、皮肤花柳、妇婴各症。估计他在新华大楼也是开诊所。

"七七事变"后,设在上海的中华火柴产销联营社陷于停顿,日寇遂设伪火柴联营社,作为劫持我国沦陷区内火柴业的机关。1939 年 2 月,其总社设于天津,地点在天津法租界四号路新华大楼,并在天津、青岛、上海设立分社。

日本侵占天津后,仍把天津市银行业钱业同业公会合组分库作为票据清算机构。1942 年 6 月 1 日设立伪天津票据交换所,替代该库,专办银行之间的票据交换。伪天津票据交换所就设在新华大楼。1942 年开办的宝隆保险股份有限公司天津分公司设在新华大楼 407 号。据 1943 年 1 月天津商会调查表明,天津市钱业同业公会也设在法租界中街新华大楼三楼。伪华北工业银行于 1944 年 12 月 16 日在天津设立分行,行址在新华大楼,伪华北工业银行天津分行设文书、营业、出纳三课。后于 1945 年 10 月被南京国民政府接收。

抗战胜利后,该楼仍为银行公会所在地,出入的也都是金融保险证券业商业的大人物,在此商量定夺的也都是关涉天津经贸发展的大事。

1946 年 2 月修正的《天津市钱业同业公会章程》第三条载,"本会以天津市行政区域事务所设于北门内大街路西门牌 6 号,临时办事处设于第一区旧法界中街新华大楼 3 楼"。

1947 年 4 月 23 日《益世报》刊载的《证券交易所即成立》消息称,"昨日下午四时,天津证券交易所筹备委员会第三次会议,在新华大楼银行公会召开"。该报 1948 年 4 月 2 日刊载的《五月一日正式成立银钱业联合库》一文称,"银行公会理事会昨日下午四时假银行公会举行,对银钱业联合准备事,会中讨论甚详"。该报 5 月 14 日刊载《主管当局训饬行庄今后违法不再姑息》,文称,"天津金融管理局局长施奎龄昨日下午四时在银行公会召集银钱业各会员谈话"。该报 5 月 30 日载文《银钱联准会昨成立》,称"津市银钱业联合准备会昨日下午二时在银行公会举行成立大会,出席会员一百四十余人"。

据《天津通志·保险志》载:1946 年前,新华保险公司设在新华银行内;1948
年前,大昌产物保险股份有限公司设在一区新华大楼 506 号、上海兴华保险公
司津局设在一区新华大楼 6 楼、丰盛保险股份有限公司天津分公司设在一区新
华大楼 407 号、中兴产物保险公司设在一区新华大楼 40 号、中国保平保险公司
设在一区新华大楼 608 号、宁绍轮船公司水火保险部天津代理处、天津分公司
设在一区新华大楼 301 号;1949 年前,长城保险公司代理处设在一区新华大楼
6 楼。另载,1934 年,以交通银行为主要股东的太平洋保险公司在天津设立代理
处。1946 年升格为分公司,负责人魏铁珊,办公地点在一区新华大楼。可见,抗战
胜利后至新中国成立这个时期,该楼还云集了不少保险业巨头。

银行俱乐部也设在这里。1947 年 1 月 12 日,天津市外商银行华员联谊会在
银行俱乐部举行成立大会,到会会员包括汇丰、麦加利、花旗、大通、汇理、中法
工商、华比、敦华、合通等 9 家银行的 160 余人。1949 年 8 月《津商会所属商业同
业公会改选完成名册》载,天津市银行商业同业公会仍设在"一区中正路新华大
楼四楼",虽然会员已萎缩成 35 家,但仍在该名册的备考一栏中明确保留了银
行俱乐部的功能,这表明新政权在对银行职员的思想建设上,也很重视采取策
略。

(王勇则)

盐业银行·张伯驹·金编钟

　　北京故宫博物院有一套总重 13647 两 2 钱的黄金编钟，这套金编钟共 16
只，铸造精巧，在中国历史上独一无二。它是乾隆五十五年（1790 年），皇帝为庆
贺八十大寿，向各省聚敛黄金，由工匠们精心铸造的。金编钟存至今日，与天津
金融街的盐业银行及盐业银行的陈亦侯、胡仲文等人有直接关系，是他们用生
命保护了祖国的珍贵文物。上世纪 80 年代曾上映过名为《瑰宝》的电影，大致反
映了这一事件的全过程。

　　盐业银行于 1915 年成立，由民族资本家集资兴办，总经理为北洋政府财政
部参政张镇芳。总管理处设在北京，同年在天津设立分行，天津"八大家"中的
杨、黄、石、卞等家为其股东。因银行与盐务关系密切，故名"盐业银行"，总行设
于北京。原拟由官商合办，后改为商办，但大股东多为军阀、官僚。该行与金城、
大陆、中南三家私营银行通称为"北四行"。盐业银行资本雄厚，又有官方依托，

盐业银行

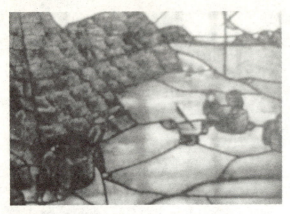

盐业银行大楼窗户上的彩色玻璃画《制盐图》

业务长期居于私营银行之首。

天津盐业银行大楼位于赤峰道 12 号，建于 1926 年。平面为矩形，三层混合结构，有地下室。其中，一层是科林斯柱廊的八角形大营业厅，厅内顶棚上镶着黄金等材料做成的"蓝天飞凰满天星"图案。窗户上的彩绘刻画的是"盐滩晒盐"的场面，由比利时彩色玻璃拼成，生动地呈现出盐场一派繁忙的景象。地面、廊柱、营业台都是大理石砌成的，富贵典雅。现在这里是中国工商银行天津分行营业部。

说到盐业银行，一定要说到大收藏家张伯驹先生。张伯驹（1898—1982），字丛碧。他是盐业银行创办人张镇芳的儿子，早年毕业于天津新学书院，曾入军界任职，后入金融界，曾任盐业银行董事长、监事等。先生在上世纪 70 年代末住北京北海后门附近，每年春天他都来天津观赏海棠，填词吟诗，每次来津都住在吾师张牧石先生家，因之，笔者与张老相识。张老曾给我写过一副嵌名联，上联是"用舍行藏严出处"，下联是"秀姿英发镇风流"。

20 世纪 30 年代的张伯驹

在有的人看来，张伯驹身为盐业银行董事长，一定非常有钱，其实并不尽然。他视祖国文物如生命，一生中将大部分财产都用来购藏文物书画，自己生活并不富裕，以致被人绑票竟拿不出赎身钱。

1941 年，张伯驹在上海被汪精卫手下的伪军师长丁锡山绑架。绑匪向其亲属索伪币 300 万元，并扬言如不兑现便要"撕票"。不久以后，绑匪通知张夫人潘素说："张伯驹连日绝食，也已昏迷不醒，但求与潘素一见。"晤面时，张伯驹早已憔悴不堪，潘素不免为之唏嘘恸哭。可张伯驹却已将生死置之度外,背着监视者,悄悄关照潘素:自己宁死魔窟,绝不许变卖家中收藏的古代书画为自己赎身。就这样僵持了 8 个月,绑匪见敲诈无望,自动将赎身价降到伪币 40 万,经过家人多方奔走借贷,总算将张伯驹赎了出来。

1956 年,张伯驹出于赤诚的爱国心,与夫人潘素共同商量,从 30 年珍藏的历代书画名迹中挑选出 8 件精品,无偿地捐献给国家。他认为,这是自己平生最快慰的一件事。

而说到天津盐业银行经理陈亦侯等人冒险保护故宫国宝金编钟的故事,亦是动人心魂。

前面提到,金编钟作为皇家宝物,自乾隆之后,一直在清宫收藏。清王朝倒台后,王室手头拮据,遂于 1924 年由溥仪岳父荣源以这套金编钟向北京盐业银行借款抵押,同年 11 月冯玉祥率国民军把他们赶出了紫禁城,金编钟为北京盐业银行所有。该行将其秘密藏入北京东交民巷外库。为避免北洋军阀的染指,金编钟又被悄悄运至天津,由天津盐业银行经理兼天津银行会长陈亦侯藏匿于天津法租界中街盐业银行库房的夹层里。

"七七事变"后,日本特务打听到消息,日本驻天津副领事紧紧盯上了陈亦侯,密探的鼻子也触到了那座库房。1940 年陈亦侯派专人向在香港的盐业银行总经理吴鼎昌请示,得到的答复只有一个字"毁!"陈亦侯深知这一国宝的价值,没有贸然从命。他赶紧找挚友——天津四行储蓄会经理胡仲文商议,两人决定以生命保住国家珍宝。他们请了两位忠厚可靠的工友协助,于当年 4 月的一天半夜,乘着漆黑的夜幕,将金编钟转移到四行储蓄会大楼地下室一个小仓库中,藏好之后,叫人运来 8 吨烟煤,严严实实地埋住了库门。没过三天,日警果然闯入天津盐业银行,但一无所获。之后,陈亦侯、胡仲文又与孔祥熙、戴笠巧为周旋,始终不露一丝口风。两位工友也不为巨额奖金所动,守口如瓶。

1949 年 1 月 15 日,天津解放。三天之后,胡仲文代表盐业银行,向天津市军管会献上了他和陈亦侯秘藏多年的国宝——金编钟。陈亦侯、胡仲文等人,铮铮爱国情,一片赤子心,他们为保护国家珍贵文物立下的千秋功德,人们永远不会忘记。

(章用秀)

盐业银行的两位总经理
——张镇芳、吴鼎昌

盐业银行首任经理张镇芳(1863—1933年)是袁世凯长兄的内弟。在袁世凯任直隶总督时,官任天津长芦盐运使,主管河北、山东一带盐政。封建时代盐业是官办垄断性的,成本低,劳动力便宜,又是老百姓生活必需品,销路绝无问题,因此历来盐官都是肥差。一个地方盐运使,一年的进项可达十万两银,超过一个县太爷,何况总揽半个北方盐政的长芦盐运使,所以张镇芳自然成了大富翁。由于他与袁世凯的特殊关系,又兼任粮饷局总办,辛亥革命后还当上了河南省都督。

1915年3月,经北洋政府财政部核准,盐业银行在北京成立,由盐务署拨款200万元作为官股,张镇芳及银钱业知名人士任振采、岳乾斋等集资300万元作为商股。按照张镇芳的设想,盐业银行的发展策略是"以辅助盐商,维护盐民生计,上裕国税,下便民食为宗旨"。开业之后,盐业银行与长芦盐商建立起大宗业务往来,并在盐务产销区先后设办事机构,为盐务提供服务。

1916年袁世凯复辟称帝遭举国反对,不久在忧愤交加中病逝。从此盐务署将资金全部抽回,盐业银行转为普通银行,并全部改招商股,这些股董都是腰缠万贯的清廷旧僚,如那桐、张勋、王占元、袁乃宽、张怀芝、倪嗣冲、刘炳炎等等。由于张镇芳的股份大,仍担任盐业银行的总经理。由于张镇芳的缘故,北洋各大军阀都愿意把钱财存在盐业银行,所以该行资金实力雄厚,在北洋政府时期,与浙江兴业银行交替为私营银行之首。此后盐业银行业务发展迅速,很快在天津、上海、武汉、杭州等地建立分行。

1917年7月,辫子军首领张勋复辟,作为袁世凯心腹的张镇芳积极参与其事,复辟失败后锒铛入狱,他的盐业银行也被段祺瑞内阁接收了。段内阁为解决财政困难，就派北洋造币厂厂长吴鼎昌打进去，出任总经理。

吴鼎昌（1884—1950年）原本是一介书生，1903年考取官费赴日留学，1905年加入同盟会，是个革命党人。1910年回国，执教于北京法政学堂。后任中日合办本溪湖铁矿局总办、江西大清银行总办。民国后在中国银行、金城银行任职，并担任内政部次长兼天津造币厂厂长。吴鼎昌出任盐业银行总经理时，正值中国银行和交通银行由于停兑事件信誉受损。而盐业银行以盐业为后盾，又有财大气粗的寓公参股，占尽天时地利。吴鼎昌抓住时机，将原本未收足的股款一举收齐。又拉交通银行协理任凤苞，金城银行

吴鼎昌

总经理周作民，中南银行总经理胡笔江入股，为后来的联合经营打下基础。增资后，盐业银行实力大增，大银行的规模初步成型。

盐业银行赚钱的招数很多，清末，仅靠承办清王室巨额放款，就大赚了一笔。那些王公贵族抵押的物件，价值连城者不计其数，像慈禧生了皇太子载淳之后册封为贵妃的金册封，隆裕皇后的金册封，都是难得一见的珍品。此外，还有五颗金印，顺治之母博尔济吉特氏的一颗最大，慈禧、隆裕的两颗次之，另外两颗是顾命大臣载垣和端华的。其中，精品中的精品，便是一套金编钟，也是盐业银行的账外之财。

1920年直皖战争爆发，皖系大败，吴鼎昌失去了政治上的后台，但他在盐业银行的根基已渐稳固，已展示了他的管理才能，所以于他的金融地位并无大碍。1921年随着奉系张作霖势力的膨胀，张镇芳的腰杆又硬了。于是在张作霖的支持下，经过张镇芳儿子张伯驹从中斡旋，张镇芳又夺回了盐业银行董事长的宝座，但实际上并不管事，吴鼎昌仍任总经理，主管行务，张镇芳则在家养老，每年除股金红利之外，另有一笔红利，约有3万多，直到1933年去世，他们都相安无事。

1921年，吴鼎昌到欧美考察游历，归国后，提出了盐业银行、金城银行、中南

银行的"三行联合营业事务所"之议,后来大陆银行总经理谈荔孙也申请参加,遂有1922年"四行联合营业事务所"的诞生,简称"四行",由四行各派出总经理担任该所办事员,并推吴鼎昌为主任,协调一切业务。联合营业基金由各行出资认缴,当年就做了三笔联合放款,均是50万元到100万元的生意。吴鼎昌的威望越来越高,随后又设立了四行准备库,联合发行钞票。由于信誉好,钞票发行额逐年递增,由1922年的250万元,发展到1935年11月的7000多万元,占全国银行发行总额的12.28%,直至这年年底,宋子文改革币制,把钞票发行权全部收回为止。四行储蓄会吸收的存款也直线上升,1923年开办时年存款仅为436262元,第五年(1927年)即达17147374元,几乎扩大了40倍。在办银行的同时,吴鼎昌还投资媒体。1926年收购天津《大公报》,自任社长,并兼《国闻周报》社及国闻通讯社社长,又组织《大公报》新记公司。他将《大公报》办成了中国第一流的报纸。

吴鼎昌办银行办得红火之后,自然引起了各方面的注意。1935年年底,他被蒋介石任命为南京政府的实业部长,仍兼任四行储蓄会的总经理,直到全面抗战爆发后他随政府去重庆,才由任凤苞(代理董事长)兼任。从此,弃商从政,先后担任贵州省长、国民政府文官长、总统府秘书长等。

1949年1月去职,赴香港做寓公。1950年8月病逝。

(曲振明)

"财神爷"孔祥熙与天津裕华银行

据说"财神爷"孔祥熙是凭着 3000 两银子从天津发家，发展成为民国时期"四大家族"的"首富"。

孔祥熙曾对别人说，他开始发财是在第一次世界大战期间，交战各国均急需军火。有一次，他听说美国商人要收购铁砂，立即跑到山西阳泉与矿山交涉，把阳泉的铁砂以每吨一块银元的价格订购下来，然后通过铁路将其运往天津交货。美国给他的收购价是一美金，当时一美金折合 1.5 银元。为了做好这笔生意，孔祥熙在阳泉车站货运站亲自监督铁砂收购、装卸和发运。孔祥熙以铁砂赚的钱为资本，又在天津五叔孔繁杏的帮助下，于 1915 年秋至 1916 年春相继在太谷创办了自己的"裕华银行"和"祥记公司"两个实体，使金融资本与商业资本相互结合，相生共济。

青年时期的孔祥熙

孔祥熙原在天津设有的裕华银号，后改称裕华银行天津分行，初在宫北大街(今古文化街)，后迁法租界八号路 46 号(今和平区赤峰道 28 号)。1927 年，他把"祥记"和"裕华"总行从太谷迁到天津，以利发展。据 1935 年征信所调查，裕华银行"往来同业其多，资金周转极称灵活，信用甚佳"，1934 年盈余 7000 元，1935 年各项存款额为 10 万余元，放款 18 万余元，国内汇兑额每月汇进汇出平均约 20 万元，资本额为 200 万元。该行董事长孔庸之(孔祥熙的字)，孔繁杏协助管理，其家就住在裕华总行的三楼。常务董事郭继谦、张悦联、孔令侃(孔祥熙长子)、孔令伟(孔祥熙次女)，监察人贾桂林、贾炎生、孔荫堂，经理先后为温向震、武渭清，副理程子和、黄元盛，襄理李光滋、杨冠球。天津分行副理张步荣代

裕华银行天津分行旧址

行经理职务,该行除代总行收交汇款外,并自营信用存、放款业务,放户多系山西帮。此外,该行还领用天津中国、交通等行的兑换券。1937年"七七事变"后,裕华银行迁重庆,抗战胜利后迁上海。

在裕华银行右侧有一幢四层楼房, 即中国国货银行天津分行,1928年7月孔祥熙开始筹备,1929年11月1日召开成立大会,11月15日正式开业。总行设在上海,孔祥熙任董事长,宋子良任总经理,官股占40%,商股占60%。1931年7月,中国国货银行董事会决定在天津设分行, 派襄理温襄忱来津筹备。1931年9月1日天津分行正式开业,行址设在法租界八号路44号(今和平区赤峰道26号),温襄忱任天津分行经理,王明兹为襄理。1932年10月温襄忱调回总行,由卜燕候接任津行经理。同年11月王明兹调至总行,派杨世祜为津行襄理。1937年10月杨世祜辞职,总行调北平支行襄理张鸣西任天津分行襄理。天津分行下设单街子办事处,于1934年10月10日开业,1938年1月撤并。1941年12月,伪华北政务委员会公布《华北金融机关管理规则》,限令各家银行于六个月内重新注册,该行因原有资本不足规定数额,未呈请重新核准,至1943年1月1日奉令停业。

1929年的旧历十月初五,是孔繁杏的七秩诞辰,孔祥熙在天津为五叔举行了庆祝活动。在裕华银行大院架起彩色的天棚,并在院内球场搭起了一个小型舞台。寿堂设于本宅右侧国货银行大楼内,全家人忙于筹办寿事,到处喜气洋洋。家中的舞台供演出杂耍之用,又在北洋大戏院(今延安影剧院)演出堂会戏,招待亲朋好友。初五寿日,将平、津、沪、宁及山西各界族友恭送之寿礼陈设于寿堂及其他居室中,最引人注目的是蒋中正夫妇及宋家三兄弟(子文、子良、子安)的寿礼,蒋宋辈均自称姻侄,当日各种寿物均由天津鼎章照相馆拍照留念。十月初五,天津市长崔廷献、警备司令傅作义等前来拜寿,并带有军乐队前来祝贺。全体祝寿人员在上海银行后院合影留念。拜寿时,由蒋中正夫妇所派官员致祝词,继由宋氏兄弟代表致祝词。然后由孔令旗搀扶其祖父孔繁杏登上院中舞台,亲自致谢词。还有驻津领事馆的代表及外宾前来祝贺。寿堂中孔繁杏夫妇由其侄孔祥吉及侄孙孔令旗陪侍答谢，因孔繁杏身体虚弱，不宜劳累，高潮过后就返内宅休息。这次祝寿成为天津市一大新闻。寿辰过后不久，1930年阎锡山曾委任孔繁杏为天津商检局局长，冯司直任其秘书，但不久便辞职。

据孔祥熙侄子孔令旗生前未发表的零星回忆录讲：1937年下半年孔繁杏因病在英租界马场道寓所(民园附近)逝世。孔祥熙派表弟贾桂林(字月森)代表他到天津主持丧事，因天津沦陷，由英使馆护送贾桂林到天津。当时孔繁杏侄子孔祥吉被山西太古日寇控制，不准离开山西，只准其过继侄孙孔令旗一人赴丧，无奈孔令旗只得带一个随侍单身赴天津。当时日本当局控制很严，不时有特务便衣来孔家实施种种恫吓，于是孔家请英国领事馆派多名侦探保护。孔繁杏的棺木系名贵木材，产于南方，为金丝楠木，最耐潮湿，系北京吴佩孚先生家的，由经派人与吴佩孚之子吴道时先生及吴佩孚夫人张佩兰女士商谈转让的，因当时市面上无此上好木料，买回制成棺木拍成照片，后送重庆由孔祥熙审视满意后采用。其妻王瑞雪守灵，从北京妙峰山请来和尚、道士数十名，日夜做法事，超度亡魂，共做法事七七四十九天。每天僧道做法事到夜半，最后送至马路十字路口，散撒小馒首，据说是给孤魂野鬼食用。孔令旗每天跪在灵堂，听候僧道的指派，一个多月把腿跪伤，难以行动，直到发丧。发丧那天英租界领事馆派四名便衣侦探，化装成搀扶贤孙孔令旗的陪同人行在灵前。此次丧事深引天津各界注意。孔繁杏葬于天津英国第一公墓。丧事办完后，孔令旗随同其北平的姑妈孔祥贞，告别祖母王瑞雪，动身返回山西；其外甥贾桂林返重庆，向孔祥熙汇报丧事详细情况，圆满完成使命。

抗战胜利后裕华银行天津分行于1947年1月6日在原址复业。据1947年9月调查，裕华银行总经理武渭清，副理黄元盛、刘之中，该行存款总额为2亿元。天津分行经理姬奠川，副理常辑五、孙思元。根据1948年1月《天津市银行业存放款额及汇款额统计》，裕华银行天津分行存款额为277829万元，放款416317万元，汇出汇款125974万元，汇入汇款952439万元。是年，刘浚任天津分行经理，常辑五为副理，孙思元、金鸿举为襄理。是年6月已辞去行政院副院长兼财政部长的孔祥熙专程来天津巡视自办企业——裕华银行、祥记公司，看望五婶王瑞雪、堂弟孔祥吉及侄女孔令桂。孔祥熙当时67岁，挂着文明棍进了门，侄女孔令桂正在擦地，听说三伯父来了，就连忙喊："我大爷来了，我大爷来了！"当时天津裕华银行经理温忠保、天津祥记公司经理孔祥吉（孔祥熙的弟弟）、孔祥熙五婶王瑞雪等都出来迎接。孔令桂和伯父相见，格外高兴。孔祥熙很喜欢这个侄女，问孔令桂："你长大想干什么？"令桂说："当大夫！""有出息，我供你。"孔祥熙还说："你母亲生前治家严格，对孔家有功。"他说着就让裕华银行温经理为孔令桂立个折子，并对温经理说："今后令桂侄女的一切费用由我负责。"王瑞雪听着有些不以为然。

转天王瑞雪带着侄孙女孔令桂坐着薛继伍（孔祥熙的朋友）派的汽车，去看望下榻在京奉铁路宾馆（今 51 号花园酒店）的侄子孔祥熙。孔祥熙住在一楼，靠右边的一套大房间，有客厅、卧室、卫生间。那天，孔祥熙因前晚接待客人睡得很晚，王瑞雪来时刚起床，正在卫生间洗漱，听说五婶来找他，急忙穿着睡衣到客厅相见。王瑞雪找孔祥熙是要钱，因她花费很大，钱总是不够花。孔祥熙是山西"老西儿"，财迷，本人不抽烟、不喝酒、一般情况不赴宴。一天三顿饭，吃山西面食，爱吃炒猪肉片，专有山西厨子伺候。王瑞雪经常到上海孔府要钱，孔祥熙知道她有不良嗜好，钱总是不肯多给，但长辈只要张口，总是要给一点，这次也是如此。这次来津是孔祥熙有生之年最后一次来天津。（见图 3）

1949 年 1 月 15 日天津解放，山西裕华银行天津分行于 1950 年初被天津市军管会接管部人员孔兆年、赵子良正式接管，将银行所有的财产上了账，贴了封条。此时，孔兆年等接到了宋庆龄副主席的来电，谈到裕华银行三楼孔繁杏遗孀王瑞雪的住房不是孔祥熙的财产，应归老太太。于是，王瑞雪与孔令桂在黑龙江路的中国旅馆租了一间房，将住房的所有东西搬了过去，包括蒋介石、孔祥熙赠送给孔繁杏、王瑞雪夫妇的礼品——精制的音乐座钟（据说当年蒋、孔二人从国外买回两架同样的音乐座钟，另一架赠给了曲阜的孔府）。

（张绍祖）

叶兰舫与北洋保商银行

今解放北路 52 号,为北洋保商银行旧址。该楼建于 1910 年,二层砖木结构,占地面积 884 平方米,建筑面积 1319 平方米。外立面为青水砖墙,顶层建有缓坡式屋顶,整体为折中主义建筑风格,转角处有山花式处理的细节。关于北洋保商银行,不时会被金融史家提起,而其重要的创始人,曾任天津总商会会长的著名银行家叶兰舫,现在已很少有人知道了。

叶兰舫本名登榜,以字行。1864 年出生在浙江省金华县(今金华市)一个贫寒读书人家。父亲是个屡试不第的穷秀才,因此给叶兰舫起名"登榜",表达了对科举的深深寄托。可叶兰舫很快就失去了参加科考的机会,因生计日蹙难以糊口,父亲弃儒从商,带着长子春浓和次子兰舫迁居天津。叶春浓、叶兰舫有个"行一"的堂兄,是李鸿章的僚友,叶家来津很可能与他有关,至于具体细节则已无从知晓。

初到津门,年幼的叶春浓、叶兰舫随父亲往返于天津和沧州之间,靠贩卖草帽缏为生。从事小本生意的过程是十分艰苦的。据族人回忆,叶家当时最值钱的家产是一头驴,用来驮运货物。去沧州趸货时,父亲骑驴,叶兰舫与哥哥步行紧跟。为了省一点儿钱,住店时爷仁儿只要一张床,父亲睡床上,兰舫兄弟则打地铺。

十三岁时(约 1876 年),叶兰舫经人介绍,到天津"海张五"家的钱庄当学徒。开始叶兰舫是小伙计, 每天干的多是端茶水叠床

大法国路(今解放北路)的北洋保商银行

111

铺倒夜壶之类活计。叶兰舫随父亲做生意多年,生活磨炼加上聪明好学,逐渐得到钱庄掌柜的器重,从小伙计升任大伙计。当上大伙计的叶兰舫,接触到很多天津银钱业头面人物,于是在酒桌、牌桌乃至烟榻前,他有了更多机会听这些老板讲生意经,对银钱业的经营逐渐谙熟于胸。约1885年,叶兰舫成为钱庄的领东掌柜,这时他才二十二岁,在天津银钱业引起不小的震动。又过了两年,二十四岁的叶兰舫积累下足够的资金,独立开办起"和盛益"银号,再次成为天津银钱业新闻人物。

1910年,为清理天津商人积欠洋商款项,方便华洋商务交流,德国人冯·巴贝与叶兰舫等中国商人合作,筹集白银4000万两,创办"北洋保商银行",冯为德方经理,叶为华方经理,行址即设在今解放北路52号。银行除经营存放款业务外,还有权力单独发行货币。1918年第一次世界大战德国战败,冯·巴贝撤资归国,有关手续全部移交给叶兰舫,北洋保商银行从此成为中国首家华人独资的私营银行。1920年7月,北洋保商银行改组,周自齐(后曾任北京国民政府总理)出任董事长,北洋保商银行进入发展盛期,叶兰舫也是如鱼得水,活跃在天津金融界。他与魏信臣、郑绍棠等结为至交,形成天津银钱业资本集团。发迹后的叶兰舫,按惯例捐班,成为四品的天津候补道。从四十岁左右开始,叶兰舫又开始投资实业和盐务。他购买了塘沽引地,成立了同和津店,供应河北省正定、灵寿、磁县、平山等地的食盐。他又投资福源造酒股份有限公司,经营直沽酒、五加皮和冬菜等。这些商品,除行销国内各地,还远销南洋。现在天津的冬菜仍畅销东南亚各国,就源自那时打下的市场基础。叶兰舫因在生意上精于计算,因此天津商界给他起了个"铁算盘"的绰号。

1918年,天津商务总会更名天津总商会,叶兰舫当选为总商会会长。1919年5月4日,为反对出卖中国利益的"巴黎和约",北京学生在天安门集会游行,五四运动爆发。期间天津总商会发起罢市运动,有力地支援和推动了五四运动的发展。作为会长的叶兰舫,在推动罢市过程中起了相当大的作用。

1937年天津沦陷,北洋保商银行被迫停业。1945年抗战胜利后,戴笠奉命来天津"肃奸",曾任松井石根(南京大屠杀时任日本派遣军总司令,东京审判时被判处绞刑)翻译的汉奸黄顺柏(山东黄县人)被戴笠包庇下来,条件是由黄出资与杜月笙合作,共同经营北洋保商银行。北洋保商银行虽已停业多年,但营业执照尚未注销,戴笠拟将其复业,作为军统局的经济机构。

1946 年 3 月 17 日,戴笠邀在青岛的黄顺柏同乘飞机赴沪,与杜月笙协商恢复北洋保商银行的具体事宜,结果飞机撞毁在南京附近的戴山,恢复北洋保商银行之事也就不了了之。

（杜鱼）

卞白眉与中国银行天津分行

卞白眉（1884—1968），名寿荪，是中国近代著名的银行家。早年留学美国，在白朗大学攻读政治经济学，获哲学学士学位。辛亥革命后回国，步入中国金融界。历任中国银行总发行局佐理、总稽核，中国银行天津分行副经理、经理，天津

中孚银行总督理处主任秘书兼总稽核，中孚、大生银行董事，天津银行公会副会长等职。曾在天津工作二十余年。前不久，由天津市政协文史资料委员会编辑的《卞白眉日记》问世。这部日记汇集其48年的个人记述，内容丰富，为研究中国近现代史、金融史、经济史、社会史等提供了珍贵、翔实的第一手资料，从中也了解卞白眉在中国银行天津分行的人生经历。

卞白眉日记

中国银行前身为清户部银行，于1905年成立，是中国第一家国家银行，1908年更名大清银行，行使中央银行职能。1912年，中华民国成立后更名中国银行。卞白眉1912年回国，经后任中国银行总裁孙多森介绍，一面做大清银行善后工作，一面筹建中国银行。自1918年到1938年主持天津中国银行工作长达二十年。特别是1924年中国银行天津分行成为华北地区管辖行，统管北京、天津、河北、山西、陕西、河南、察哈尔、绥远六省二市中国银行业务。这期间时局动荡，金融业务受外国银团挟制。卞白眉作为天津分行经理，周旋于政客军阀、洋人豪强、敌伪特奸之间，殚精竭虑，为发展中国民族金融业和工商业作出了重要贡献。

卞白眉深知民族工商业发展的艰辛，在遇到金融危机时，积极地站出来，支持民族工商业的发展。棉纱布行业是天津的传统产业，第一次世界大战时，由于

货源短缺,外汇下跌,市场价格上升,经营棉布业的商人获利较丰。大战结束后,英镑汇价猛涨,进口的棉纱布成本提高,使天津许多进口棉纱布的商号亏损。棉纱布商请卞白眉帮助渡过难关。经卞白眉出面与汇丰、麦加利银行磋商,最终由棉纱布商、洋行、中国银行共同解决了这次危机。20世纪30年代初,华北地区连年遭灾,农村经济受到严重破坏。卞白眉自1934年开始,在天津中国银行开办农业贷款,以支持农民购买牲畜、农具、化肥、良种等。同时,华北民族工业中的纱厂大多陷入困境,积欠中国银行大量贷款。为将贷款变成投资,卞白眉请示中国银行,于1935年接管了郑州豫丰纱厂,其后又相继投资了雍裕、晋华、晋生等纱厂,既盘活了资金,又支持了民族工商业的发展。

卞白眉精通银行业务,在津曾遇到两次金融风潮,都运用聪明的智慧和丰富的经验成功地平息了。第一次1921年底,由于北洋政府借款、公债到期,引起北平、天津中国银行发生挤兑风潮。卞白眉采取应急措施,通知各代理发行银行补足六成现金准备,商请上海分行运津现洋150万元,与三津磨房公会商妥预存现洋5万元,并通知全市1300家米面铺,收到中国银行的钞券,保证兑现。这样,当月就平息了挤兑风潮。第二次1935年春,由于美国提高白银价格,天津外商银行和日、法租界内的一些钱庄为图暴利而私运现洋出关。同时,日本侵略者为扰乱华北金融业,指使日本浪人和朝鲜人一面武装走私,一面到中、交两行挤兑现洋。平津当局对此十分重视,提出制定兑现登记办法并派警员现场监督,以免影响社会治安及引起外交纠纷。卞白眉则认为,只有具备充分的实力才能应对突变。他除向总行申报备足现洋外,又通令华北各地分支行,大量吸收现

巴斯德路与巴黎路交口处的中国银行

洋存款,源源不断运至平津,增强库存,同时通过当局与日本交涉,限制对朝鲜人兑现,又平息了一次平津挤兑风潮。

卞白眉有强烈的民族气节,这表现在天津沦陷后几次拒绝与日伪合作。1937年7月,日寇占领天津。当时日军急需法币抢购物资,指使曹汝霖等出面,提出由中国、交通二行向日本正金银行和朝鲜银行透支300万元法币。卞白眉不畏日方的恫吓,断然拒绝。8月,日方又提出以金票300万元调换法币,并要求中国银行将所换金票存入库中,不得动用。卞白眉再次拒绝。9月,日方又指使曹汝霖,拟由河北省银行加发钞票,然后以金票兑换法币,卞白眉又予以回绝。12月,伪政权决定成立华北联合准备银行,派曹汝霖、王克敏出面与卞白眉商谈。卞白眉当即表示:不加入股本,不能截止发行日和发行额,不能交出全部准备金。1937年12月23日,日伪政权当局在北平外交部大楼召集各银行负责人开会,责令各银行务必认缴伪联合准备银行股金,中国银行为450万,并令各行负责人当场签字。卞白眉以"分行经理无权签字认股"为由,当场拒绝。在双方僵持不下的情况下,最后由王克敏出面授意卞白眉签注"尽量筹集"四字。卞白眉在被逼无奈的情况下签写了"卞白眉尽量筹集"七字,以示个人行为。在当天的日记中他写道:"从前之我,已于今日死,此后仅行尸走肉,活死人耳!"并在当页日记上用浓墨画了黑框,并书以"卞白眉精神死亡日"。爱国之情、民族气节、亡国悲伤之情跃然纸上!

卞白眉在天津工作期间,广泛结交中外各界人士,并热心支持教育、社会福利等公益活动。他长期担任天津银行公会会长(主席、理事长),同时担任天津市商会执委、常委;天津英租界华人董事;经常参加各种公益活动。卞白眉热心资助教育,曾担任南开大学、新学书院、耀华中学、中西女中、汇文中学的董事或董事长。

1938年1月,卞白眉离津赴港,组建天津中国银行驻香港办事处,继续领导天津分行工作,直到太平洋战争爆发。1943年担任中国银行副总经理,1949年在香港退休。1951年卞白眉迁居美国,1968年病故,享年84岁。

(曲振明)

天津银行业里的收藏家

旧时的银行职员,天津人昵称"银行大写"。这些人文化水平高,见多识广,再加上收入颇丰,工作之余,多喜欢古董墨趣。久而久之,银行里派生出许多收藏家。远的不说,在天津的金融街上就有一些饮誉神州的收藏家,如陶湘、任凤苞、张重威、张伯驹等。

陶湘(1871—1940年),字兰泉,号涉园,江苏武进人。出身于官宦之家,早年也想走科举仕途之路,却屡次铩羽而归。科场失意,使他另谋生路。辛亥以前,他先后在地方和军队任职。民国后,陶湘跻身于实业界和金融界,历任上海、天津、山东等地纱厂经理,又任职中国银行,为驻沪监理官及重庆、天津分行经理,交通银行北京分行经理等。在担任中国银行天津分行经理时,住在和平区成都道14号。丰厚的收入,为他日后藏书事业奠定了坚实的经济基础。陶湘三十岁左右开始收藏书籍,由于他锐意搜求,藏书事业进展神速,不数年,即得书三十万卷。1929年,被聘为故宫博物院图书馆专门委员,这时他已是一位收藏颇富,享有盛誉的藏书家了。

陶湘藏书,不同于一般传统的藏书家,而有着他自己鲜明的个人特色。首先,他藏书不专重宋元古本,而是以明本及清代精刻本为搜求的目标。他的涉园藏书多达三十万卷,完全无愧于藏书大家之列,但他却能另辟蹊径,以明本为大宗,数十年间,共收得明本一千余部。早年傅增湘与陶湘曾经有约,如果陶湘能

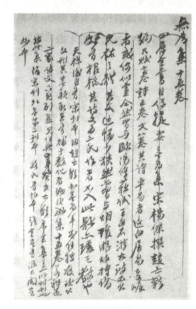

陶湘手札

117

收得明嘉靖善本一百部,傅增湘甘愿为之题"百嘉斋"匾额相赠。出人意料的是,经过多年的不懈努力,陶氏所收明嘉靖善本竟然超过了二百部。其次,喜欢开化纸印的书。清代初年,浙江开化生产一种色白光滑、坚韧细密的佳纸,康、雍、乾三代内府多用其印殿版书,这些书"纸白如玉,墨凝如漆",由此赢得"陶开花"的雅号;此外,他还以收藏闵版书、毛氏汲古阁刻本、版画书而著称。

任凤苞(1876—1952年),字振采,江苏宜兴人。民国时任交通银行协理、全国铁路协会评议员、新华储蓄银行董事、金城银行董事、盐业银行董事、中华汇业银行监事、盐业银行董事长,同时兼四行储蓄会执行委员。解放后在天津居住,名义上仍是盐业银行董事长。上个世纪20年代起,他广为收藏明清方志。文献收藏家大都好古,重点放在经史子集方面,对地方志并不十分看重。任凤苞先生率先重点收藏地方志,当时的确比较寂寞孤独。如任氏自述:"少小粗解文字,即好聚书",最初,涉猎偏杂,后来逐渐认识到"方志一门,为国史初基,典章制度之恢闳,风俗士宜之纤悉,于是备焉"。(《方志考稿·任序》)为此,他转而热衷于重点收藏地方志。任氏收藏方向的这一转变,或许与他的仕宦经历和较早涉足金融界有关。任氏孜孜不倦,历三十余寒暑,先后搜集到明清方志2591种,特在天津山西路186号筑藏书楼天春园以藏之,自号"天春园主人",所藏包括一统志、省通志、府志、州志、县志、乡镇志等。涉及22个省份,直隶、苏、浙、鲁、晋、川等省,均有200种左右。所藏明代方志达40余种,其中天顺《大明一统志》、景泰《寰宇通志》、弘治《八闽通志》、嘉靖《南畿志》、隆庆《云南通志》、万历《镇江府志》和《徐州志》等,皆稀世珍品。清乾隆以前的稀见刻本、抄本亦占有一定的数量。任氏所藏明清方志,约占我国现存明清方志总数的三分之一,数量大、版本佳、价值高,堪称私家收藏方志的巨擘。

张重威(1901—1975年),原名张垕昌,字重威,号潜园、默园,扬州仪征人。早年在北京从师沈羹梅(张重威夫人的舅舅)学习古文,同时问业于著名国学大师刘师培。1921年任扬州美汉中学和崇德女子中学的高中国文教员,1927年进入中南银行北平分行,任练习生,深受胡笔江总经理器重,1938年升任天津分行经理(兼管北平分行),在任期间创立了中南银行平津分行外汇部,获利甚丰。1949年离津赴上海升任总行副总经理。1952年辞去在上海的一切职务,回到天津,就任天津恒源纱厂(后更名天津第一毛纺厂)常务董事,但仅任职数月就因病去职。张重威少年时代就从北京琉璃厂购书,至六十年代中期,收藏古籍逾四万册。在"文革"中所有图书和收藏均被罚没,庆幸的是,"文革"后,张家后人设法找回三万余册。张重威长于研究清史和《水经注》,曾将清史稿中有关文字狱的部分摘抄出来作专门研究,对于《水经注》各种传世版本亦皆广泛收集,并对文字做了大量的校勘工作。其收藏的甲种本《大清实录》更是难得之物,在其过世后,家人将此书赠与天津历史研究所。

张伯驹(1898—1982),字家骐,号丛碧,别号游春主人、好好先生,河南项城人。其为盐业银行董事长张镇芳之子,成长在天津南斜街,曾与张学良、溥侗、袁克文一起称为"民国四公子"。1927年起投身金融界,历任盐业银行总管理处稽核,南京盐业银行经理、常务董事,秦陇实业银行经理等职。解放后曾任燕京大学国文系中国艺术史名誉导师、文化部文物局文物鉴定委员会委员、公私合营银行联合会董事、北京市政协委员、中央文史馆馆员。一生醉心于古代文物,致力于收藏字画名迹。他自30岁开始收藏中国古代书画,不惜一掷千金,虽变卖家产或借贷亦不改其志。如曾买下中国传世最古墨迹西晋陆机的《平复帖》,传世最古画迹隋展子虔的《游春图》等。经过他手蓄藏的书画名迹见诸其著作《丛碧书画录》者,便有118件之多,被称为天下第一藏。自20世纪50年代起,张先生夫妇陆续将收藏30年之久的书画名迹捐献国家,使这些文物成为博物馆的重宝,表现了崇高的爱国情操和无私的奉献精神。1965年,张伯驹将《百花图》以及所剩的其他古书画共计三十多件藏品捐献给吉林省博物馆,也就是今天的吉林省博物院,当时吉林省有一位叫宋振庭的文化官员握住张伯驹的手说:张先生一下子使我们博物馆成了富翁。而陆机的《平复帖》、展子虔的《游春图》、杜牧的《张好好诗》等古代书画极品都是故宫博物院的镇院之宝。

(曲振明)

天津票据交换所的成立与经营

　　票据交换所是同一城市的各银行每日集中交换彼此开立票据的中心场所。其作用是：可以使各银行彼此持有其他银行的支票、本票或汇票集中交换，各银行彼此抵销债权债务后的差额，通过中央银行转账。随着现代商业的发达，交易频繁，各金融机构都有大量票据，票据在流通领域里，逐渐超过货币的流通量。而票据一一兑换，很不方便。因此，票据交换机构就成为现代金融制度中不可缺少的一个重要环节。天津票据交换所继上海、青岛、北京之后，成立于1942年，地点在法租界中街与滨江道交口处。

　　天津票据交换所成立之际，正值太平洋战争爆发以后，华北局势紧张，物价上涨，金融市场趋于混乱。日伪当局进一步推行战时经济体制，加强市场和金融管理，严格控制行庄一切业务活动，行庄收付必须经过伪"联合准备银行"批准（以下简称"联银"）。1942年5月，伪华北政委会财务总署责成伪"联银"主持筹备工作。伪"联银"经理唐卜年出面，与当时银行公会会长王毅灵研究，以银行钱业公会的名义，成立天津票据交换所。

　　6月1日，票据交换所开始票据交换。凡要求参加票据交换的银行，必须是票据交换委员会的会员，并且在伪"联银"开有往来账户，取得交换号码，才能参加交换。第一年需要缴纳保证金，数额为伪联币2万元。第二年则按每日交换借方差额的平均数缴纳，即每日平均交换差额在10万元以下的仍缴纳2万元，在10万元以上的缴纳5万元。

　　参加直接交换的会员银行共有29家，其中华商银行有22家，包括伪联银、中国、交通、金城、盐业、大陆、中南、河北省、冀东、浙江兴业、新华信托储蓄、中孚、上海商业储蓄、国华、天津市民、中国实业、中国农工、大中、大生、东莱、裕津、新生。日本银行6家，包括横滨正金、朝鲜、满洲中央、蒙疆、天津、益发。此外还有委托交换的银行13户。天津市银钱业同业合租公库也作为会员银行参加，代理各银号与各银行之间进行票据交换。1943年3月1日，又成立"票据交换分所"，专门办理各钱庄的票据交换业务，有36家钱庄直接参加交换，83家委托交换。分所成立以后，办理银行票据交换的交换所称"交换本所"。交换时间，本所是上午10点，分所是上午11点，一个机构，两个场所，分场交换。当时两个交换所每日平均交换票据17053张，交换金额是伪联币5342万元。1944年7月，本所和分所进行合并，合并后直接参加交换的单位是64家（其中银行33家，银号31家），代理交换的单位是83家（其中银行14家，银号69家）。

票据交换所成立后，各行庄原来收受的大量同业存款一律结清，其流动资金必须存入伪"联银"，停止同业横向往来采用拨码或拨条的清算方式。各行庄参加票据交换所交换，如果有的行庄头寸不足，可允许向同业拆借，但必须当天补足差额，否则这个行庄就要受到停止几天交换的处理。由于各行庄不能以同业拨码横向串换，在开展业务方面受到一定影响，而伪"联银"通过票据交换所却得以洞悉各行庄的业务活动情况，包括存款余额、放款对象、利率、金额以及抵押品等，以便进行严密监控。同时，伪"联银"中也不乏有人趁机做些手脚，捞取好处。

票据交换所表面上是金融机构，受由伪"联银"、金城、上海、横滨正金和朝鲜等几家银行负责人组成的票据交换委员会领导。而"聘请"的名誉顾问——天津日本特务机关长雨宫巽掌握实权。每天交换的数额由日本人监事炳泽信男填写报数单，除报送票据交换委员会委员长外，还要报送日军陆军司令部经济课、日本领事馆、日本宪兵队经济课等有关部门，实际上票据交换所已成为日本经济情报机构和日军特务机关掌握天津经济命脉的情报站。

1945年日本投降，由中国、交通两银行出面，临时代管票据交换所，名为"天津市中交两行临时轧账处"。1946年1月，成立"天津市银行、钱庄票据交换所"。到2月，天津中央银行向华北金融管理局提出：票据交换是该行主要业务之一，交换所自应由该行主持办理。于是报经总行批准，又改名为"中央银行票据交换课"，实际上是接收了票据交换所。其性质从一个单纯办理票据交换工作的机构，变成了既办理票据交换又管理同业往来业务和票据交换差额转账结算工作的金融管理机关。

　　1949 年天津解放,人民银行接收中央银行,票据交换继续沿用原有办法,开展金融业务。1952 年天津银钱业实现全行业公私合营,参加票据交换的主要是银行 9 个部和 48 个营业所, 它已经成为银行内部各单位之间凭证划拨转账的一个内部业务机构。

（王兆祥）

金融街上的公司与洋行

梁炎卿与天津怡和洋行

　　和平区新华路 201 号天津医药公司,其唐山道一侧安君里的围墙,洋灰脱落露出了一块块饱经沧桑的城砖。这是天津四大买办首富梁炎卿那座用天津城砖盖起的大楼残留下的部分围墙。

　　梁炎卿是天津怡和洋行(即天津英商怡和有限公司)买办,该洋行是天津早期四大洋行(怡和、太古、仁记、新泰兴)中最大的一家,而梁炎卿是天津早期四大买办(梁炎卿、郑翼之、王铭槐、吴调卿)中最大、所得最多、当买办时间最长的一个,被称为天津买办首富。1903 年天津起盖广东会馆,捐款最多的是“怡和梁”,捐银 6000 两。

　　英商怡和有限公司(JARDINE,MATHESON & CO.,LTD)的前身是怡和公司。怡和公司成立于 1832 年,总公司在香港。1867 年 9 月 19 日,怡和公司在津永租到英租界维多利亚道(今解放北路)与怡和道(今大连道)转角处土地 8.988 亩（5992.03 平方米),东靠河坝道(今台儿庄路),西临维多利亚道,南界第 17 号地段(今解放北路 163 号),北临怡和道。同年(1867 年)成立天津分公司,初期在河坝道 6 号办公。1906年 11 月 22 日,公司改组

怡和洋行大楼现貌

1921 年怡和仓库初建成时在海河对面拍摄的照片

为怡和有限公司(天津怡和洋行),经营轮船及进出口业务。除远洋航运外,还有客、货轮定期往返天津至广州及上海的两条航线,并受到租界的庇护,享受子口税的特权(即进口的洋货向海关缴纳一次值 2.5% 的子口税,即可运销全国,不再缴纳其他税费),而华商在内地运销货物或出口土产,则须通过多道关卡,缴纳各种税收,使华商无法与洋行竞争。洋行垄断了中国的航运。

天津怡和洋行在所租土地上建筑新大楼,1921 年竣工。大楼为二层,砖木结构,有 45 个自然间及地下室 3 间,公司的进口部、出口部、轮船部、机器部、木材部等均在楼内办公。院内建有仓库,东临海河,位置冲要,交通便利。大楼主入口位于维多利亚道及怡和道转角（今和平区解放北路 157 号）,房屋建筑面积2861.19 平方米,为天津市特殊保护等级历史风貌建筑。建筑呈对称布局,主入口位于立面中段,两侧各有一根科林斯巨柱。建筑体量稳重,装饰简洁,室内装饰豪华大气,具有古典主义建筑特征。

位于河坝路(台儿庄路)的 4 层洋行仓库也于 1921 年竣工,成为当时解放北路海河一带最高的建筑。这套建筑总面积约一万平方米,占地近六亩。从门外向内望去,长条形的院落,地面平整视野开阔,周边环绕矗立着五座独立的四层楼库,各座之间都有通道可以穿行。跨院楼座间有造型独特的悬空楼梯,层叠交错形成两个"之"字形,十分抢眼。怡和仓库在天津最早使用中悬式翻转天窗的仓库,采用铁框架、进口原装夹丝玻璃,提高了安全性。怡和仓库还采用了自供水体系统的喷淋灭火系统。在仓库楼顶,设有一个大型水罐,通过抽水泵将水保存到水罐中,而遍布在仓库各楼层内屋顶上、精心编排的喷淋管网系统则随时能扑灭仓库火灾, 确保库存商品的安全。

天津怡和洋行除建解放北路 157 号大楼及仓库外,在台儿庄路还有仓库两处,塘沽于家堡仓库一处,在河西区马场道 266 号建有公司经理住宅。洋行在津所置全部不动产共永租土地 159.718 亩(106379.19 平方米),房屋建筑面积 24359 平方米。

天津怡和洋行买办梁炎卿

梁炎卿(1852—1938 年),又字彦青,名国照,广东南海人,出身于侨商家庭。18 岁入香港皇仁书院学习英文,20 岁经英商怡和洋行买办唐景星介绍,入上海怡和洋行当练习生,不久升为写字,1874 年调到天津怡和洋行当大写。1880 年升为副买办,1890 年升为正买办, 在怡和洋行当了 48 年买办, 还从 1892 年兼任高林洋行出口部买办 17 年。他一生累积的财产总数,据洋务官僚津海关道、又是梁的同乡亲戚蔡述堂估计,全盛之时,有两千万元,在天津所有的买办之中,居于第一位。他的财产,以在怡和洋行轮船部买办任内收入为最多, 成为他随后在地产股票上赢利的资本。梁炎卿的发财口号是:"有钱莫令人知。""发大财须从小处节省,能省的钱不厌其少,锱铢必较是致富之源。"

和梁炎卿一起发财的朋友中有居于天津大买办第二位的太古洋行买办郑翼之。他们在房地产经营上,一起抢买租界地皮。河北宝兴里出租的里巷房产,

梁炎卿旧居(今新华南路 201 号)东楼

是他们共同经营的。庚子年一过,他俩同用天津拆城的大砖,先后相临盖起大宅。梁炎卿在唐山道的花园大楼(原唐山道 42 号),建于 1903 年,他这所住宅的砖,是庚子年后,1901 年八国联军强令拆毁天津县城的城墙砖。

梁炎卿旧居正门在唐山道(曾叫广东路、北平道),坐北朝南,正门带门洞,有两扇棕红色的大门,还有个小门,门洞里右侧是门房(传达室),左侧是平房,放杂物。一进门是个大花园,有东西两座楼,1903 年先盖的西楼,为南北向二层砖木结构方形楼,有地下室、锅炉房,是用拆下的长方形的天津城砖盖的。二楼朝北,靠正门一侧有阳台。每间房 20 平方米。楼上东西面有三间房,二间正式房子,梁炎卿小儿子梁文奎住一小间,二儿子梁联奎住两间大的正式房子,每间 20多平方米。梁炎卿住楼下,一间长方形的 26 平方米的大屋子,室内有卫生间。楼下有个客厅,招待外宾,摆设讲究,有太师椅,是用黄松、硬木制作的。1937 年,梁联奎在此结婚。东边小房也有 16 平方米,保姆住,此房挨着梁联奎的房。梁联奎结婚后,生个男孩,由保姆照看。1938 年梁炎卿去世,终年 86 岁。其出殡场面很大,送殡的队伍从门口排到佟楼,梁家坟地在吴家窑。梁炎卿死后,四姨太住楼上,梁文奎住楼下梁炎卿的房子。那时,梁联奎跟张学森等一起去台湾,然后去了美国。西楼在 1968 年拆除。盖东楼晚于西楼,为东西向二层砖木结构长方形楼,现保存。全楼通暖气。进门左侧有房三大间,设有卫生间,三儿子梁耀奎住。院子左侧有草坪,种有枣树、柿子树,右侧有藤萝架、爬山虎,有大花池,种有松树、枸杞树。东西楼后为二层砖木结构长条小楼。楼上楼下 10 多间房。佣人 10多个,有保姆、当差的,还有管花窖、车房的。家里有三辆汽车,四姨太一辆,梁联奎一辆,梁文奎一辆。梁炎卿家的饭菜很平常,通常是 3 元钱 5 个菜。梁炎卿不抽香烟抽水烟袋。

梁炎卿有妻妾四人,原配夫人生有一男一女,其中一男梁赉奎是梁炎卿长子,梁赉奎毕业于美国康乃尔大学和马萨诸塞州州立农业学院,1912 年 3 月—6月,唐绍仪当国务总理时,梁赉奎做了一任农林部次长,但很快就下了台。官运不顺,他改途经营农场。1915 年,梁赉奎通过袁世凯的医官王仲勤,在王的家乡河南卫辉购买了很多土地,建立起大农场。但因兵匪的骚扰,农场也难以维持,最后,只好败兴而归。从 1920 年起,梁赉奎开始不定时地到怡和洋行替他父亲梁炎卿照料公事,由一个官僚地主变成了一个十足的买办。20 世纪 20 年代后期,天津随上海之后,不时发生绑票案。梁炎卿知道自己有最大的被绑资格,从1927年就绝对不走出他警卫森严的家门。他将怡和洋行的工作完全交给了梁赉奎。遇到梁赉奎不能解决的问题,怡和洋行的英籍经理,就屈尊到梁宅来请教于梁炎卿。1929年梁炎卿的得力助手、怡和洋行出口买办陈祝龄被绑丧生。二年后,梁赉奎也被绑身亡,其职务由梁的次子梁联奎继任。1938年,梁炎卿病故,梁联奎继父之任为正式买办。梁联奎当怡和洋行买办至1945年,因抗战胜利后,中国收回沿海航线权,怡和洋行的收益减少,梁联奎提出辞职,经该行再三挽留无效,离开怡和,自去经营进出口事业。梁联奎走后,怡和洋行便看上了老实而多才的小儿子梁文奎。1945年梁文奎从天津工商学院毕业,到怡和洋行当买办。此时,怡和洋行的轮船部已不再采用买办制,而改为半买办性质的经理制,取消了贴费,领受高额月薪,也不再垫款了。买办的佣金保留了,但改为1%。梁文奎后又兼任船头部远洋航运的一部分业务,为部门经理。这个职务一直干到解放后的1952年。从梁炎卿初入怡和洋行到梁文奎脱离怡和洋行,父子四人相继给英商怡和洋行效力82年。

1952年怡和有限公司天津分公司及所属怡和机器有限公司天津分公司因申请歇业,经与市房产公司洽商,于1953年6月双方协议签订转让房地产契约,该楼由市房产公司接管,先后由河北省委招待所、中国人民武装警察部队天津市总队招待所、市委组织部招待所、中国建设银行直属支行、利达集团等使用。

(张绍祖)

郑翼之与天津太古洋行

郑翼之是太古股份有限公司太古洋行的买办,俗称"太古郑",是天津四大买办之一,

郑翼之(1861—1921),原名官辅,从小勤学好问,汉文的水平挺高。16岁时随其长兄郑观应到上海,进入英商太古洋行。该行的买办由广东籍莫姓把持,郑翼之进入该行后经莫姓的推荐,进入账房做练习生。他的汉文底子深,但对英文却是一窍不通。英方总经理斯维尔看他工作勤恳,又好学,认为是个人才,在工作之余,加意培养他学习英语。郑翼之本来就聪明好学,他抓住这个机遇,刻苦自学,在短短的几年时间里,英语口语对答如流,已达到了很高的水平,尤其在

郑观应、郑翼之家庭合影

英文文字的运用上造诣颇高，为同事们所不及，深得斯维尔的赏识。

1881 年，上海太古洋行决定在天津设立分行，斯维尔指派郑翼之随同洋员北上，进行筹备。初址在英租界河坝道 9 号（今台儿庄路）聚立洋行旧址办公，代理英商太古轮船股份有限公司的运输业务。在上海总行的支持下，郑翼之大显身手，发展津沪、津港等航运。开始行驶于津沪线的仅有"奉天"、"顺天"、"通州"三条船，行驶在津港线的仅有"夔州"、"惠州"两条船，沿途在烟台、威海卫、汕头、广州等地装卸货物。数年之后，便增加到了"武昌"、"盛京"等 20 多条船。与此同时，香港太古糖坊出产的洋糖也大量运到天津销售。轮运与食糖成为天津太古洋行的两大业务，而所有对华人的联系与业务的开展，全落在郑翼之的身上。1886 年，郑翼之才 26 岁，就当上了太古洋行的买办。1892 年 6 月 15 日，太古洋行向英商汇丰银行转租坐落于英租界维多利亚道（今解放北路）第 5 段第 19 号土地一端（今和平区解放北路 165 号）8.817 亩（5878.03 平方米），同年 6 月 20 日，太古洋行又将上述地段转移给太古轮船股份有限公司。

郑翼之当买办时，太古洋行已经积累了大量资财，1895 年在英租界维多利亚道 117 号（今解放北路 165 号）建立了天津太古洋行大楼及仓库等。该楼东抵太原道，南临解放北路，西临大连道，北沿台儿庄路，建筑面积 1971.27 平方米，为砖木结构二层楼房，瓦垄铁顶，青砖墙身，是一所造型古老的楼房。平面呈"凹"字形，正入口在大楼正中，高台阶，上部收分作为平台。采用入口缩入手法，使建筑显得十分壮观。门窗均为拱券形，首层窗楣作放射状花饰。平顶带女儿墙，造型新颖，风格独特。建筑现基本保持原貌。

大楼内分设经理室、轮船部、会计部、出纳部、贸易部、业务部等。楼后建有仓库五幢：一号库为二层，二号库为平房，三号库为四层（一层专储危险品），四号库为四层，五号库为三层。五幢仓库均是砖木结构，由"太古洋行"于 1895—1916 年先后建成。办公楼面向解放北路，仓库坐临海河码头，办公运输均称便利。楼平房共 1104 间，建筑面积 13187.30 平方米。

太古洋行除上述办公大楼及仓库外，在河东区六纬路旧 71 号、79 号还建有仓库及职工宿舍等，建筑面积 6854.09 平方米，占地 135.555 亩（90370.45 平方米）；在河西区马场道 264 号建有经理住宅，建筑面积 1039.82 平方米，占地 11.812 亩（7874.70 平方米）。

1895 年建于维多利亚路上的太古洋行

太古洋行大楼现貌

　　郑翼之经营的太古洋行在营业方面随着上海总行的扩展,逐步发展。轮运是天津太古洋行的主要业务。食糖居于各国洋行中的首位;还兼营油漆、面粉,代理保险。随着天津太古洋行业务的日益发展,郑翼之很快地发了财。其财富的来源,首先是以太古洋行的轮运佣金为主。太古洋行的轮运业务范围广阔,该行来津虽然比怡和洋行稍晚,但在郑翼之的努力经营下,不数年就跃居怡和洋行之上,在所有的外国轮船公司中营业额为最大,而郑翼之在其中坐享百分之三的正规佣金。此外,太古洋行所经营的食糖、油漆、面粉、保险、驳船等业务,郑翼之的佣金也在百分之二,每年也有巨额收入。所有这些佣金的收入是郑翼之来自明处的进项。

另外,他还从搬运工人身上获得了相当大的收入。太古洋行的洋账房付给郑翼之的搬运费是按件计算,普通运件每件白银一分,折合铜元约一点八二枚。郑翼之通过"外柜"(指华账房在指挥管理搬运方面专用的把头)付给大把头的是每件铜元一枚,大把头付给小把头则自然不足一枚铜元了,到搬运工人手中则只有半枚了。郑翼之从每件货物中获取利润为铜元零点八二枚,太古洋行在天津的轮运量是相当大的,几十年的利润所得是相当可观的。

其次,郑翼之有一部分收入是从托运客商那里赚取的。在天津的出口货物中,鲜蛋和鸭梨经常占很大的部分,进口货中也经常有大量南方所产的水果。这就给郑翼之开辟了一个生财之道。因为这些货物最怕摔碰,又怕积压霉烂,都想争取时间提前发运,而以郑翼之为首的"华账房"则故意延误时间,并把货物摔破碰坏,以此迫使托运客商不得不自己另外出钱雇人搬运,这样洋账房按件拨给华账房的搬运费就全被郑翼之独占了。

郑翼之跃登太古洋行买办的宝座后,在太古总行的大力支持下,他全力以赴开展业务,天津太古洋行的轮运业务不几年就跃居天津外轮第一位。食糖、油漆、面粉、保险、驳船、房地产等其他业务也发展迅速。他很快成为了大富翁,当时社会上称他家为"太古郑"。郑翼之当了大买办后,按当时的惯例捐得一个候补道的职衔,开始结交上层官僚,俨然成为租界的大绅士。曾任太古洋行买办后辞职的杨某从上海来津,汇丰银行首席买办吴调卿和杨某坐车路过今新华路体育场,吴指着北面的巨宅和相连的一片房屋说:"此即天津太古洋行买办郑翼之的新居。"可见此时郑翼之有钱有势,成为了天津广东帮的中心人物之一。

郑翼之从1886年26岁当上了太古洋行的买办到1921年61岁病故,35年间积累了巨额财富。据给郑家收房租的陈凤藻估计,到郑翼之的儿子继任买办时,郑家的财产约有一千万元。据郑翼之之孙郑志璋所知,并参考郑翼之部分财

郑翼之故居(位于今和平区郑州道35号)

产目录,将其财产分类列举如下:

地皮:(1)俄租界牛骨厂地皮;(2)四美堂地130亩;(3)西南城角地45.5亩;(4)湖北路空地30余亩;(5)八里台地30亩;(6)李家华垦地3000亩;(7)福兴公司垦地。

房地产:(1)新华路住宅5亩余;(2)建设路唐山道转角房100余间;(3)大沽路北头五福里楼房、门面、平房、仓库共130间;(4)合和盛栈房地;(5)旭街沿街门面13.5间;(6)估衣街青云阁楼房占地4.5亩;(7)大沽路小营市场地4.6亩,房130间;(8)马场道老武官胡同地12亩、洋式大平房20余间;(9)湖北路余荫里地8亩、大楼8座。

房地产公司股票:(1)河北宝兴公司;(2)让德里房产公司;(3)南市大兴里房产公司;(4)金钟桥元昌公司;(5)盛业公司;(6)广业公司;(7)大胡同房地股份。

公司股票:(1)扬子保险公司;(2)仁济和保险公司;(3)吉黑两省东益垦务公司;(4)张家口华兴垦务公司;(5)上海大德榨油公司;(6)上海大有榨油公司;(7)南洋兄弟烟草公司。

自营商业:(1)上海益顺盛报关行;(2)开平煤栈;(3)山海关锦州煤栈。

天津以外各地不动产：(1)上海成澄学堂余荫里大片房地产；(2)上海夏浦地产；(3)塘沽于家堡地 28 亩；(4)烟台楼房地基；(5)澳门五支松房地；(6)澳门闰兰房地。

郑翼之的现款分存汇丰、麦加利、正金三银行，其中以汇丰最多；其他则为珠银首饰、古玩细软等。

郑翼之对房地产经营有道，计算得极为精细。仅英租界房租一项随着地价的自然增殖，每年可达 50000～60000 元，他随时存入英租界恩庆永银号生息，很少动用。据经租人陈凤藻说，郑家收租均按阴历计算，因为阴历五年二闰，每值闰年是 13 个月，而阳历永远是 12

郑慈荫

个月，按照阴历每隔五年就可以多收两个月的房租。由此可见，郑翼之敛财有术，为敛财也真是绞尽了脑汁。

1921 年，郑翼之病故后，买办一职由其长子郑宗荫继任。1925 年郑宗荫辞职后，又由郑翼之三子郑慈荫接任。到 1931 年太古洋行英国人看"太古郑"发财太大了，决意要把这项巨大的买办所得转化为英国人自己的收益，于是太古洋行利用伦敦总行查账的机会，宣布取消买办制，改定营业制，"太古郑"的两代买办生涯则到此宣告结束了。

1941 年太平洋战争爆发后，天津太古洋行曾一度停业，日本投降后复业。1954 年 12 月 15 日，"太古"将其全部在华财产转让与中国外轮代理公司上海分公司，天津太古洋行亦宣告结束，其办公大楼由市建筑材料供应公司使用。

（张绍祖）

美丰洋行——天津第一家 经营汽车的洋行

鸦片战争后,外国资本在天津开设洋行,经营进出口贸易。清光绪十四年(1888年),天津租界内约有洋行23家。至1937年,有483家洋行,其中设在英、法租界内的洋行就有404家,美丰洋行便是其中之一。

美丰洋行位于今和平区解放北路22～26号,为重点保护等级历史风貌建筑,现为办公用房。该建筑建于1926年,混合结构,三层楼房,内部用于办公兼有居住功能,装饰简洁。沿街立面大部分为混水墙面,其余立面均为红砖清水墙面。沿街立面一层为骑楼,二楼、三楼顶部出牛腿支撑,装饰以精美花饰,三楼设阳台,有宝瓶、铁艺两种栏杆。建筑设计尺度适宜,构图和谐,具有折中主义建筑特征。

美丰洋行有限公司为1922年成立的美商公司,总部设在华盛顿,1925年5月成立天津分公司,专营进出口汽车、汽车零配件、汽车修理等业务。行址设在

美丰洋行

法租界中街 38～42 号(今解放北路 26 号)。美丰洋行名义上是美商公司,其实创办人是巴西人麦高恩。此人初来天津时在比商良济洋行跑单帮。后自建美丰洋行任总经理,在美国领事馆注册。太平洋战争爆发后,美丰洋行被日本人接管,改为华北自动车工业株式会社天津营。1945 年抗日战争胜利后,美商收回美丰洋行,恢复营业。1949 年 1 月 15 日天津解放,美丰洋行受到人民政府的限制。1952 年,中国工业器材公司天津分公司交电批发部接收美丰洋行。

美丰洋行主要从事进出口商品业务,在中国廉价收购土特产品,装船出口,再从国外运进留声机等消费品在中国倾销。后美丰洋行设立汽车销售营业部、修理部和零件部,以包销美国福特和维耳斯两公司的福特、林肯、马克瑞牌的汽车为主要业务,其次是昂贵的化妆品和金山牌啤酒。出口部则以羊毛、皮张、花生米、核桃仁和各种豆类、胡麻籽和菜籽等为主。

翻开天津汽车史,最早的记录是成立于 1913 年的美丰洋行。这个在中国独家专销美国福特汽车公司制造的福特牌、林肯牌、马克瑞牌汽车的洋行,与后来的公懋洋行、亨茂洋行和捷隆洋行一起号称"汽车四大行",当时对中国汽车市场影响很大。美丰推销的福特牌汽车,除一小部分应酬门市,供应达官贵人享用外,大部分是批售军用车,这种交易利润丰厚。东北军张作霖、西北边防督办徐树铮、热河都统姜桂题、山东督军张怀芝等都曾是福特车的大买主。

福特厂家规定,凡成批购车在五打以上者,赠送一打。由于美丰推销业绩颇佳,因而甚得福特厂的欢心,除照例付给麦高恩 5% 的佣金,买办李正卿 2% 的佣金外,还支付一笔应酬费,其数额有时超过佣金。

该行买办李正卿为比商良济洋行买办。因麦高恩也曾在此洋行工作,两人很谈得来,成立美丰公司后,即聘李正卿为买办,李仍兼良济洋行买办。麦高恩深通中国商情,通过李正卿,他又结识了各大洋行的买办和不少军阀官僚,与张弧、王克敏、段芝贵、饶汉祥、靳云鹏、李思浩等多有来往。

1919 年李正卿在麦高恩的支持下,组建了张(家口)库(伦)长途汽车公司。股东有景本白、李思浩、徐树铮等。景白本为董事长、李任总经理。该公司从美丰赊购 24 辆福特牌汽车用以客运,每车载客 12 人,票价是现大洋 120 元。总公司设在美丰公司华账房内,张家口公司设在美丰公司张家口办事处,库伦分公司设在美丰库伦办事处。这批车辆是麦高恩用旧车改装的,分三批往来行驶于张家口和库伦之间。三年后,由于政局变化,察哈尔都统王廷桢,借口该公司与徐树铮等人有关系,将车辆全部没收。后李托曲同丰、靳云鹏等从中斡旋,以低价转让,由王廷桢派人接办。

在出口方面,李独资组建美丰新货栈,又集股组织美丰东栈和华丰栈。利用洋商特权用三联单只纳一次子口税,深入产地大量收购土产原料,如锦州、库伦出产的羊毛、狗皮,张家口的胡麻籽、菜籽,赵州、辛集的棉花,丰润的猪鬃等。有的采购人员在货物中夹带违禁品。如1926年秋,美丰东栈在锦州采购羊毛时,有人在羊毛内夹带鸦片烟土,到津后,被英国工部局密探侦到,转托多人才得以了结。有鉴于此,李正卿唯恐会影响到个人的买办生涯,遂决意退出美丰东栈。

1923年李正卿出资,由瑞士乐利工程司设计,建造了国民饭店。这是一家经营餐旅业的高级饭店,也是当时上流社会人员留宿和聚会的场所。中国共产党的地下组织也曾以饭店为掩护在此开展革命工作。1926年2月9日,出席中华全国铁路总工会第三次大会的58名代表在该饭店二楼举行会议。大会通过了《中华全国铁路总工会报告决议案》等28项决议草案。1934年11月9日抗日爱国将领吉鸿昌在饭店第45号房间会晤李宗仁代表时被国民党特务刺伤被捕,不久在北平遇害。1936年至1937年期间,中共天津市委秘密机关和联络站"知识书店"也曾设在这里,吴砚农、叶笃庄、林枫等曾在此从事革命工作。

(张玉芳)

宁星普与新泰兴洋行

新泰兴洋行大楼位于天津英租界的主要街道维多利亚道（今解放北路100号）。该建筑建于1937年，由英商景明工程司设计而成，为四层钢筋混凝土框架结构平顶楼房，外立面为水刷石。该建筑运用古典建筑的装饰手法，因此形体简洁大方，是一座具有古典复兴特征的建筑物。现址为招商银行。

新泰兴洋行创立于1876年，是天津开埠后早期来津的英国"皇家四大行之一，它同怡和、仁记、太古洋行一样，也是以贩卖鸦片起家。该行主要经营进出口贸易及航运业务。

新泰兴洋行的买办先后有李、宁、马、沈诸姓，其中以宁星普最为出名。后其子宁紫垣接任买办。

宁星普，原是河北兴济镇编草帽缏的工人，后在天津经营草帽缏出口生意致富。他发家后联络地方人士，支持公共事业，成为天津商会四个总董之一。清末民初，国际市场对草帽缏产生了巨大的需求，河北等地农村大量生产，并形成了一定的出口规模。根据《津海关年报档案汇编》记载，"中国出口的草帽缏远胜于欧西各国所制者，因其价贱，现已大量取代后者"；"有若干其质较次之草帽缏由华商发往南方各口，以制成华人所戴之草帽"；"草帽缏之主要产地，计有直省之兴济（今河北省沧州市北兴济）、阳信、黄花店、苏济、玉田及豫省之南乐，上述各地之帽缏，半为在津洋行之代理商所购，半为自立门户之华商购买，该华商将其运交并求售本埠之帽缏经营者"。宁星普看准这个时机，用多年积蓄置办了一架骡子车，搞起长途运输。

宁星普在最初的创业中就具有充分的合作意识，他发现了草帽缏出口的巨大利润，于是联络同行，组织车队，从直隶、山东、河南等地大批采购草帽缏。由于勤恳诚实，宁星普逐渐建立了与天津多家洋行的长期合作关系，渐渐地积累起一些本钱。在太古洋行买办郑翼之的保举下,宁星普当上了太古洋行的"外柜"把头,负责仓办、管理工人和临时雇工、轮船装卸及运输等事宜。

据说,宁星普当上新泰兴洋行的买办,还有一段传奇:一天,宁星普见洋商愁眉不展,打听后知道原来为英国供货商欠下的一笔"死债"。太古洋行的海外贸易往来多,催款涉及面广难度大,有外出催款的往往因为时局动荡或海盗打劫而命丧他乡。因此,催款员都不愿意出国催款。催款的事儿原与宁星普无关,但年轻的他很想借这个机会到国外看一看,于是自告奋勇要去伦敦讨债。洋商开始并不信任他,但有郑翼之担保,才半信半疑地答应了。为表诚意,洋商当众表示如果宁星普把债讨回来,就把债款的一半赠给他,绝不食言。

洋商亲自把宁星普送上轮船,登船时正好遇到英驻津领事。一路上,宁星普与领事先生混熟了,领事拜会女王维多利亚时,顺便将此事一并汇报。第二天,《京津泰晤士报》刊发了"一个华人来英讨债"的消息,社会上一片哗然。迫于舆论压力和英王的过问,英国供货商立即将欠款还清,还主动帮助宁星普购买了一船毛呢运送回中国。宁星普讨债大胜而归,回津后,洋商不悔前约,将欠款的一半赠与宁星普。

宁星普在天津商界声名鹊起,英商筹建新泰兴洋行的时候,经人推荐,这个河北省来的小伙子便当上了该洋行买办。

早期的买办更代表着一种近代社会的新职业,也开启了近代社会流动的闸门。买办的出现给社会下层提供了一个发财致富的机遇,随着商人阶层在城市社会地位的提高,富有的买办也有机会步入社会的上层。20世纪初天津成立商会时,有5名买办在商会先后任董事,宁星普被推举为商会的领导人。

1904年,美国《华工条约》期满,旅美华侨上述清政府要求废除条约,全国各地掀起"抵制美货"的大潮。天津商会的津商代表在此时也表现出了强烈的民族精神,宁星普等四位总董一致商定:召开工商界代表大会,会上由会长王竹林宣读《不售美货说帖》。宁星普在大会上慷慨陈词,"吾绅商尤当始终无懈,分途布告切实举行不购美货"。当时各大商号带头在门前贴出"本号不卖美国货"的声明告示,而宁星普、王竹林等人则每天出入各大商号,一面检查一面宣传。

1906年,宁星普、王竹林联合呈请直隶总督袁世凯申办商会劝工会,并在天津首次举办"国货观摩展"。申请获准后,得到了天津各厂家、手工业者强烈支持。大家纷纷选送展品,商会"只收土货,不收洋货",展会商品"一律免税"。"国货观摩展"为天津工商业者坚定了信心。

宁星普经商的同时大力支持教育,于 1893 年和 1895 年两次捐银 3000 两支持青县永安书院,后又主持创办惠诚小学。宁星普特别重视慈善与实业教育相结合,他极力主张倡办"天津教养院,将慈善与技术教育结合在一起,培养人们自食其力的能力。1915 年,他将已停办的栖流所等改为教养院收容灾民,教授灾民各种生活技能。

1908 年,宁星普个人出资五十万两白银,在吉林兴办垦殖场,寻求将新技术引进国内生产,购置了俄罗斯生产的拖拉机。他积极学习西方管理制度,率先实行工薪制。

（张玉芳）

仁记洋行

仁记洋行(Gibb.Livingston & Co.),鸦片战争前在上海成立,在英国伦敦、美国纽约设有分行或代理行。在中国北京、奉天、海拉尔、汉口、天津设有分行。

天津分行设在英租界河坝路(今台儿庄路)的一间小房内,这里是早期英资洋行聚集的地方。,由威廉等人经营。到义和团运动时该行房屋被义和团摧毁。八国联军攻入天津后,与清政府签订不平等条约,赔偿损失,仁记洋行得到一笔赔偿款。利用庚子赔款在英租界维多利亚道修建了新的办公楼,并在后院设两处仓库,直通海河岸边。后来,为出口方便,还将其中的一所仓库改为洗毛房和打包房。新楼是一座带地下室的二层小楼,主入口设一层半高的大拱门,大门两侧各开两扇大窗,二层窗户按照规律有序地排列,错落有致,立面整洁光滑,一二层分隔腰线的下方排列精致的浮雕装饰。威廉将洋行英文名改为"Williamforbes & co."中文名仍为仁记洋行。

仁记洋行的经营范围有进出口及代理代办等业务。出口的物资包括:羊毛、羊绒、猪鬃、驼毛、皮张(以狗皮为主)、马尾、花生、核桃仁、杏仁、青麻、山货、棉

1900年维多利亚路上行进的军队马车,背后是仁记洋行的仓库

花、地毯、草帽缏、古玩、药材(以当归为主)、绿豆粉丝、大豆、蛋黄、蛋白、矿石和头发等。进口货物有:呢绒、布匹、纸张、五金杂货、机器零件、面粉、小麦、羊毛、枕木、油毡、沥青油膏等。

他们通过买办或经纪人向内地收购,由买办垫付款,等货物装船运往国外后,再把提货单据以押汇方式由银行提取现款后,再和买办结算。

代理的业务有:英国自来水公司(1898 年由仁记洋行开办的自来水厂,只供外国人使用)和英国电灯房代京汉铁路局及京奉铁路局购买机车、车厢及配件等,代津浦铁路局定购蓝钢车。陆运方面有万国卧车公司和南满铁路局;海运方面有:法国邮船公司、东澳轮船公司、航线轮船公司、蓝烟囱轮船公司等;保险方面有:巴勒火险公司、冠冕保险公司、中华火险公司、宏利人寿保险公司、海洋水险公司(专办海洋客货运输保险)、录德公证的在津代理。这里特别要提的是录德公证在津代理业务非常广。它专理水火保险、轮船灾害检验证明事宜(每作一次检验书,收费英币 10 个先令或按损失价格比率计算)。无论陆海客货运输,还是各种动产不动产的保险,在遭受意外损失后,必须持有仁记洋行开具的检验证明,才能获得保险公司赔偿。

上述公司不论买还是卖,均不用现款,只凭银行周转。在卖方,多是期货,由国外厂方将提货单据交由本国银行作汇押,再由该银行转到中国有关银行,限期 3 个月结汇。而洋行方面等客方(即买主),提货交款后,再向银行结汇,如客方不能按期提货付款时,押汇也可延期。

1874 年,仁记洋行在天津开办了第一家机器洗羊毛厂,资本 20 万元。

1897 年,仁记洋行组织隆茂、泰和、新泰兴等洋行共集资 18.7 万两银子在英租界开办了天津最早的自来水厂,并于 1899 年开始供水,逐渐形成日产水量30 万加仑的能力。初期供应英法租界,后扩大到德租界。

1903 年,英租界工部局在仁记洋行内建立了"天津使馆界发电所",满足租界内使馆的电力需求。1906 年,该行受工部局委托,在伦敦道(成都道)建立了小规模的直流发电厂,基本保证了英租界的供电。

此外仁记洋行还在行内特设专门组织以招募华工,用各种欺诈手段,代英国政府在中国大量招收廉价青壮年劳力,往英属殖民地,替英国人种植橡胶、开金矿、做杂工,从中牟取暴利。

天津仁记的第一任买办是广东人陈子珍。之后由天津人李虎臣接办,自此,仁记买办的地盘就落入北帮之手。甲午前后,李虎臣当买办已有了三四十万的家财,不想再干下去了,遂推荐了当时已升为买办房高级同人的李辅臣。

李辅臣是天津本地人,早年家境贫寒,靠做小贩、摆小钱摊、兑换银钱、跑钱帖为生,后经人介绍到仁记洋行做杂工,担污水桶、打扫卫生等。由于他的这段经历,他发迹以后,人们在背地里还常常称他"泔水李家"。在清末,由于各地银两成色不同,银平各异,加上制钱、钱帖、拨码等复杂情况,洋行华账房在与中国商人交易支付时,须雇用有经验的当地人负责兑银、点钱、催账等。于是,对银子成色和天津的银钱行情非常熟悉的李辅臣便被仁记洋行的华账房看中,提升为会计司事。几度升迁,他成为华账房的主要成员。李辅臣去世后,他的两个儿子李志甫和李志年接办,形成一个家族型的买办,父子相继充当买办30余年,在北帮买办中财富居首,具有相当的代表性,人称"仁记李"。

仁记李把全副精力都放在出口方面。他们在外省外县设有许多大大小小的外庄、仓库,形成一个特殊的收买土特产的势力网。日久有了专业性,比如宁夏专营羊毛、包头专收驼绒、海拉尔皮张,其他如猪鬃、马尾、棉花、青麻、桃仁、杏仁、草帽缏等,仁记各外庄都有一定的收购计划与手段,压低价格,垄断市场。

仁记李财产的另一个来源就是在租界里投资房地产,这是在仁记洋行的提携下进行的。李家在宫北大狮子胡同、湖北路和烟台道交界处、法国花园(现中心花园路)等地建造豪华住宅,在租界里还置有大量房产。除此之外仁记李还持有不少外国证券及股票。李家后人大多未从事工商业经营活动,有人还曾遭遇绑票,坐吃山空,家产逐渐花光,显赫一时的仁记李家族,就这样没落了。1949年1月15日天津解放,仁记洋行被人民政府接收。

(张玉芳)

唐廷枢与天津轮船招商局

唐廷枢是中国近代历史上著名的洋行买办,又是清末洋务运动的积极参加者。1873 年,李鸿章委任唐廷枢为天津轮船招商局总办。他的一生,对创办近代民族实业,推动民族经济发展,有过重要的贡献。

唐廷枢,号景星,亦作镜心,1832 年 5 月 19 日生于广东省珠海市唐家镇唐家村。珠海邻近澳门、香港,中国近代早期的买办很多都是从这里走出的。唐廷枢和他的胞兄唐廷植(茂枝),族兄弟唐瑞芝、唐国泰(翘卿),都是当时闻名的买办人物。而他的侄儿唐杰臣和侄孙唐纪常,也继承了他们的职业。单是怡和洋行一家,从唐廷枢经唐廷植、唐杰臣到唐纪常四任买办,为时达半个世纪之久。

天津轮船招商局总办唐廷枢

唐廷枢 10 岁入香港马礼逊教会学堂就学,16 岁毕业,能说一口流利的英语,"说起话来就像一个英国人"。他写过一本专为广东人与外国人打交道的实用英语手册,名叫《英语集全》,这本书后来被公认为中国学习英语的第一部教科书。毕业后,他在香港一家拍卖行里当助手。从 1851 年起,他在香港政府当了 7 年翻译,后又在上海海关担任了 3 年高级翻译。1861 年他受雇于英商怡和洋行,两年后升为买办,一做 10 年,深受怡和洋行老板的器重:"唐景星现在是站在我们的鞋上。"

轮船招商局是我国官僚资本的第一家航运企业,1872 年 9 月李鸿章派朱其昂、朱其绍在天津、上海联络华商,招集资本,选购船只,招聘和雇用管理航业和轮船驾驶人员。李鸿章也投入5万两商股。1982年12月16日正式开办,总局设于上海。1873年6月,唐廷枢脱下买办的"洋皮鞋",穿上李鸿章递过来的"土布鞋",出任天津轮船招商局的总办。局址在原解放南路281号(现已拆)。天津成为我国最早的近代航运事业发祥及决策之地。

唐廷枢在中国航运界威望最高、财力最富、经营管理经验最多。他在任职期间,朱其昂、徐润、盛宣怀、朱其绍等为会办,重新修订有关章程,规定资本为100万两。唐廷枢亮出的第一手是招商入股。他大胆引进先进的西方股份制企业体制,向天下华商招募资金,折合股份。他自己入股10万两,并把原来附寄洋行的轮船"随带入局经营"。他邀请同乡、大买办商人徐润入局,徐氏前后两期认股48万两,成为招商局的会办。凭借唐、徐的威望,众商踊跃入股,让李鸿章得意非凡,向朋僚宣传:"唐廷枢为商董,两月间入股近百万。"。著名的上海实业界人士经元善也说:"唐、徐声望素著,非因北洋增重。唐之坚忍卓绝,尤非后来貌为办洋务者可比。"至此,"招商局"的"招商"二字名至实归,成为中国第一家具有明显的股份制性质的商办企业。

轮船招商局在天津、牛庄、烟台、福州、广州、香港、汕头、宁波、镇江、九江、汉口及日本的长崎、横滨、神户,英属新加坡、槟榔屿、安南、吕宋等处设立分支

天津轮船招商局大楼(原解放南路281号)

机构。天津招商局在紫竹林南面沿河地带建有栈房及码头。成为天津港第一个与外商抗衡的"官督商办"航运企业,唐廷枢成为中国第一家新式轮运业的掌舵人。

轮船招商局自开办之始,即以海运漕粮为主,同时兼揽客货。最初航线,以"福星"号轮往来天津、上海两港之间。自1873年始,每年清政府拨江浙海运漕米20万担,由招商局轮船运往天津。轮船到津即由直隶总督筹备驳船转运京师,"每艘载米三千石,填发联单,由天津收兑局稽核"。轮船从上海启航时,由上海道填给免税执照,并按例酌带二成其他货物。二成之外另带货物,仍须纳税。

轮船招商局的创立,引起外商航业的极度不满,立即遭到打击。英商太古洋行与怡和洋行曾联合美商旗昌洋行进行削价竞争,将运价降低将近一半,上海至天津的"水脚",每吨货由原来的8两降至5两,"客位"也减至一半或七折。当时,外商航行我国的船只达50余艘,而招商局连同代理船只不过16艘。由于有洋务派官僚的扶持,如招商局享有天津港漕粮专运权,清政府又将沿海各省官物的承运权给招商局,漕运以及随同漕运酌带二成免税货物等,这些特权增强了招商总局及天津分局与外商竞争的能力。

唐廷枢还大刀阔斧地打开局面。他用多种方式引进西方的先进轮船及设备,建立起一支具有相当规模的商业船队;雇佣外国船主和技术人员,并注重培养自己的技术人才。1887年,美商旗昌洋行,以航业竞争日剧,不堪损失为由,在唐廷枢与徐润的策动下,以高价将全部财产售与招商局,计有海轮7艘、江轮9艘、小轮4艘、趸船6艘及上海码头五处、船坞一所、机厂一所,天津、汉口、九江、镇江仓栈四处。至此招商局船只增至30艘,吨位也增到23.967吨。唐廷枢首次引进西方的保险机制,相继开设保险招商局、仁和保险公司与济和水火险公司,开创了中国人自办保险公司的先声。为了开展码头堆栈,他又和徐润等人先后创办长源泰、长发两堆栈。他确立"分运漕粮,兼揽客货"的经营方针,发挥官、商两方面的优势。大力开辟江海航线,开航日本、越南、吕宋、新加坡、槟榔屿、印度等地,并一度把航线扩大到英美等国。

1884年6月中法战争,法国军舰在中国东部沿海四处骚扰,招商局船只无法营运,于是与美商旗昌洋行密约,将招商局全部财产以525万两的代价售与该行。所有船只改挂美国国旗,约定战后原价收回。1885年4月中法议和,招商局依约如数收回。1894年7月，中日战争爆发，招商局又采用中法之役的办法，将全部海轮及局产分售各国洋商航业公司代营，再次凭借外国势力的庇护保存了企业。

在唐廷枢任总办的11年间，招商局的运输收入达到1700余万两，平均每年近200万两，吨位的年产值水平高于外商，成为首家敢与外资抗衡并赢得商战胜利的中国企业。在曲折中发展的招商局，改变了我国航运业被外国侵略者垄断的局面。招商局成立之前，天津港尚无中国籍轮船出入，自1873年以后，招商局的船超过英船居天津市首位。外商的评价是："中国船队管理有力，指挥精明"，并对唐廷枢杰出的经营才能用酸溜溜的口吻表示臣服："(他)在东方一家第一流的外国公司(怡和洋行)任职时，获得了丰富而广阔的经验，他正在运用这个经验去损伤这些外国公司。"其实，外国人何尝理解一位中国企业家的心思，唐廷枢面对洋商激烈竞争时曾说过："枢、润不虑资本之未充，亦不虑洋商之放价，惟盼各帮联合，共襄大局，使各口转运之利，尽归中土……此事固创千古未有之局，亦为万世可行之利。"唐廷枢爱国之心溢于言表。还有一件小事可资佐证唐廷枢的爱国、爱民之情：巴西自从与中国订立通商条约之后，屡次要求招商局放船前往，以便招徕华工。当时，招商局的发展势头正旺，唐廷枢也想趁机打开南美航线。他去巴西考察，明察暗访之后，发现巴西仍推行奴隶制度，肆意虐待华工，唐廷枢毅然决然地放弃了开航南美的计划。

1884年，唐廷枢奉命主持开平矿务局。1892年10月7日，花甲之龄的唐廷枢病逝于天津。当时上海《北华捷报》发表文章，赞扬他的一生标志着中国历史上的"一个时代"，"他的死，对外国人和对中国人一样，都是一个持久的损失"。唐廷枢身后"家道凋零"、"子嗣靡依"。招商局从公积金中拨银1.5万两，"以示格外体恤"。

（张绍祖）

周学熙与开滦矿务局

提到开滦煤矿、开滦矿务局,人们自然想起唐山,然而笔者在 1949 年《交通部天津电话号码簿》中的内页广告中,却发现开滦矿务总局其地址坐落在"天津市第十区泰安道 5 号"。笔者还藏有一本 1941 年出版的《工商企业名录(天津卷)》,开滦矿务总局亦赫然在目。这其中的原委如下。

第一大矿

洋务运动时期,为解决天津机器局等军工企业燃煤之需,李鸿章决定在中国建设自己的煤矿。1876 年 10 月,他委派轮船招商局总办唐廷枢到唐山开平一带勘察煤矿,唐廷枢不负众望,只用一个多月的时间,就写出了一份详细的勘察报告。为慎重起见,他还将取得的矿物标本分寄北京同文馆和英国专家进行化验,结果证实此地煤矿储量丰富且品质极佳。

唐廷枢在开平的工作受到李鸿章的赞赏, 于 1877 年 8 月批准了唐廷枢的

KAILAN MINING ADMINISTRATION.

開 灤 礦 務 總 局

Head Office : Meadows Road.

Phones Head Office 33901-6 (Six lines)

Phone 32666, Tientsin Sales Office.

Tel. Address : "Maishan".

LANCHOW MINING CO., LTD.

灤 州 礦 務 有 限 公 司

Rue de Takou, F. C.

Phone 31994, Tel. Address : "Lankwang".

《工商企业名录(天津卷)》中的开滦矿务总局

開 灤 礦 務 總 局

總局地址 天津市第十區泰安道五號

電話三局 { ○○二四 二五○一 三九○二
一六二八 三九○一 四九○○

電報掛號 三四九七

外埠經理處 上海 北平 塘沽 秦皇島

產 品

煙 煤 高級耐火磚

焦 炭 建築用磚瓦

火磚及火土 鋪地用磚瓦

1949 年《交通部天津电话号码簿》中的开滦矿务总局广告

采矿方案。同年 10 月 3 日,唐廷枢、丁寿昌、黎兆堂三人拟定了《直隶开平矿务局章程》,规定了煤矿的性质、集资办法、经营方式、分成比例等内容,并开始在全国范围内的招商活动。1878 年 6 月 25 日,经李鸿章批准,在开平镇正式挂牌成立"开平矿务局"。为把开滦矿务局打造成一流企业,唐廷枢制定了《煤窑规条》、《窑工专条》、《工厂规条》等一系列现代企业制度,使企业生产蒸蒸日上。1881 年投产时,当年即产煤 3600 吨,第二年产煤近 4 万吨,到 1898 年则增至73 万吨,职工则超过 3000 人。

有了一定实力后,该局便不断增加设备,改善运输条件,1886 年成立了开平铁路公司,1889 年还购买了第一艘运煤船(至 1894 年增至 4 艘),在塘沽、天津、上海、牛庄等港口设有专用码头和货场。另开办了焦炭厂、砖厂、细棉土厂(水泥厂),使开平矿务局成为国内首屈一指的大煤矿。

墨林骗占

开平矿务局的成功引起外人垂涎。1900 年,八国联军进攻北京,开平随后为俄国占领。开平矿务局督办张翼(1892 年接替病故的唐廷枢)指派天津海关税务司德璀琳为法律代理人兼开平矿务局总代理人,授权管理该局财产。德璀琳与英属墨林公司代理人、开平矿务局矿师胡佛(即后来的美国第 31 届总统)订立契约将开平卖给墨林。胡佛为了实现掠夺开平的目的,要张翼签订一个"移交约",将开平移交墨林公司。张翼没有答应,于是胡佛又立了一个副约,规定新公司股本英金 100 万镑。中国股东每股得新股 25 股,每股一镑,余下部分由英商招募,原开平所欠之款由墨林公司代偿。另规定张翼享有旧股 3000 股,新股 7.5 万镑,并许诺张翼作为终身督办。张翼签字后,墨林公司并未按照协议清偿债务,新股亦未实收,墨林公司只是支付了 5 万镑现款,便将开平矿权攫为己有。随着矿权易手,开平矿务局随之更名为"开平矿务有限公司"。但张翼在给清廷的奏折上,只说召集外股合办,只字未提卖约之事。

以滦收开

1902 年,开平矿权被骗事件被清廷发现。袁世凯派周学熙进行交涉。之所以委派周学熙,是因为他在直隶创办银元局、工艺总局、官银号等民族实业,深得袁世凯的赏识。周学熙接到袁的旨意后,向袁提出在开平附近另建滦州煤矿,以达到"以滦抵开、以滦收开"的目的,得到袁世凯的首肯。1906年,由天津官银号募股集资,并于1907年以"滦州煤矿有限公司"(后改为滦州矿务公司)名义,呈农工商部正式立案。公司拟定招股银200万两,其中拨北洋官股80万两,商股部分分别由周学熙和大盐商以及各县知事等分担。1907年9月,公司正式成立,仍为"官督商办"性质。初期,滦矿借官方之力,获得了大于开平矿十倍的矿区,占有极大的资源优势,企业效益一路走高。但后来,由于受到开平矿方的压价倾销(煤价由4.5元降至1.8元),加之英商有国际财团的支持,并依靠不平等条约中赋予的特权,使滦州煤矿在竞争中难以为继。恰于此时,辛亥革命爆发,股东们恐利益受损,被迫同意此前开平矿方"联合营业"的建议。经艰苦谈判,于1912年1月27日签订了《开滦矿务总局联合办理合同草案》,达成开平、滦州两矿联合营业的协议,设开滦矿务总局于天津。本欲聘周学熙任督办,周以与其"以滦收开"初衷相违,坚辞不就:"事拂虎须,冒万难,创办滦矿,几濒绝境,始意谓,将以滦收开,今仅成联合营业之局,非吾愿矣。"(《周止庵先生别传》语)并书写联语悬于厅堂之上:"孤忠惟有天知我,万事当思后视今。"

新建大楼

开滦矿务总局成立后,其办公地点设在天津原开平矿务局旧址。1920年1月21日,开滦矿务总局经理那森提出在旧址办公有失体面,应建完全新式办公

位于咪哆士道上的新开滦矿务局大楼,建筑设计者为通和洋行(Atkinson & Dallas)(山本照相馆摄)

开滦大楼的内部,大理石柱和镶面板由天津加里波第(Garibaldi)公司施工

楼,以应总局之需用。新办公楼式样、内部布置、装置物件,均应与总局相称,遂斥资53万两(银元77万元)修建新楼。从1920年打地基开始,到1922年落成,历时两年之久。1922年3月31日在天津隆重举行启用典礼,邀请了英国公使及直隶省长为开门仪式剪彩,开大门的钥匙用纯金制成,开启大门后,金钥匙送与剪彩者作为纪念。

新建的办公大楼位于天津英租界泰安道5号,由英商同和工程司爱迪克生(At kinson)和达拉斯(Dallas)工程司设计,为混合结构三层楼房(设有地下室),外檐为水刷石断块墙面。正立面设有14根贯通一二层的爱奥尼克柱式;内部是贯通三层的大厅,上面是彩色玻璃镶嵌的采光屋顶,围绕大厅设有宽敞的回廊,房间均沿周边设置,建筑面积9070.89平方米(一说9180平方米)。整个建筑造型庄严稳重,简洁大方,突显古典主义建筑风格,成为当时天津四大标志性建筑之一。

这座大楼从开始办公起,就有着非常严格的等级制度。如高级职员和洋人可以走正门、乘大电梯,而一般职员只能走侧门、乘小电梯。办公使用的家具、文具以及厕所都要分级别使用。总经理办公室外装一玻璃门,门口亮着红灯,除高级职员外,一般职员不得入内,违者革职。

1941年,开滦矿务总局大楼一度为日本驻华北派遣军司令部接管。1945年11月,由国民党经济部特派员将开滦矿务总局发还英国。1949年天津解放,开滦矿务总局办公大楼被人民政府接管。1950 年 8 月 16 日,开滦矿务总局迁往唐山。原矿务总局大楼由中共天津市委使用(2010 年 4 月迁出),现为特殊保护等级历史风貌建筑。

（侯福志）

原开滦矿务总局大楼现貌

溥仪与惠罗公司、正昌咖啡店

　　末代皇帝溥仪被赶出北京紫禁城后，选了一个吉日，即于 1925 年 2 月 23 日、农历"二月二龙抬头"这一天，坐火车来到天津，住进了日租界宫岛街的张园。张园原名"露香园"，是清末湖北提督张彪在津寓居的花园别墅。张彪去世后，溥仪携皇后婉容、淑妃文绣以及旧臣遗老迁到同街的乾园居住。"乾园"本是驻日公使陆宗舆于 1921 年建造的一所豪宅，也坐落于宫岛街，即今鞍山道 70 号。1931 年 11 月 10 日夜，土肥原胁迫溥仪出走，走上罪恶之路。溥仪居津近 7 年，这是他一生中的重要时光。在天津租界，他接触了现代化的生活，眼界大开，对溥仪日后的生活轨迹有一定的影响。溥仪心中随时梦想的是有朝一日实现复辟，恢复其失掉的皇位。溥仪居住日租界，与日本特务接触频繁，这给以后他投入日本人的怀抱埋下了伏笔。7 年中，从他在津的活动地点，可以窥见一些他生命的轨迹。溥仪在津购高档日用商品的地点主要是惠罗公司，购买食品的地点

维多利亚路上的惠罗公司
(Whiteaway Laidlaw & Co.)
(山本照相馆摄)

主要是正昌饭店。

惠罗公司位于英租界维多利亚路,现为解放北路 173 号。建于民国。钢混结构,三层楼房,立、平面均呈条状布局,建筑面积 3200 平方米。墙体水混饰面,缓坡顶,四周出檐。檐部中央作三角形折檐。二层以壁柱相隔,开有方窗。一楼为商场,二楼为办公用房。曾由伊文思图书公司、利亚药店及英商惠罗公司共同使用。惠罗公司用一楼的大厅,主要经营英制的高档生活用品。溥仪的到来,使张彪受宠若惊,马上亲自去准备一切,在英商惠罗公司购买上好的欧式豪华铜床三张和全套外国被褥,又令家人赶制上百件床上用品。张彪的选购,使溥仪知道了惠罗公司,以致后来成了惠罗公司的常客。溥仪在《我的前半生》里写道:"为了把我自己打扮得像个西洋人,我尽量利用惠罗公司、隆茂洋行等等外国商店的衣饰、钻石,把自己装点成《老爷杂志》上的外国贵族模样。我每逢外出,穿着最讲究的英国料子西服,领带上插着钻石别针,袖子上是钻石袖扣,手上是钻石戒指,手提文明棍,戴着德国蔡司厂出品的眼镜,浑身发着密丝佛陀、古龙香水和樟脑精的混合气味,身后边还跟着两条或三条德国猎犬和奇装异服的一妻一妾。"在惠罗公司购买的东西还有:钢琴、钟表、收音机、化妆品、家具、皮鞋、眼镜以及运动器械。溥仪在津花钱无数,而皇后婉容和淑妃文绣则比着买。

正昌咖啡店位于法租界大法国路与狄总领事路口。经理为希腊人达拉茅斯,进口各类咖啡豆,现磨现卖,还经营法式西餐和西点。有简餐和冷热饮,外卖有正宗的法式面包、点心、糖果和葡萄酒。法式面包主要是一种外形像长长棍子一样的硬式面包,俗称为"法式棍"。其他种类有月牙形面包、黑麦面包、全麦面包、小圆面包、面包心(切片面包)等。作为饭店,这里的法国菜也很有名。法国菜选料广泛,加工精细,烹调考究。不仅有牛羊鸡鸭与海产品,还有蜗牛和鹅肝。法国菜讲究半熟和生食,如牛排羊排要半熟才鲜嫩,海产品的蚝可生吃,烧野鸭要六成熟。这里的葡萄酒、白兰地、各式西点和奶酪也很有特色。这里由法国来华厨师和面包师主理。这时溥仪和婉容经常去咖啡店,档次很高。溥仪家里大部分面包和西点购自这里。

说起溥仪和婉容对西餐的爱好,还得从头说起。早在紫禁城时,溥仪便在英籍老师庄士敦的引导下学会了吃西餐。溥仪大婚后,便和婉容把紫禁城内储秀宫的后殿丽景轩,改造成一座西式餐厅。著名作家俞平伯在散文《杂记储秀宫》

有一段这样的文字:"轩为储秀宫后照房,为西式食堂,布置纯系西洋式。"来到天津后,吃西餐又成为他生活的一部分。而溥仪去吃西餐时,必定要求其他客人回避,只有溥仪和婉容、文绣三人,凡两个小时,购物亦如此。

(金彭育)

利华大楼与李亚溥

坐落在维多利亚道(英租界中街,今解放北路)中段的利华大楼,从建成到20世纪70年代,一直是解放北路上最高的建筑。在西方古典主义建筑风格为主的解放北路上,摩登风格的利华大楼给人以鹤立鸡群之感。它与和平路上的渤海大楼、中原公司大楼(今百货大楼)一直是那一时期天津的三大高楼。

利华大楼建于1936至1938年,由李亚溥投资兴建,法商永和营造公司工程师慕乐设计。"利华"实为李亚溥外文名字的音译。

李亚溥,原系法国籍犹太人。第一次世界大战时,他应征入伍,后从部队潜逃,托人花钱买到了一纸瑞士籍的护照,辗转来到了中国。1925年从海参崴流浪到了天津,当时,瑞士在天津还没有设立领事馆,领事事务由瑞商利丰洋行代办,利丰洋行由于人手不足,对李亚溥的来历也没有进行深究,便认定李为瑞士侨民了。

李亚溥来天津时,年方26岁,由于他善于钻营,不久就在法商开办的利威洋行得到一个专门兜售珠宝翠钻的跑外职业。干这行生意,经常出入租界地的大公馆,有机会接触社会上层人物,对这些有权有势的人,李亚溥极尽献媚阿谀之能事,很快就博

当时的利华大楼是天津最高的建筑

得了一些贵妇人的欢心,因此,李亚溥除了招揽宝石生意外,还经常涉足于这些上层人物的社会活动。后来,他为了给东北军于学忠等人的军队购买军火,还亲自赴比利时等国接洽,第一次生意十分顺利,李亚溥尝到了甜头。李亚溥初到天津时还是"光棍一条",但没出一两年时间,便成了一个衣着阔绰、手有积蓄的买卖人,不久李亚溥便同一个俄国舞女姘居,摇身一变成了"有家、有业"的洋商。

李亚溥认为为利威洋行"跑街"的身份太低,于是离开了利威洋行,另寻门路。李在过去的经营中结识了一个叫孙秀岩的资本家,他是太平洋德记钟表行(在日租界内)和德秀斋钟表店(在东北角)的东家兼经理。李便找到了孙,孙又利用李亚溥在英租界的关系在维多利亚路(今解放北路 148 号)的一间小门面上开设了"利华洋行"。该行于 1927 年开业,生意做得一帆风顺。随后李又笼络了一个叫鲁东侯的资本家,办起了高档奢侈品的进出口生意,又经过两三年,李亚溥已跻身于富商之列。后来利华洋行迁入汇丰大楼,李又在金融界打起了主意。他自己又开办了"利华放款银行"、"利华(小额)人寿保险公司"。此时小白楼一带畸形的繁荣和金融街地价不断升值,李亚溥看准后,抓住机会,终于在 1936年投资建了利华大楼。

利华大楼为框架结构,主楼 10 层,高 43 米,建筑面积 6193 平方米,是一幢办公兼高级公寓式大楼,也是天津最早具有现代化功能的高层建筑之一。受 20世纪 30 年代新建筑运动影响,利华大楼整个建筑立面虚实对比,方圆结合,挺拔明快。八层开始逐层向里收缩,使立面造型有所变化,是天津近现代高层建筑艺术的范例。

李亚溥为人机警狡诈,企业经营越做越大,在天津商业、金融界可谓财源滚滚、声名赫赫。从他来津谋生的起步阶段算起,到 20 世纪 40 年代末,20 多年的时间里,他所掠夺的财富总数到底有多少,外人无法知晓。据刘文清先生的一篇回忆文章里说,李亚溥在 1947 年以后,看到中国革命形势发展很快,中国人民解放军在各个战场上都发动了攻势,估计到国民党政权不稳,从这时起,他就开始向海外转移他的财产。如在 1947 年底,他曾把几十箱的珍品运往瑞士,其海运保险为美金 800 元,若按一般保险率为千分之一来估算,他运走的这批货物至少要值美金 80 万元。他的白俄老婆也曾把大宗财物运往瑞士,他的美国老婆又弄走一大批财物去美国。总之,凡属便于携带外运的黄金、外钞、珠钻等,他尽可能地都从天津转移出去了。

1947年,李亚溥开办的利华银行手头吃紧,周转不灵,无力偿付存户的黄金、美钞。消息传出后,所有存户纷纷前来提存,顿时掀起轩然大波。李亚溥穷于应付,便让律师出面代表他与存户周旋,订出延期偿付的办法,能拖则拖,能赖则赖,使一些存户蒙受不少损失。

天津解放后,李亚溥因隐匿和盗卖日军仓库遗留物被判处有期徒刑两年半,1954年3月刑满后被驱逐出境。随即人民政府将利华大楼进行了"标卖",市房产公司以35亿元(旧币值)的最高价格购得,使之成为公产。1954年至1972年间该楼先后由中共河北省委和天津市革委会使用,1972年8月该楼改为海河饭店,后改为"利华饭店"。该楼现由农业银行天津分行使用。

(章用秀)

利华大楼里的抗日杀奸团

今解放北路 114 号的利华大楼,是天津一处非常有名的历史建筑。其创建者法籍犹太人李亚溥(Marcel Leopold)的发迹史,也为天津人所津津乐道。鲜为人知的是,在天津沦陷期间,这座楼里还隐藏着一段非同寻常的抗日故事。

1937 年 8 月,天津沦陷不久,几位青年救国联合会的成员,李宝琦、李宝仁、郭兆和、沈栋、沈桢(女)、张澜生、阮荣照(女)等人,意识到日军的铁蹄已经到了自家门口,过去的活动方式已不适应新的形势,因此他们约来好友曾澈、步丰基、陈晶然、王桂秋等,大家共同商量对策,最后共同倡议组建"抗日杀奸团",拿起武器在沦陷区开展特殊的抗日斗争。

为了唤起民众更广泛地参加抗日斗争,"抗团"成员撒传单,贴标语,办报纸,还研究制造炸弹、燃烧弹等,专烧日军战略物资等。"抗团"沟通交流,一般都选择不易被人察觉的公共设施,如民园体育场、英国球场等地,而利华大楼的顶层平台,也是"抗团"活动的重要场所之一。据"抗团"成员刘永康(刘洁)先生回忆,每次聚集利华大楼研究事项、部署任务,议程都非常之短,大家手里经常拿着足球,带着杂志等,就如同玩累了聚在一起休息的样子。不管会议内容多重要,都是长话短说,说完就散,以保证每个成员的安全。

"抗团"的"杀奸"行动,第一个选定的目标是住在天津的伪河北省教育厅厅长陶尚铭。1938 年 11 月初,陶从住处西湖饭店出门,担任主攻的"抗团"成员孙若愚、孙湘德当即迎上去,对着陶连开数枪,然后安全撤退。由于是初次行动,事后得知偏差较大,只有一枪击中陶逆,打瞎其一只眼睛。有了这次教训,"抗团"成员开始积极主动地训练。"抗团"接下来选定的制裁对象是伪天津市商会会长王竹林。这个汉奸多次强迫商家向敌寇献财献物,民愤极大。担负此次行动射手的是祝友樵和孙湘德,由孙若愚掩护。三人为了保证行动的成功,差不多每天都要到利华大楼顶层平台等处苦学射击,主要是用气枪练习瞄准。

1938 年 12 月 27 日晚 9 时许,孙湘德、祝友樵于丰泽园饭庄门口(在今山东路),成功地将王竹林击毙。王的毙命在日伪当局内部造成很大震动,尤其是震慑了大大小小的汉奸,鼓舞了抗日同胞的士气。由于真正的"凶手"一直没有归案,伪天津市政府最后还被迫撤换了伪警察局局长周思靖等人的职务。在这件轰动一时的"杀奸案"中,作为"抗团"秘密训练点的利华大楼,也可以说在天津的抗日斗争历史上书写了特殊的一笔。

(杜鱼)

百福大楼略说

　　今解放北路 1-5 号的百福大楼,现在是津湾广场的一部分,由易宴餐厅使用。百福大楼在天津是一座知名度极高的建筑,但关于它的历史,人们了解得并不多。在《中国文物地图集·天津分册》中,对它的记载也只有寥寥百余字:

　　位于海河南岸。1926 年由比商仪品公司法籍工程师孟德尔松(L. Mendlssohn)设计建造,是专供出租的商业综合写字楼。主体为钢混全框架结构,五层,局部带地下室,建筑面积 3973 平方米。平、立面均呈船形,檐部、顶部处理独特。檐部作断开式檐口,间以高突梯形山花相隔,间设天窗,均与折坡状屋顶相交。屋顶不同部位,相应设置若干金属杆,用以装饰及避雷。大楼造型表示了建筑设计者的独特寓意。

　　百福大楼之所以著名,主要有两个方面的因素:一是它矗立在解放桥头,占尽地利。从天津老龙头车站(今天津站)出来进入法租界,解放桥是必经之地,而桥头的百福大楼可谓首当其冲。二是大楼的船形设计,可谓十分巧妙自然,一直被作为天津象征主义建筑的代表作品之一。2009 年百福大楼整修时,其竣工铭牌被重新发现,明确记载该楼建成于 1927 年,《中国文物地图集》中所说的 1926 年,应该是设计和始建年代。

　　百福大楼的使用情况十分复杂,其间更替现已不易厘清。根据有限的资料我们可知,20 世纪 30 年代初,英商卜内门洋行、美商亨茂洋行以及惠通航空股份有限公司等,曾租用百福大楼办公经营。卜内门公司(Brunner,Mond&Co.Ltd.)由英国人卜内与门氏合伙创建于 1873 年,总部设在伦敦,主要生产经营纯碱、化肥等。20 世纪初,卜内门公司的洋碱垄断了中国的市场。与此同时,著名实业家范旭东在塘沽创办永利制碱厂,聘请化学家侯德榜任厂长兼总工程师,创制了侯氏制碱法,于 1926 年制造出优质"红三角牌"纯碱,最终打破了卜内门垄断中国市场的局面。

天津沦陷时期，日本农事试验场的事务所也设在百福大楼。今东丽区军粮城镇茶金路以东部分，属天津经济技术开发区西区。坐落在这里的杏林食品厂，解放前是日本控制下的华北农事试验场军粮城支场。1920年，军阀徐树铮（曾任北洋政府陆军次长）在这里建老开源公司军粮城工作站。1925年起，先后改称新开源公司军粮城实验站、河北省棉产改进会棉场。1939年，成为日本控制下的华北农事试验场军粮城支场。军粮城支场事务所就设在当时的百福大楼5号，系临时租用。

百福大楼的部分房间，还曾经作为居住用途向外出租。不过住在这里的人，我们并没有找到什么大名人，略可一提的是娄裕熊和庄道宏。娄裕熊是著名绍兴师爷、李鸿章幕僚娄春蕃之子，曾任北洋政府参议员。他与张学良关系密切，是张的有名玩友之一。庄道宏(1919—1986)，字毅忱，是著名实业家、耀华中学创始人庄乐峰之孙。1938年赴英国伯明翰大学留学，1942年赴美国哈佛大学攻读硕士学位，毕业后留美工作。1948年回到天津，任中国银行外汇办公室主任。庄道宏回津初期租住在百福大楼，后来搬到今重庆道181号。

（杜鱼）

希腊商人经营的几家烟草公司

旧时法租界的大法国路(今解放北路一部分)比较短,自营口道至万国桥也就是几百米,但这条路上却有三家希腊人开设的烟草公司,正昌、协和与普罗斯。有趣的是希腊人最初销售的卷烟品牌为"理想",当初这几家希腊烟草商正是抱着淘金的理想来到中国天津并逐渐发展壮大的。

卷烟英文称为 cigarette,清末进入中国。光绪十年(1884年)张焘《津门杂记》载:"紫竹林通商埠头,粤人处此者颇多,原广东通商最早,得洋气在先,类多效泰西所为,尝以纸卷烟叶衔于口吸食之。"这是中国人最早对卷烟的文字记述。张焘是久寓天津的广东人,对寓居天津紫竹林租界广东人吸烟的情况颇为了解。但是中国人长期习惯于吸食水旱烟,对卷烟这种新生事物持有排斥的态度,书中录有署名前人的一首诗《烟卷》:"寸余纸卷裹香烟,指夹欣尝吸味鲜,倘使延烧将近口,舌焦唇敝火连牵。"带有揶揄的味道。随着吸烟人口增多,过了几年,卷烟作为商品,开始输入中国。

光绪十四年(1888年),上海美商老晋隆洋行开始从美国烟草公司引进"品海"牌卷烟,老晋隆洋行最初每月仅进货150条卷烟,只供应水手和租界的侨民,后来拉拢中国商人建立行销网,生意由城市做到农村。卷烟生意越做越大,感到从美

大法国路上的新式商店

国运来香烟很费事,而"用本地的烟叶制造香烟似乎是一个很赚钱的买卖",于是开始筹划在中国开设烟厂。据《中国近代工业史》资料记载:1891年,老晋隆洋行投资一万两白银引进美国邦萨克卷烟机,在天津租界开设了一家有50名工人的小规模卷烟厂。同时天津英商高林洋行(位于大同道)也取得了卷烟机在中国的经销权,"中国有卷烟制造盖导源于此"。随着英美烟草商人来华投资,希腊商人也紧随其后。

希腊是世界第五大烟草出口国,盛产香料烟,这种烟叶的口味如"文革"期间在市场上盛行的阿尔巴尼亚卷烟,有一股特殊的味道。烟草是希腊的传统经济,著名的希腊船王奥纳西斯就是以烟草发家的。一段时期内,国际上比较认同土耳其的烟叶,故而希腊人经营烟草生意多集中在与土耳其较近的埃及,这里位于亚非边界临近地中海和苏伊士运河,交通十分方便。正昌公司就是希腊人C.Caneiiakis兄弟于1902年开设的,总部设在埃及开罗。

希腊人最早在天津开设烟厂的是普罗斯公司,它是一家手工卷烟工厂(具体年份不清楚,大约在1902年以前)。光绪二十九年(1903年),协和烟草公司在中街开设工厂。宣统二年(1910年)正昌烟草公司在中街开设工厂,其中正昌烟草公司规模最大,在当时的天津烟草业中仅次于天津英美烟公司、东亚烟草公司,位居第三位。从档案资料上看,三家似乎有亲属血缘关系,从经营效益上看,以协和为第一,当时有句俗话:"穷正昌,富协和,不穷不富是普罗。"正昌虽然穷,但在天津经营的时间最长,除经营卷烟外,还在中街36号开办正昌面包房(也称正昌饭店)经营面包、西餐和冷食。此外,从烟标上看,协和公司有两家,公司及经营事务所在中街。而工厂在法租界领事路40号(今合江路);另外还有一家希腊人经营的施记烟行(PANAS.D.SKIOTIS.& CO),位于解放北路55号,店主施哥要蒂斯(D.SKIOTIS),1926年开办,1941年太平洋战争爆发时歇业,1946年在津复业,经营纸烟、雪茄、烟斗丝。抗战以前,协和、普罗斯已经销声匿迹了。正昌公司经营比较长,一直到20世纪40年代,在日本占领军的所谓烟草统制政策的逼迫下,被迫将公司转让给日本北支烟草株式会社。后来北支烟草公司又将正昌公司股份转让给东亚烟草株式会社,成为天津东亚烟草工厂的分厂。抗日战争后,希腊股东C.Caneiiakis兄弟曾要求将正昌公司发还,但被国民政府拒绝。1946年国民政府敌伪产业处局接受并委托中央信托局招标拍卖,由商人林兆峰、张国强等人合伙中标，一度改为亚洲烟草公司，生产顺风牌卷烟。由于经营不善，很快将工厂转让给沈阳太阳烟草股份公司。1947年，亚洲烟草公司更名为天津华阳烟草公司，公司经理杨建庵。当时华阳烟草公司有十几台卷烟机，是天津最大的私人卷烟厂，杨建庵还担任天津卷烟工业公会主席。

希腊烟草商人生产的品牌很多，普罗斯公司有"普罗斯"高级手工卷烟，协和公司有"特别"、"55"、"理想"、"龙凤"、"燕美人"、"皇冠"等牌号，正昌公司有"红帽"、"僧帽"、"狮子"、"大六六"、"大开比"、"公主"、"小东"、"吉金"等。早期牌号如"理想"、"普罗斯"表现了希腊和埃及的古代文明，希腊神像、埃及金字塔、沙漠的骆驼凸现在图案当中，款式有10支装、20支装、50支装、100支装。希腊人早期在天津生产带有烟嘴的卷烟，多为铁盒装。其原因就是正昌公司通过经销商北利华烟行向消费者赠送卫生铁盒，这种铁盒可装50支香烟，并在广告中宣传用铁盒放香烟的好处，铁盒能保证香烟不干燥，而且铁盒可以回收烟厂重新使用。北京故宫博物院存放着一些外国人进贡给慈禧太后和光绪皇帝的卷烟，其中就有天津正昌产的"皇冠"牌（天津人俗称"红帽"）50支装铁盒烟标，烟长67毫米，每支烟的一段有8毫米的金边，是防湿用的，俗称"金嘴"香烟。人们最早见到这些烟标，以为是舶来品，后来方知道是外国人在天津生产的产品。

为搞好促销，正昌烟草公司还印制一批随烟销售的画片，这种画片俗称毛片，成套印刷附在烟盒内，凑齐了可以换取奖品。当时有"天安门"、"双妹"、"山

红帽香烟广告　　　　　　　　　　天安门香烟广告

东"、"红帽"等卷烟内附赠画片,画片的内容有《封神榜》、《聊斋》、《三国志》、《伍子胥》、《杨家将》、《古代名人》、《历代名将》、《十美图》、《三国人物麻将》、《麻将牌》、《京剧折子戏》、《二十四孝》等 20 多种。此外,还印了许多广告画。20 年代,还生产了以京剧名角孟小冬为图案的"小东"牌卷烟轰动一时。

自 1947 年成立华阳烟草公司后,该公司研制了"烟斗"牌卷烟,天津市场上比较畅销。1956 年,华阳烟草公司响应人民政府号召,与地方国营恒大烟厂进行合营,成为恒大烟厂华阳分厂。1958 年天津卷烟工业合并成天津卷烟厂实行独家经营,华阳烟厂工人与设备一起并入天津卷烟厂,原址改为天津第二电子仪表厂。

(曲振明)

船王董浩云创业在天津

1931 年 12 月,一位南方小伙子,满怀对未来的憧憬,出现在天津紫竹林一带的轮船码头,开展航业管理工作。他来自浙江定海(今舟山),是被天津航业股份有限公司津店正式录用的新手。这个身体瘦弱的年轻人,怀着远大志向,凭借悟性和勇气,开始了只身闯世界的艰苦生涯。他从天津白手起家,直到最终建立起一个航运王国。

他就是原香港特首董建华之父——国际航运巨子董浩云(1912—1982 年)。董浩云是华人经营国际客轮航线第一人及亚洲开拓集装箱航运的第一人。在他事业最顶峰时,共拥有巨轮 150 多艘,总吨位达 1100 万吨。他也成为当之无愧的"世界七大船王之一"。《纽约时报》曾称他为"世界最大独立船东"。

董浩云行三,初名董兆荣。来津后,他改名董浩云,取"浩如云海、前程无边"之意。他在津的活动空间主要在英法租界一带。天津金融一条街可以说是他个人奋斗的第一站。

天津航运股份有限公司于 1929 年 9 月成立总店,资本额为银圆 25 万,金城银行占 80%,"久大"、"盐业"共占 6%,其余为零散股份。发起人为董事周作民、杨子南、叶绪耕、朱宝仁、宋承熙,监察人有范旭东、杨济成,总经理叶绪耕。该公司购置拖轮及驳船,经营天津海河驳运,并代理同业轮船在天津港的进出口船务。该公司红火时,拥有驳轮十多艘,职工 150 人左右。总店共有店员 23 人(1934 年的统计数字)。总公司及下属的津店成立初期,均设在天津英租界十二号路 15 号(今太原道一带)。津店的店员初为 27 人,营业主(即董事长)是叶绪耕(浙江慈溪人),经理人是王更三(浙江杭州人)。

董浩云先在天津航运股份有限公司津店当学徒,生活条件比较差,工作非常辛苦。但他凭借勤勉、敬业和聪颖,赢得了周围人的尊重,也得到了上司的喜爱和器重。后来他调到总店任船务部职员兼办英文业务，从此进入航业管理层并得以发挥聪明才智。该公司的船东之一顾宗瑞，是泰昌祥轮船行及万利轮船公司的创办人和东家，拥有永恒轮等船只。顾宗瑞是浙江镇海人，与董浩云有同乡之谊，后来成为董浩云的岳父。据董浩云生前旧交蔡孟坚追忆，"某日，轮船码头。他（指董浩云）携着小提包奔向轮边，放出钢缆，系紧。轮靠岸，他不慎跌倒轮边，将提包内英文字典等抛出。适船主顾某（指顾宗瑞）在场发现，得知董（指董浩云）是努力上进学徒。因将贤惠女儿许为其妻子。董浩云旋升为职员。"

成为顾家女婿之后，董浩云的发展机会也多了起来。他工作更加勤奋，学习更加刻苦，并常去码头巡视船只。

在天津航业公司工作期间，董浩云经常到码头和船上巡视

1934 年他在日记中曾描述中国运输业的落后情况，非常感慨，他决心要为改变这一局面而奋斗。他认为，这就是他一生之中要肩负的使命。在担任天津轮船业同业公会常委期间，他曾亲眼目睹天津北方航业公司因经济拮据而将所有轮船抵押给大连一家日本航商的过程。多年以后他回忆道，"因无力加以援手，我为此曾不安良久"。他从进入天津航业管理层那一刻起，就公开反对因不平等的治外法权而赋予外国轮船公司的各种特权。他要为民族资本争得应有的地位。

董浩云在《历尽沧桑话航运——廿五年来中国航运事业的回顾》中写道，"说起白河（指海河）驳运事业，倒有一段光荣的竞争历史。白河通海一段是大沽口，由大沽口塘沽新河溯河而上，以达天津。这海港系根据《辛丑条约》由国际共管，并为此成立了白河疏浚管理局。这段内河航运长达四十五海里。大沽口是华北唯一咽喉，当时又是北宁、平绥、平汉、津浦等铁路交叉点，亦是各路出海吐纳港口，故而显得非常重要。民国二十年（1931 年）前，这段内河航运系由英商太古洋行所属的天津驳船公司以及大沽轮驳公司把持,所有自欧美各国运来货物完全为其包运。在他们运销与金融、保险成一个体系垄断下,我国航商是无从插足的。直至民国二十二年(1933年),山西省政府当局倡导将同蒲路材料交国人承运,北宁路当局随而附和,而英国航商曾千方百计予以破坏。经过一番艰苦奋斗,国人所经营的天津航业公司终于打进去,击破了外商垄断我们华北的咽喉要道,并向铁路局备案。倡导国家采购材料,应以自船自货自运为原则。由此,亦奠定了日后我国发展远洋航业之基础。"

以董浩云为代表的新兴航运从业者,经过据理力争,为民族资本航运业开辟了一条新航线。

1934年3月16日,天津航业同业公会成立,同年6月改称天津轮船业同业公会。会址设在法租界二号路39号(今长春道一带)。董浩云以天津航业公司船务主任兼文书的身份加入该公会,任会员代表、第一届九名执行委员之一。

1936年初,天寒地冻,渤海冰封,140余艘中外大小船只被围困达20余日。天津航业公司的"天行号破冰船被征用去施救,交通部也派出小型飞机投粮救急。董浩云积极与海河工程局、港务局和航业公会多方积极协调,制订营救方案,并参加了此次空投营救工作,还拍摄了现场施救照片。因有"特别劳绩",他获得天津航业公司最高年酬金、奖金。这一年,他还在津拟制了一份《整理全航业方案》,呈送南京国民政府交通部。在这份方案中,董浩云除列明整顿航业的原因和方法外,还列出组织航业金融调剂机构的纲要、公司组织和经营方法,提出如何与外商抗争的对策等。他希望在政府资助下,成立一个航运信托公司,促成中国民营航业小型公司的合并经营,充实力量,为今后收回沿海及内河航运权并筹备开通国际航线作准备。为此,他还在方案中提出首先成立一个航运发展基金的设想。

1936年2月6日,董浩云乘坐交通部飞机,携带补给物品去援救受困船只,图为他正在飞机上眺望

1936年4月4日,该公会改选后,董浩云被选为三名常委之一。不久之后,他又任天津航业公

司董事会秘书长一职。

由于夫人顾丽真的娘家在上海,因此,董浩云常去那里探亲。1936年夏,顾丽真怀上第一个孩子后,便长住上海。转年5月29日,孩子呱呱落地,夫妇二人给他取名叫董建华。董浩云此时奔波在天津和上海之间,为民族航运业的艰难发展而奔波。有记载表明,1937年,天津航业公司在上海设立了分公司,董浩云于1938年任上海分公司秘书。天津航业公司船务部则由同乡周汉楚主管。1942年,董浩云辞去秘书职务,但名义上仍为天津航业公司做事,直到1947年后他才脱离天津航业公司。

"七七事变"后,董浩云的许多梦想化为泡影,但愈挫愈勇的他,已树立起大航运思想,他放眼世界、着眼长远,在夹缝中求生存。在上海,他一度在通城公司运输部和金城银行船务部工作,后来与田乃尧等合作组建了一家轮船公司,租用洋商船只,经营海运业务。1941年,他们又创建了中国航运信托股份有限公司。

1945年5月左右,董浩云与通利轮船长周启新一同来津,后去重庆拜见交通部长俞大维,洽商将来航业复兴事宜。他与其他船东一起制定了战后振兴航运业的计划。

抗战胜利后,中国百业待举,航运业亟待恢复。董浩云抓住这一难得契机,谋求新突破。作为航运业知名人士之一,他曾参加了中美组建商业团队的谈判团。尽管谈判没有成功,但他信心却更强了。1945年9月16日,天津轮船业同业公会召开全体会员公司代表会,决定恢复同业工作,"尽瘁航运复兴,效力国家建设,以尽航商天职"。随后,董浩云、王金堂、盛昆山以天津轮船业同业公会常委的身份,向交通部天津航政局呈文,要求立即恢复同业公会的工作。

1946年10月,天津益记轮驳股份有限公司成立,董浩云为五名董事之一。该公司设在天津第一区张自忠路,资本总额为国币10万元,营业范围是"以轮船驳船行驶津沽间专办海河运输"。当年12月3日,中国轮船业济运联营处创立会选出理事二十四名及候补理事、监事、候补监事若干名。董浩云与卢作孚等均为理事之一。

1947年4月11日,董浩云与王更三、姚庆三代表天津航业公司与中兴轮船公司、天津交通银行在该行信托部开会,商讨发起组织渤海航运仓库有限公司事宜。15 日，该公司收到董浩云缴纳的"股款计国币贰千万元整"。

当年 4 月，董浩云当选中国民航海轮联营处十九名理事之一，并兼任执行秘书中的北洋组组长工作，协调天津一带航运业事宜。

1947 年 8 月，董浩云又在香港创办复兴航业公司从事内河及远洋运输。他从美国购买三艘万吨级快速货船，分别命名为京胜号、沪胜号、渝胜号。这是当时中国仅有的三艘快速货船。

1947 年天津航业公司与中国航运公司合购天翔号海轮，经营沿海客货轮运输。天津航业公司出面登记所有权，经营管理权属中国航运公司。董浩云迎来了事业发展的新阶段。他利用二战结束后世界范围内出现船荒这个有利时机，陆续购置船只组成庞大的航运船队。

1947 年，由中国船员驾驶的、载重量 10471 吨的天龙号，破天荒地从中国上海成功穿越太平洋、印度洋、大西洋直航欧洲，随后该船又装运 10 万吨煤炭去美国诺福克。1948 年 7 月，董浩云麾下的通平号这艘当时中国最大的远洋轮又从上海起航，横越太平洋，直航旧金山。这是中国船首航美洲。后该船又满载货物到达南美洲。这也是一次开创性的远洋，扬名中外。

1948 年 5 月，天津市轮船业同业公会将会址迁至中正路（解放北路）百福大楼。"该房在中街北部百福大楼三楼 3 号（旧北方航业同层对门），与本会员通安公司对邻，地址甚为适中"。通安公司即指通安轮船公司天津分公司（经理方宪武）。当时，该公会不少领导成员都在附近活动。常务理事兼理事长、直东轮船公司总经理盛昆山和理事、直东轮船公司总务主任张伯超的通信处，都在"第一区张自忠路 105 号"；理事、聚合驳船行经理田瑞书的通信处在"第一区合江路 11号"；理事、运通船务行经理李允孚的通信处在"第一区哈尔滨道 20 号"；候补监事、益记轮驳公司经理郑集生的通信处在"第一区张自忠路 137 号"。由此可见，天津金融街当时还是天津轮船业的主要活动中心。

董浩云深深眷恋着祖国大陆，感念故人。20 世纪 70 年代末，董浩云曾设法与在津的周汉楚等旧交取得联络。令人遗憾的是，直到 1982 年 4 月 15 日逝世，他都未能再回到他事业奋斗的起始地天津看一看，这不能不说是一个永久的遗憾。

（王勇则）

金融街上的饭店

殷森德与利顺德饭店

1860 年天津开埠后,随着各国商人入境开展自由贸易,传教士也接踵而来。据史料记载,至 1861 年年底,除占领军外,当时天津只有十几个外国人,他们虽以外交官、商人和传教士的面目出现,但却都有着双重或多重身份,有的官员兼开洋行,有的传教兼做生意,有的商人兼任官职,英国传教士殷森德(John Innocent)便是其中一个。他一方面是英国基督教会第一个来津的传教士,一方面是利顺德大饭店的创始人。

来津的第一个英国传教士

1861 年 4 月 4 日,殷森德乘船从上海抵津后,立即开始传教。几天后,就有几个人领洗皈依了基督教,其中一个还把自己的房子腾出来,改建成圣道堂的礼拜堂。这座位于城里叫做"北仓"的地方,就成了天津第一所礼拜堂。不久,殷森德的妻子也来到天津,并开办了一所中国女童学校。同年 9 月 22 日,他们的女儿安妮(Annie Edkins Innocent)出生,幸运地成为了在津出生的第一个英国侨民。翌年,殷森德与美国公理会的柏亨利(Blodget)在天津城鼓楼东部的仓口附近租了一所房屋,后来扩建成仓门口教堂。1862 年 4 月,仓门口教堂建成后,殷森德就把家搬到了教堂里。

不久,殷森德便通过英国驻津代理领

殷森德牧师

事吉布逊(John Gibson)参与了英租界工部局的工作,并成为董事之一。他之所以有资格进入董事会,一方面因他为英军主持礼拜、为伤兵做祈祷,而得到英军军官的支持,一方面他通过占领军结识了天津盐商张锦文,并得到了他的巨额资助。

张锦文为炫耀自己的富有和权势,曾带领殷森德参观了自己捐资开办的育婴堂、施粥厂等福利机构,并慷慨地给了殷森德一大笔钱。而颇具商业头脑的殷森德,拿到这笔钱后并没有去施舍,而是联系了怡和洋行经理麦克利恩,着手购买土地建造饭店。

创建利顺德饭店

1863年初,殷森德与英国女王的驻津代表吉布逊签订了一份转租土地的"皇室租约",以纹银600两承租了英租界29号地基的19.9英亩土地,每年每亩缴纳租金1500铜元,租期99年。几个月后,殷森德便雇用民夫在他购买的土地最南端,建立了一处简易的英式印度风情平房,作为货栈、洋行、旅馆和饭店之用,专门招待外侨。这就是利顺德饭店的雏形,人称"泥屋"、"老屋"。(一说利顺德饭店建于1864年,创始人为德璀琳)

泥屋内部宽敞,家具充裕,宜于夏天居住。但一到冬天,却使人一看就感到寒意,让人望而却步。用白铁制成的屋顶更是数次被大风吹跑。后经过几度修整,饭店共由两部分组成:前边是洋式平房饭店,后边是铁板顶棚货栈。这座具

维多利亚路与咪哆士道交口处
的利顺德饭店老楼

有印度风情的英式平房，便成为天津最早的涉外饭店。

1884年，泥屋被英国人乔治·瑞德购买后扩建，建成了三层平坡顶的砖木结构的建筑。该建筑是当时英租界中最高最大的建筑物，英文名为 ASTOR HOTEL，中文名"利顺德饭店"，巧妙地把儒家孟子"利顺以德"的格言寓意其中（一说，1886年夏天，在英工部局董事长德璀琳、商会董事长狄更生的主持下，由殷森德、安德逊、甘霖等人集资，将泥屋扩建成为一幢建筑面积达6200平方米、带有西部欧洲乡土气息的三层砖木结构的古典露明式豪华宾馆楼房）。1895年，乔治·瑞德正式从原土地承租人弗朗西斯·久连·马歇尔手中转租下了这块土地，1898年4月转为利顺德所有。1929年，为经营需要，拆除了北侧的部分主楼，扩建起了2500平方米的砖混结构的四层楼房。

利顺德饭店在当时是中国外交活动和政治活动的重要场所。英国、美国、加拿大、日本等国先后将各自的领事馆设在饭店内。《中国丹麦条约》、《中国荷兰条约》、《中葡天津通商条约》、《中法简明条约》等都在这里签订。孙中山、黄兴、宋教仁、张学良、溥仪、蔡锷、梁启超、袁世凯、段祺瑞等各界名人均曾在此驻留，美国前总统胡佛也曾在此留下足迹。

作为那个时代最高档的饭店，利顺德内部的设施直到今天看来仍然是令人惊艳的。饭店至今还保存着我国早期使用的发电机、电灯、电话、留声机，以及刻有1863年、1886年总督饭店、1897年利顺德饭店有限公司等铭记的金银餐具。

利顺德饭店外景绘画

这里是天津市乃至全国最早使用电灯、电话和电报的地方,在那个穿长袍马褂留辫子的时代,代表了现代化的一丝光亮。

黯然回国

创建利顺德饭店后,殷森德的主要精力仍在传教布道上。1864 年 8 月 14 日,他在今浙江路 2 号修建了老合众会堂。1866 年,在他的主持下,圣道堂在东门外天后宫以北建立了宫北教堂,这是当时基督教在天津建立的最大的一座礼拜堂。由于该堂地处繁华的商业区,每逢布道之日,常常吸引许多人驻足,连一些清朝官吏和熟读四书五经的饱学之士也时常光顾这里。宫北一带逐渐成了圣道堂的活动中心。

随着传教工作向塘沽、静海、泊头等天津周边地区的发展,殷森德又在租界内创办了神学班,以培养更多的华人传教士。为此,他两次派人专门到英美各国募捐。1870 年天津教案后,天津遭遇一场狂风暴雨,酿成水灾,近千人无家可归。殷森德拿出部分捐款搭建帐篷,开设粥厂,救济灾民。据记载,大水将教会的房屋冲毁后的一段时间里,殷森德的妻子、女儿只得睡在帐篷外的一张大桌子下面,下雨时,睡在桌子上面的殷森德就在头上撑开一把破雨伞。他的行动赢得了灾民们的信任,灾后,许多人成为了他的忠实信徒。殷森德则认为:“上帝借这可怕的灾祸及其所激起的基督徒的有益的同情,使许多异教徒放弃了他们的偶像,接受了福音。”

在义和团运动中,宫北教堂被焚毁,殷森德并未在原地重建,他将基址售出后,迁址东马路,购地兴建教堂、学校、医院及传教士住宅。经过多年经营,圣道堂在津的声势逐渐扩大。

1872 年,一个山东乐陵县的农民慕名而来,请殷森德到他的家乡传教。殷森德认为这是“神的召唤”,而欣然前往。他的到来,受到乐陵当地农民的热烈欢迎,因而,他的传教工作开展得非常顺利。不久,他又在当地投资兴建了一所医院(今乐陵人民医院)。义和团运动对洋教的巨大冲击和女儿安妮的意外死亡,给殷森德的打击很大,1901 年他悄然回国。利顺德饭店的股东甘霖曾给予他很高评价:“殷森德在华 40 年的各项工作,都与天津的发展变化相关,正因如此,他才能位于所有时期在华传教士中的第一流传教士之列。” (周利成)

孙中山、黄兴与利顺德饭店

在 20 世纪初，天津利顺德饭店是达官显贵来天津下榻的主要地点。1912年，孙中山与黄兴北上会晤袁世凯莅临津门，曾先后下榻在此。

孙中山与利顺德饭店

1912 年 4 月袁世凯组织北京政府，建立了北洋军阀专制统治。8 月上旬，袁世凯邀请孙中山北上共商内政纲领。当然这是袁氏为了稳定政局、巩固自己的统治地位而搞的权宜之计。孙中山于 8 月 18 日乘"安平号"离开上海北上，23日中午抵达塘沽，下午五时余，孙中山由塘沽抵天津招商局码头（今营口道东头）。都督府当即派人至招商局码头收拾清洁，预备欢迎。警道派出警士作护卫，并设有马车数乘。二时余，都督张金波、警道杨以德、交涉使王克敏、提学司蔡树阶、运司张弧、同盟会张继、孙少侯、王法勤、于邦澄，统一党纪文瀚、吴继曾、卢少艺、岳树棠，国民捐会赵君可，省会王葆真，女子参政会沈佩贞、议事会、董事会、自治会、公民会、山东民党、《民意报》《国风报》等各界代表陆续至码头迎接。至五时许，船始到上岸，人均脱帽欢呼中国第一伟人孙中山万岁，中华民国万岁。军乐队奏起欢迎歌，警察行举枪礼。孙先生脱帽致谢。随后，北京代表梁士诒、直督张金波、同盟会张继等上船谒见孙中山，由都督府派人员招待。孙中山登岸后，各官长及各团体在后相随，经英、法两租界，均有马队保卫至利顺德饭店。晚八时，在该店宴会，都督请各团体代表作陪。当晚孙中山下榻在利顺德大饭店。

8 月 24 日上午九时，孙中山乘四轮马车由利顺德饭店出发，经英、法、日租界，然后经东马路，到达直隶都督府，访问直督张金波。直隶都督府坐落在大经路（今中山路）南头，金钢桥以北（今金钢公园）。它原是津海关道衙门。同治九年

(1870年)李鸿章兼通商大臣,在天津设立专门官衙,开始对中外交涉事件及海关、钞关两关税务实施专管。1901年李鸿章于签订《辛丑条约》之后病逝。慈禧太后因袁世凯在"戊戌政变"中告密有功,调任袁为直隶总督兼北洋大臣。袁到天津时,清廷已在津海关道衙门的旧址上为西太后修好行宫。这原是为慈禧来天津阅兵而建的行宫,未及使用清廷就把它拨为直隶总督衙门。袁世凯为了衬托总督衙门的周围声势,修建金钢桥,开通自官银号、大胡同至河北北站的大经路,解决了中国官吏及商民到北站上下火车之便。孙中山与张金波稍谈片刻后,即应邀出席同盟会燕支部及广东同乡在广东会馆(今天津市戏剧博物馆)的欢迎会。由张继致欢迎词,孙中山在演说中指出:"吾国自改建共和,仅有其名,尚无其实,危险较专制时代尤甚。望革命中人此时较破坏专制尤应牺牲一切,加千万倍之力,共谋建设。"

然后,孙中山赴河北公园(今中山公园)之官绅欢迎会并发表演说,略谓:"近吾国颇有南北界之说,其实非南北之界线,实新旧之界线。南方人不知共和政体为何物者尚所在皆是,盖因其无新知识,故一家之中父新而子旧、子新而父旧,新旧之分家庭中尚不能免。惟望吾到会同胞随时随处用力开通,由一家及一乡、一县、一省、一国,于数年中务使人人皆知共和之良美。"演说后孙中山参观了设于公园的劝工陈列所,并在此用午饭后,下午二时四十分,孙中山率随员在新车站(今北站)离津赴京,张锡銮及各界官绅代表恭送。

孙中山此次在津期间,曾有袁世凯总统府的一个秘书告诉孙中山,袁世凯有加害黄兴之意。孙中山打电报将此事关照了黄兴。8月27日黄兴特电袁世凯质问此事,袁世凯回电矢口否认,并且否认总统府有这样一个秘书。

9月11日,袁世凯特授孙中山筹划全国铁路全权,被接受,9月19日,孙中山自北京赴太原视察。在津之广东会馆同人致电孙中山,恭请他再度来津畅叙乡谊。9月21日广东会馆接到孙中山的复电,知其一定来津,遂决定23日在广东会馆欢迎孙中山。是日广东籍到会者600余人,孙中山于上午11时到会,与大家晤谈,勉以努力爱国。当晚孙中山下榻在利顺德饭店。

24日早8时半,孙中山离津赴唐山、榆关等地视察工作。25日晚7时余,孙中山返津,在火车上住宿一夜。26日早5时,孙中山赴济南。

从孙中山此次往返天津的日程中,可以看出他为贯彻其实业救国的理想而不辞辛劳的精神。1912 年 10 月 10 日孙中山在《中国铁路计划与民生主义》中曾记述这次北上活动："游踪所至,西北及张家口,西达太原,并历山海关与济南,无处不发现人民有同样之态度,即对于新事业之同情的感觉,与对于强大统一之中国的希望。"从而使他感到"自此次游历北地,与北方人士接触,余益信中国将成为世界上之一等强国"。

黄兴与利顺德饭店

中国近代民主革命家黄兴,于 1912 年曾代表国民党由沪北上,在北京与袁世凯会晤往返停留津门,下榻利顺德饭店,并在津作过两次演说。

1912 年 9 月初,孙中山致电黄兴,告以在北京与袁世凯会谈情况,敦促黄兴北上共商国是。5 日晚,黄兴偕岑春煊、伍廷芳、胡经武、陈其美等由沪乘新铭轮北上,9 日下午 6 时抵津。当时新上任的直隶都督冯国璋率同文武官员、自治各机关代表前往迎迓,巡警乐队在紫竹林招商局码头(今营口道东头)奏乐欢迎。是日晚黄兴一行下榻于英租界利顺德饭店。

10 日早 10 时,黄兴赴都督府与冯国璋晤谈,11 时同到公园内陈列所(今中山公园内)赴官绅欢迎会,与各界人士见面。下午 1 时,黄兴等人赴鼓楼南广东会馆(今天津市戏剧博物馆)出席由天津国民党支部和垦殖协会联合召开的欢迎大会,到会者八百余人。张继首先致欢迎词,称赞黄兴为英雄,并谓"'今日'欢迎黄先生及陈先生,即是欢迎其理想,崇拜其理想也"。(据 1912 年 9 月 11 日上海《民立报》)然后,黄兴发表了《在天津国民党支部欢迎会上的演讲》,指出:现在以化除党见、统一精神为第一要义。谚有云:南北一家,兄弟一堂。虽二十二行省,虽蒙古、西藏,通是兄弟一堂也。中国国家自有历史以来,天然为地球上一最大农国。兄弟进大沽口,亲见各处荒地甚多,如能讲求农业,必能发达一地方之地力。

接着陈其美也讲了话,他说:此次北来与大总统及北方同胞一叙,当即出洋考求工商数年后回国以效绵薄。最后宋教仁的演说大致谓:国民党宜力谋政治上之进行,以备组织政党、政府而巩固国民党基础等语。欢迎会后,黄兴等人与大家合影留念。然后,黄兴与陈其美前往英租界拜访唐绍仪。

11 日上午 11 时,黄兴携同随员乘专车进京。当时冯国璋率领司道各官员、自治各机关代表及巡警乐队齐在河东老车站(今东站)恭送。

黄兴与袁世凯在北京会谈结束后,于10月5日下午2时50分,由北京乘专车来津,仍下榻于利顺德饭店。

6日晚7时,由天津日本士商长峰与一、今井嘉幸、藤田语郎、西村博等发起,在日本俱乐部召开欢迎黄兴大会,到会者有中日各界人士百余人。除黄兴、陈其美及其诸随员外,国民党燕支部党员边洁卿、王卓山、贺湘南、张子纲、王浚铭、吕建秋、何梅秋、卢宗五也出席大会。席间首由日商会议所长长峰与一发言:"黄先生为世界伟人,此次北来,调和南北,扶助中华大局,公毕南旋,道出津门,敝同人等开会欢迎,于多忙中竟得先生惠临,荣幸何似。吾中日两国比邻而唇齿相关,此后东亚和平惟吾国是赖。今次贵国政治改革,敝国极表同情,望先生垂鉴微意,尚望示教,裨益邦交。更望先生转告南省同胞,敝国对于中国诚心赞助,极表爱慕。"然后,黄兴发表了《在天津日本人士欢迎会上的演说》。

席间还有天津警察厅长杨以德作陪。欢迎会结束后,与会者全体合影。

8日早6时,黄兴等人乘新铭轮离津南下,当时天津官绅各界及巡警道差遣军乐各队齐集紫竹林招商局码头恭送。

黄兴在天津的两次演说,分别阐述了祖国统一、发展经济、振兴中华,以及中日两国唇齿相依、文化相似,携手共建亚洲和平的思想。

总之,孙中山与黄兴先后下榻利顺德饭店,必定在此思考了在天津各处演说的主要内容,并在该店会见了当时的地方政要。因此,两位伟人在此的活动,为该店增添了无限的光彩。今天,利顺德饭店已将当年孙中山住过的套房,辟为孙中山纪念室,成为爱国主义教育基地。

(葛培林)

利顺德饭店的一份菜单

　　始建于清同治二年（1863 年）的利顺德饭店闻名中外，百多年来，这里风云际会，浓缩了中国近代史的风雨沧桑。作为天津第一家涉外饭店，大量中外政要、文化名流、国际友人下榻于此，留下了许多人文往事。

　　19 世纪 80 年代末，天津外国租界内的建筑如雨后春笋，新形势下，多年前殷德森原建的泥屋饭店的小楼已明显落伍。光绪十二年（1886 年），在英租界工部局德璀琳的主持下对饭店进行了重建，新建的大楼建筑面积达 6200 多平方米，并命名为利顺德饭店。同时，德璀琳为表达对直隶总督李鸿章的知遇之恩，特又将饭店命名为总督府饭店，两个名称一同使用。1943 年初太平洋战争爆发，日军占据了利顺德并更名为亚细亚饭店。1945 年末，饭店由国民政府接管后交给原主，恢复利顺德原名。

　　新中国成立后，利顺德成为天津第一家涉外饭店。1952 年初，因饭店经营下滑改由天津市政府管理，此时更名为天津大饭店。尽管岁月更迭，但利顺德饭店始终是天津最高级的餐饮服务标志。

　　1971 年 2 月 13 日，外交部在天津大饭店招待来津的马里、叙利亚等六国外交官，当日菜单所示的四道配碟（凉菜）是桂花栗子、炸果仁、红果蘸子、芝麻南糖。主菜八道，有芙蓉干贝汤、香酥鸡、两作大虾、果汁桂鱼、油焖肥鸭、烤羊肉串、冬菇油菜、什锦冰糖莲子。同席的点心有炸元宵、唐山麻糖、三鲜水煎饺、牛肉烧麦等。同年 10 月 4 日，阿尔巴尼亚体操队下榻天津大饭店，饭店特别烹制了马爱司大虾、沙拉、桃仁鸡球、芝麻百花鸭子、铁锅蛋等十八道菜品与点心。当年，国民经济与生活水平尚欠发达，如此佳肴实可谓天堂盛宴了。

（由国庆）

皇宫饭店与闻人往事

　　天津开埠后,金发碧眼的外国人纷至沓来,吃住行问题成为迫在眉睫的要事。清光绪九年(1863年)英国传教士殷森德在英租界维多利亚道(今解放北路南段)开办的一家小型旅店,名叫泥屋饭店。光绪十二年(1886年)春天,环球饭店(后更名皇宫饭店)在与泥屋饭店近在咫尺的位置(今解放北路179号)建成。

环球饭店促进利顺德发展

　　起初,身为牧师的殷德森似乎并没有把全部的精力投入到泥屋饭店的经营中去,所以在泥屋饭店开业后的几年里生意并没有太大的进展。而相邻新建的环球饭店为两栋三层楼房,堪称当时最漂亮的建筑,开业后便吸引了大量客流,

皇宫饭店广告明信片

这也让泥屋饭店大为逊色。与此同时,随着越来越多外国人的涌入,促使殷德森不得不考虑饭店的改建事宜了。

1916 年担任过利顺德饭店董事长的威廉·海维林在后来描述了当时的情景:"今天坐落在海河边上的两座饭店,一是刚修建的环球饭店,建议应该为女王饭店,从外观上看,建筑艺术风格是属于目前最好的。而旁边的利顺德饭店,尽管它的内部要比环球强多了,非常豪华,异常舒适,但从外观看,由于多年风化,目前看简直成了一座低等饭店的象征。"光绪十二年(1886 年),英租界工部局董事长德璀琳以最大股东的身份拆除了不合时宜的泥屋饭店,在原址上盖起了一栋三层砖木结构的具有哥特式风格的豪华宾馆,取名利顺德饭店。

进入民国时期,环球饭店的生意依旧很兴隆,但其更名皇宫饭店的时间,史料不详。1923 年出版的《商业汇编》中记载了一些天津知名的旅店、餐馆,可见环球饭店当时已经更名,如:"苏闽大安栈(法租界)、利顺德(英中街)、乐利旅馆(日租界旭街)、大来饭店(法租界)、中外饭店(法租界)、雅园饭店(日租界芙蓉街)、裕中饭店(法租界)、中华饭店(日租界)、皇宫饭店(英租界)、义和成饭庄(南市)、会宾楼饭庄(南市)、明湖春饭庄(南市广兴里)……"

苏联军事顾问印象中的维多利亚大街

1924 年 10 月,冯玉祥推翻直系军阀控制的北京政府,将所属部队改编为国民军。1925 年 3 月,国民军在李大钊等中国共产党领导人的建议和影响下,向苏联政府提出的援助武器弹药并派遣军事顾问和教官的请求得以实现,从而走上了反帝反军阀的道路。此后不久,维·马·普里马科夫、阿·瓦·勃拉戈达托夫等苏联军事官员来到天津,协助冯玉祥的军队接收和运输武器。

普里马科夫生于 1897 年,曾任列宁格勒高等骑兵学校校长兼政委。文史专家王勇则在《国民军中的苏联顾问在天津》一文中介绍,普里马科夫第一次是 1925 年 4 月 20 日乘船顺着白河到达天津的。第二次是 1925 年 7 月 3 日,并下榻维多利亚道上比较高档的"阿斯托豪斯"旅馆。这条街道上的热闹市井吸引着普里马科夫,他后来在回忆录中说,那些欧式房屋的正门挂着中文牌匾,上面还巧妙地刻上一些洋文。在商店明亮的橱窗上,悬着五光十色的电灯,都安在画着龙和各种怪物的中国式宫灯上。一群群外国人在人行道上闲逛着,而电影院招贴画预告着卓别林即将在影片中表演万古流芳的步伐和无与伦比的手杖。一群被招雇来的赤脚的中国男孩，背着鲜艳夺目的广告牌，高喊着："卓别林的杰作！""笑料的晚会！"

勃拉戈达托夫生于1893年，俄国国内战争期间曾任炮兵营长。1925年4月在苏联工农红军军事学院就读时奉命来华。1926年1月30日，勃拉戈达托夫来到天津，担任已经移师到天津的国民军第二军步兵师师长邓宝珊的顾问，当时住在皇宫饭店。在津期间，勃拉戈达托夫邂逅了普里马科夫，了解了天津的新形势。

后来，普里马科夫出版了《一个志愿兵的札记》，勃拉戈达托夫出版了《中国革命纪事1925—1997年》等回忆录。

闻人刘大同办画展

20世纪30年代初，一代名流刘大同在皇宫饭店举办画展并将收入捐赠给受灾的山东家乡。

刘大同（1865—1952年）原名建封，号芝叟道人，山东诸城芝畔村（今山东安丘市景芝镇）人，曾任奉天候补知县、安图县知县，后来参加了同盟会。辛亥革命以来，他又追随孙中山投身革命。刘大同晚年寓居天津法租界义庆里，不谈时政，潜心研习金石书画诗词，尤其以画梅最为见长。刘大同与吴昌硕、徐悲鸿交往甚密，1930年，刘大同与徐悲鸿曾合作《梅石图》，大同画梅，悲鸿补石，传为艺坛佳话。

进入30年代以来，刘大同的家乡饱受旱灾、荒灾、水灾之苦，生灵涂炭，爱乡心切的他将自己所藏名贵金石拓片、书画作品，以及他与名家合绘之作悉数捐出，由山东旅津同乡会在皇宫饭店（后至上海潮州会馆）举办了金石书画义展，所得款项全部捐献给灾民，其善举为世人称道。

新中国成立后，中央人民政府副主席李济深专程来天津看望过刘大同，共庆中国获得新生。

电影表演艺术家林默予的"娘家"

成功饰演电影《红楼梦》中贾母一角的著名电影表演艺术家林默予1924年

生于北京,自少年时代就与天津结下了情缘。林默予第一次到天津是在 30 年代初,她的父亲从淮阴来到天津的一家律师事务所做职员,母女二人也一同前来。林家住在法租界葛公使路(今滨江道)东亚医院旁、维斯理教堂对面的竹荫里 14 号,少年林默予就在距家不远的圣功小学读书。

1945 年春,林默予和相恋已久的演员周楚准备结婚,当时,林默予和母亲在北京居住,而周楚的家在天津,所以婚礼要在天津举行。于是,林默予把母亲接到天津,住在了皇宫饭店的客房里,饭店也成为了她临时的却很体面的娘家。

林默予的母亲信奉基督教,提议婚礼应在教堂举行。周楚的母亲信奉佛教,主张婚礼要在家里拜堂成亲。林默予和周楚恪守孝道,周楚先到皇宫饭店迎娶林默予,然后二人前往教堂,由牧师主持仪式,再到周家拜堂成亲,如此举行了一个圆满的中西合璧的婚礼。

(由国庆)

裕中饭店故事多

熙攘繁华的解放北路是老天津法租界最主要的街道,时称大法国路,这里是从老龙头火车站、海河码头抵达市区的必经之路。1922年,裕中饭店在这条路与七月十四日路(今长春道)的交口建成开业。

饭店大楼是由英国同和工程公司爱迪克生与达拉斯二人设计的,最初的规模并不大,但其地理位置极其优越,是大法国路北端第一家高级酒店。

改扩建适应发展

随着饭店营业日盛,客流量大大超出了原有的设计能力,于是进行了改扩建并加层,占地面积进而达到1900多平方米。修缮一新的裕中饭店为三层砖混结构,是一座具有现代主义风格的建筑。大楼为平屋顶,外观正立面采用对称手法,但稍有变化。主入口有大理石台阶,大门两侧建有塔司干式的圆柱,还建有宽大的雨篷。一层开设有拱券形窗子,二层与三层为双窗,层层设挑檐,彰显着一种韵律感,外檐顶部中间设有断檐折叠式拱形山花和三角形山花。

饭店内部有150多个房间。一层设有营业厅、主任室、阅览室、衣帽间、休息室、理发室、小卖部等,客房分为一般客房和少量带卫

大法国路上的裕中饭店(山本照相馆摄)

生间的高级客房。另外,一层的局部还有地下室。二层和三层大部分是高级客房。

裕中饭店很快扬名津城,1926 年出版的《天津快览》中介绍了多家英、法租界内的"西人饭店",如利顺德饭店、裕中饭店、中外饭店、皇宫饭店、大来饭店等。

美国退还"庚款"会议在此举行

裕中饭店是老天津风云际会的场所。1925 年 6 月 2 日至 4 日,中华教育文化基金会在这里举行会议,通过了美国退还"庚款"的决议案。此话还要从头说起。

八国联军攻占北京后的清光绪二十七年(1901 年),美、英、法、德、意、日等 11 国强迫清政府签订了屈辱的《辛丑条约》。条约规定,清政府要向各国赔偿 4.5 亿多海关两白银,分 39 年偿清,本息合计 9 亿 8 千多万两,这便是近代史上的"庚子赔款"。《辛丑条约》签订后,西方列强在"庚款"的分配比例上争执不下,曾历经多次谈判。

美国政府审时度势,从对华门户开放的角度出发,主张"更多的优惠和行政改革要比大量的金钱赔偿更合乎需要"。所以,美国表示愿意按比例削减赔款额,并多次指示驻华公使劝说其他列强减少款额,其结果却没有得到其他国家的响应。1908 年 12 月 14 日美国总统发出命令宣布退还中国部分"庚款",希望以实际行动促使其他国家一同退款。12 月 31 日美国驻华公使将此事宜通知了清政府。

最初的退款事宜是由美国在华的花旗银行来完成的。1924 年 5 月,美国决定第二次退款,为保证款项不被民国政府纳入国库,美国方面要求中国特设一个机构来管理,中美双方因此于 10 月 1 日正式成立了中华教育文化基金会,由中方 10 人、美方 5 人组成董事会。首届董事会中方成员为颜惠庆、顾维钧、施肇基、范源濂、黄炎培、蒋梦麟、张伯苓、周诒春、丁文江、郭秉文;美方成员为杜威、孟禄、顾临、贝克、贝纳德。1925 年 6 月 2 日至 4 日,该基金会在天津裕中饭店举行会议,会上通过了美国退还"庚款"的两项决议案:其一,以发展科学知识及此项知识适于中国情形之应用,其道在增加技术教育,科学之研究、试验与表证及科学教学法之训练;其二,促进有永久性质之文化事业,如图书馆之类。这次会议在中国外交史、教育文化史上均产生了一定的影响。

梁实秋、叶公超下榻帝国饭店

1937年卢沟桥事变爆发,7月29日北平沦陷,身在京城的作家梁实秋与妻子程季淑经过商议,决定只身先行经天津转赴南京,鉴于时局动荡,梁实秋还当即写下了遗嘱。梁实秋在后来的《槐园梦忆》中并没有提到所乘列车的具体时日,只是"等到平津火车一通,我立即登上第一班车"。

同行的有梁实秋的好友叶公超。早在1918年,叶公超入学天津南开中学,1920年赴美国留学,获得麻省赫斯特大学学士学位。此后,他相继转赴英国剑桥大学、法国巴黎大学深造,于1926年归国,担任了北京大学英文系讲师。自1927年后的数年中,叶公超还担任过暨南大学外国文学系主任、吴淞中国公学英国文学教授、清华大学外国文学系教授等职。1935年,叶公超再次回到北大讲授英文。

梁实秋与叶公超事先约好,在车上保持沉默,但后来发现同车还有10多位学界的朋友。从北平到天津的短短一段路让梁实秋饱受颠簸,火车从清早出发,直至"暮夜"才到达天津。出了火车站,梁实秋与好友"都住进了法租界帝国饭店"。

在饭店休息了一夜,梁实秋旋即搬到在津的好友罗隆基(努生)、王右家夫妇的寓所。王右家是程季淑1922年任教北平西城石驸马大街女高师附属小学的学生。梁实秋在罗隆基、王右家寓所"下榻旬余月",彼此聊天的过程中还谈及当年程季淑每逢周末必梳妆一新在学校会晤梁实秋的往事。在天津的梁实秋也一直收听着战事消息,并在地图上不断插标红白两色的小旗子来关注时局发展。

1937年8月中下旬,天津《益世报》经理生宝堂因宣传抗日被日本特务在万国桥附近逮捕并惨遭杀害。这一消息让梁实秋大为震惊,认为天津并非久留之地,随后与罗隆基乘船奔赴青岛,又转道济南最终抵达南京。

(由国庆)

严复、胡适下榻裕中饭店

英商裕中饭店(IMPERIAL HOTEL LTD.)坐落在法租界大法国路(今和平区解放北路)及柏公使河坝(QUAI A BOPPE)(今张自忠路)交口转角处(今和平区解放北路2-4号),与万国桥(今解放桥)相邻。裕中饭店原名"天津殖民地饭店有限公司",1906年6月15日由股东会议决定将公司名称改为"天津裕中饭店有限公司"。饭店地处法租界,是著名西餐馆,设备豪华,距离号称"东方小巴黎"的梨栈(今劝业场一带)很近,离老龙头车站(今天津东站)也很近,营业繁荣。1922年拆除旧房建造新的裕中饭店大楼。新大楼由英商同和工程司(ATKIN-SON&DALLAS)爱迪克生(Atkinsun)、达拉斯(Dallas)设计,大楼为砖混结构三层平顶,局部带地下室,面向解放北路,平面呈长条状,层层设挑檐,将建筑物横分为三段。外檐主入口两边分设塔司干式圆柱,外侧以牛腿承托拱形雨厦,二层布置横向壁式列柱,三层以简化壁柱与二层相对应,顶部中央配置断檐折叠式拱形图案山花,两端配以三角形山花,上下呼应,形成对称格局,富于韵律感。入口处立面凸出,突出中心部位。首层是营业厅、经理室、阅览室、休息室、衣帽间、理发室、小卖部。二、三层以客房为主。地下室有档案室、储藏室、厨房、锅炉房及职工宿舍等。全楼建筑面积5337.26平方米,占地5.759亩(1839.34平方米),共150个自然间。

1941年12月太平洋战争爆发后,裕中饭店被日本强占,一度改为"帝国饭店",1945年日本投降后收回并恢复原有裕中饭店名称。但房屋多处需要修理,费用甚大。1950年4月17日饭店停业,将房屋及家具租与华北供销合作总社供应经营处,后为公产,由天津针织品采购供应站使用(今帝豪大酒店)。目前该建筑外观变化不大,2009年再次进行了修缮。现为市级重点保护的历史风貌建筑。

据严复《辛亥日记》记载:1911年11月9日(九月十九日)下午,严复离开北京,来到天津,原拟避居租界,后知津郡此夕最危,租界避兵,人极众,至无借宿地。不得已,乃寓裕中洋客店。此时,李家驹函告:"京师现在无事",请资政院各议员早日回京开会。11 月 11 日(九月二十一日),"午前严复在下榻的原裕中洋客店(即裕中饭店,笔者注)见德璀琳(天津税务司,笔者注)。午后见纳森(开滦矿务局总经理,笔者注),许以秦皇岛房屋借助。"11 月 12 日(九月二十二日),严复接到资政院总裁李家驹请"回京开会"之函后,与三子严王虎从天津折回北京。

另据《胡适书信集》(上)记载:民国十五年(1926 年)5 月 23 日—24 日胡适之先生下榻天津裕中饭店。5 月 23 日在旅馆里读鲁迅的《热风》,5 月 24 日给鲁迅、周作人、陈源写信。据胡适生平记载:1926 年胡适 36 岁,从 2 月至 7 月中旬,参加"中英庚款顾问委员会"的"中国访问团",从上海到汉口、南京、杭州、北平、天津、哈尔滨等地访问,5 月正在天津访问,下榻裕中饭店。

(张绍祖)

天津第一西餐数"大华"

在 20 世纪 20 年代末的天津,在大名鼎鼎的起士林饭店附近,敢号称"招牌代表全津第一西餐"的饭店恐怕只有大华饭店一家了。

大华饭店是 1927 年开业的,位于圣鲁易路(今营口道东段)和达文波道(今建设路)交口处法租界一侧,与大法国路(解放北路)紧邻。传说,大华饭店是爱上张学良的赵四小姐的哥哥赵道生开办的。大华饭店的匾额为津城美术名家左次修所刻,另外的招牌设计也洋溢着欧式风格。

广告送出创品牌

开业伊始,大华饭店便发出了迅猛的广告攻势,"破天荒,纯西式,最华贵——西餐、跳舞、屋顶花园",仅以《北洋画报》为例便可见一斑。大华的广告一般在头版淑媛美女大幅照片的下方,非常醒目,期期不落,形成连贯效应,非同凡响。大华饭店的营销思路更是细致入微,而且充分结合了时令,让人倍感亲切。夏季,大华说:"今年闰六月,延长了夏天,欲消暑纳凉可到大华楼头。"秋凉了,大华道:"饮食最宜谨慎,大华饭店西菜、饮水清洁卫生,讲卫生者尽乎来。"不仅如此,新学年开始的日子也让他们找到了噱头:"秋季来了,诸位同学升班的升班,入学的入学,可喜又可贺……读书要用心,上课要勤奋,勉之再勉之。大华西餐强身又补脑,爽神亦舒气,去吃快去吃。"大华饭店还曾推出过商务套餐,按份售卖,经济快捷。

1928 年 5 月 21 日的《益世报》报道说:"大华饭店屋顶花园自开幕以来,每晚中西士女往者极为拥挤,营业愈振。"这段时间,大华饭店还向每天晚上前来就餐或喝咖啡的顾客赠送一个咖啡匙。咖啡匙由英商利威洋行特别承制,精细玲珑,装潢考究,让太太小姐们爱不释手。

1930 年六七月间,大华饭店举办了系列活动庆祝开业 3 周年,其中最吸引人的一项是大抽奖,在大华消费的顾客可以获得有奖餐券。7 月末,号码开出,头奖 38 号获得了 100 元大洋的高额礼券,末奖 9 号也得到 5 元礼券。饭店将获奖号码连日公布在报纸上,表面上是期盼获奖者前来领奖,实则是很好的宣传。

天津本地西餐经营者在学习借鉴的过程中,还特别注重西餐国产化的推进。1930 年 8 月初,大华饭店提出了"国质西餐"的口号,言称他们从即日起在不影响西餐正宗口味的前提下,尽量采用国内食材,这样既可以提倡国货,又可以避免金融动荡带来的成本加剧,为食客提供一如既往的精致口味。

名流纷至沓来

大华饭店名声在外,军政要人、富商名流、文人墨客频频驾临,他们在这里既可以享受到精美的西餐、咖啡,还可以跳舞交际,举办书画展览,可谓别具风情的休闲娱乐文化会所。

1927 年 8 月初,一种名叫"人蛙"的"奇妙"表演在大华饭店拉开帷幕,门票 5 角,进餐者可以免费观看。月末,闻名欧美的波兰赤脚舞演员丝丽娜姐妹来到天津,来到大华饭店表演。当时的报道说:"每晚在该饭店奏演各种香艳舞……玉骨冰肌,其一种妩媚姿态,尤足动人心目。"期间,前总统黎元洪也前来就餐。

袁世凯之子袁克文(民国"四大公子"之一)喜欢美食,曾特别为大华饭店题词:"满足清净"。

1930 年 11 月初,京剧名家梅兰芳、杨小楼来天津参加一次赈灾义演,天津有关方面选择在大华饭店为二人举办了隆重的欢迎宴会。梅兰芳由美国取得博士学位归来,1939 年途经天津时再次来到大华清唱,到会名流颇多,宾主相谈甚欢。余叔岩、尚小云等也曾在这里清唱、谈艺,佳话迭出。又如,1930 年 8 月初,毕业于北平艺术院的三位画家组成的寒友画会在大华饭店举办了中西画展,颇受京津艺坛好评。

据说,大华饭店只经营了 3 年多便因故停业,1938 年由寿德大楼的业主胡氏兄弟接办再度开业。

(由国庆)

起士林·袁世凯·张爱玲

清光绪二十六年(1900年),八国联军攻占了天津城。在德国兵营的伙房中,有个二等兵阿尔伯特·起士林,据说参军前曾是德皇威廉二世的御用厨师。传说1896年李鸿章访问德国时,阿尔伯特·起士林亲手为他做过西餐。不过,起士林的名字为天津人所知还与袁世凯有很大的关系。

得益袁世凯扬名

袁世凯督直后,为了与各国驻津外交官搞好关系,经常在天津举行酒会。中餐吃过几轮后,袁世凯想到了请洋人吃西餐,于是阿尔伯特·起士林应袁的邀请出山,这次阿尔伯特·起士林可是动了一番脑筋。他在各国菜系中精选了法、德、俄等国的几个拿手菜,冷菜、热菜互相补充口味,又精心调配了开胃的红菜汤,袁世凯和各位政要吃得笑逐颜开。高兴之余,袁世凯想见一见为他做菜的洋厨师,一来表示对他菜品的满意,二来让在座的洋人看一看袁总督待人接物的礼数。

阿尔伯特·起士林不愧为御用厨师,不但菜品做得好,而且礼仪掌握得很有分寸,再加上他在中国这几年会说比较流利的汉语,让袁世凯非常高兴,于是袁世凯让人拿出100两银子赏给他。受宠若惊的阿尔伯特·起士林没有顾上自己还穿着厨师的衣服,双脚一碰,抬手向袁世凯行了一个军礼表示感谢,标准的军姿和不和谐的服装形成了十分滑稽的反差,逗得在场人一阵大笑。转天,这件事就在天津城流传开了,一时间,对于阿尔伯特·起士林做西餐的技术越传越神,许多天津有钱人都恨不得也亲口尝尝西餐是个什么味儿。

脱掉戎装开餐馆

有了这样的"铺垫",阿尔伯特·起士林又得到100两的赏钱后,决定在天津

195

开一家西餐馆。光绪二十七年(1901年)夏天,他在法租界维多利亚道(今解放北路)上的一间百余平方米屋子里开办了一家西式餐馆。为了开餐馆,阿尔伯特·起士林还颇费了一番脑筋,先请袁世凯之子袁克定说情让他从军队退伍,来到袁家做私人厨师,后来又得到在津德国人汉纳根和天津买办高星桥等人的资助,才使心愿变成现实。

起士林西餐馆开业后,除了供应德式、法式大菜,还自制精美的糖果和面包。阿尔伯特·起士林掌灶,妻子做服务员并且雇了一位名叫罗里斯的德国人当助手。开业伊始,起士林西餐馆的生意非常好,每天的就餐时刻,座无虚席。此外,起士林制作面包和蛋糕的技术更得到了发挥,经过高星桥的介绍,起士林还承包了津浦铁路线的面包供应。随着铁路线的延伸,起士林西餐馆的名声也传遍中国各地。

为袁世凯庆生

起士林西餐馆后来迁址到光陆电影院(后来的北京电影院)对面。搬迁的原因是两名衣着不整的法国士兵进了餐厅,阿尔伯特·起士林的妻子菲蒂赶忙前去劝阻,没想到法国士兵不但不听,而且对菲蒂和餐厅大加指责和羞辱。阿尔伯特·起士林气得与法国士兵打了起来,导致了所有吃饭的法国人在起士林的群殴。最后,法租界官员勒令阿尔伯特·起士林在三天内将餐馆迁出法租界,否则把他们强行赶出去。

起士林西餐馆新址开张后,生意不但没受影响,反而更加火爆,除了各国侨民和官员经常光顾外,天津的达官显贵对起士林西餐馆也是格外偏爱。袁世凯过46岁生日时将起士林餐厅整个包了下来,阿尔伯特·起士林按照西方的风俗布置会场,使得会场气氛高贵典雅,博得了袁世凯的夸奖。所有人品尝了他的拿手好菜后,阿尔伯特·起

起士林咖啡馆

士林又捧出一个小山般的多层蛋糕,点燃的蜡烛在餐厅里烛光摇曳,照映四壁异彩生辉。如此美丽的蛋糕,一层层金字塔式的堆砌,黄灿灿的塔底雕满了花纹,塔顶镶嵌一个"寿"字,四周缀满了奶油制成的鲜花,看得人眼花缭乱。从此以后,天津的有钱人每逢生日,都想着到起士林餐厅庆贺一番,而且点名让阿尔伯特·起士林制作一个别具特色的生日蛋糕。

据说,黎元洪在天津过生日时,让起士林送去一个方形"寿"字蛋糕,大大的蛋糕四周缀满 48 个小"寿"字,五颜六色点缀其间,简直就是一件艺术品。据说袁世凯知道后,大为妒忌,转年又让起士林做了一个比那个还大的蛋糕才算罢休……

故事如咖啡香气一样绵长

20 世纪 40 年代,著名女作家张爱玲曾住在上海南京西路附近黄河路上的卡尔登公寓,在这里她写了电影剧本《不了情》《太太万岁》和小说《十八春》等。对这里张爱玲有一段很美好的回忆,她说"在上海我们家隔壁就是战时从天津新搬来的起士林咖啡馆,每天黎明制面包,拉起嗅觉的警报,一股喷香的浩然之气破空而来……"

或许是上海商人也被天津咖啡的香气吸引了,1945 年上海锦华烟草公司以天津为销售中心,将新品香烟定名为咖啡牌,行销于华北、西北各地,大为获利。

新中国成立后,起士林曾接待过包括毛泽东、刘少奇、周恩来、邓小平、聂荣臻、邓颖超、廖承志等一大批国家领导人以及柬埔寨国家元首西哈努克、美国前总统布什等外国政要和众多国际友人。另外,北京著名的莫斯科西餐厅、新侨饭店初创时的技术骨干主要来自起士林,可见百年历史的起士林魅力不减。

直到今天有情调的外地人来津时,还希望到起士林坐一坐。一样的西餐一样的咖啡,到了起士林就觉得味道变得很独特,这是很多人的感觉,为什么呢?因为这座建于百多年前的西餐馆,从始建至今依然原汁原味地保留了自己本质的东西,即使经历了百年风雨它还是它,独有的风情与文化、独有的浪漫与传奇,当走进大门那一刻起,它留在人心里的滋味与感觉不仅是在西餐与咖啡里,更在它只可意会的氛围中。

(由国庆)

DD 餐厅及其他特色美食

20 世纪 20 年代的天津已是北方最繁华的时尚都会，特别是 1928 年以来，市中心英租界、法租界维多利亚路、大法国路、小白楼、梨栈等主要街区的繁华程度绝不逊于十里洋场大上海。1926 年出版的《天津快览》中介绍了多家英、法租界内的"西人饭店"，如利顺德、裕中饭店、中外饭店、皇宫饭店、大来饭店等。时至 30 年代，天津大约有西餐馆 38 家，其中法租界占 23 家（其中咖啡厅、洋酒店、西点店 13 家），英租界占 8 家，另外的一些特色小店也不胜枚举。

大小西餐馆或兼营西餐的酒店招牌闪烁街衢，西式美味花样繁多，高中低档的西餐、饮品各具特色，受到不同阶层人士的普遍欢迎。天津已成为中外宾客乐于前来的美食娱乐之都。

DD 餐厅

1943 年，意大利人经营的 DD 西餐厅在英法租界相邻的中街（原解放北路 25 号、滨江道交口）开张纳客。DD 西餐厅所处的这栋楼宇建于 1927 年，为四层砖混结构，上有坡屋顶，下有拱券式通廊，层次丰富，布局严谨。DD 餐厅不仅将铁扒杂拌等西餐名菜率先引入天津，更以意大利面而著称天津。店中虽然座位不多，但充满异国情调。

说起意大利面，它可能是西餐中最接近天津人饮食习惯，最容易被接受的美食。DD 餐厅烹制的意大利面选材纯正，采用的进口杜兰小麦是最硬质的小麦品种，具有高密度、高蛋白质、高筋度的特点，制成的意大利面通体亮黄，耐煮，口感非常好。DD 餐厅意大利面的形状除了普通的直身粉以外，还有螺丝形的、弯管形的，口味也相当出色。

米格士香肠店

老天津口味最佳的香肠非"米格士"莫属。米格士香肠店位于英租界维多利亚道南端小白楼狄更生道(今徐州道)先农里,它的门面不大,店主是波兰人。米格士自产自销各味欧式香肠,特别擅长制作盐水卷肉火腿,从工艺到滋味皆非俗流,有很多回头客。店主在民国末期回国后,米格士转由一位田姓师傅经营。因白俄人陆续回国,店中原有的牛肉肠逐渐出现滞销,米格士于是在原有的基础上进行改良。制作时将上佳牛肉绞成细细的肉糜,然后添加香辛料、食盐、蒜蓉与淀粉,临灌制前再加入肥猪肉小丁,经过水煮、火烤,待肠皮表面皱起核桃纹的状态时才出炉。这种新式火腿肠鲜香适口,咸淡适中,由于外皮干爽易于保存,一经推出,旋即大卖。米格士其他的香肠品种也不断添新,工艺更加考究,俄式、意式、法式香肠深得各界好评。不仅如此,米格士在圣诞节期间还代客加工烤全鹅、烤全猪、烤火鸡等,食客络绎不绝。

米格士的美味一直飘香在津城,店面在"文革"期间更名为立新食品厂,产品照样行销天津,并不断发展进步。米格士老店原址直到1994年才消失。

西华园点心店

在西点面包方面敢与起士林、维格多利等名店抗衡的,要数英租界开滦胡同(今开封道)上的西华园食品店。店家姓尚,与他合伙开店的几个人都曾在英国人开设的面包房里做过学徒。西华园自制的西点、面包从选料到技术绝不马虎,口味出众,价格合理,顾客众多。

西华园的布丁点心、门丁点心最知名。甜软的布丁黄油味浓郁,门丁的馅心细腻可口,特别受到孩子和老年人的欢迎。还有一种两头尖的微咸口味的小面包很便宜,最让学生们垂涎。西华园销量最大的是"大列巴"黑面包和土司面包,还有花式西点、生日蛋糕、各味饼干等,皆为现烤现卖,每到傍晚,面包、西点全部售罄,如此情形给不远处的维格多利、起士林的生意曾带来了不小的压力。西华园想顾客所想,与面包配餐的果酱、黄油、奶酪等也有代销。20世纪50年代公私合营以后,西华园逐渐失去特色。

(由国庆)

泰莱悌与泰莱饭店

旧天津的租界地是冒险家的乐园,许多外国流浪汉只身来到天津,时间不长就成了百万富翁。英籍印度人泰莱悌在本国一无所有,实在混不下去了才来中国淘金。在来津后的 40 余年里,他巧取豪夺,从无到有,由穷变富,竟成为显赫一时的巨富,更因盖起了在当时仅次于利顺德大饭店的泰莱饭店而闻名津城。

贿买国籍开办洋行

泰莱悌(索拉布·巴满基·特拉地 S.B.Talati),1879 年出生于印度孟买的一个农民家庭,自幼依靠舅父供给读书,高中毕业后辍学在家,闲荡数年后,便产生流浪国外"淘金"的念头。1900 年八国联军入侵中国后,他与一些印度人结伴来到天津。

初来津时,泰莱悌寄宿于印度庙(今郑州道一带),后为英国兵营供应新鲜鸡蛋。泰莱悌是个肯吃苦、善动脑的人,而且能讲一口流利的英语,颇得英国官兵的赏识,遂被兵营当局指定办理营内的小卖部,收入渐丰。有些积蓄后,他便在德租界起士林点心铺旁租了一间房子,又在附近的空地上盖了八间土房,购置了几部旧式马车,雇了几个印度人开设了永昌泰马车行,做起了出赁马车生意。1908 年前后,泰莱悌在英租界维多利亚路(今解放北路),租赁了一个铺面开设永昌泰洋行,专售中外烟酒、罐头食品等。在做生意时,他发现有些人非常瞧不起印度人,交易中,也常因他是印度人而吃亏。为了提高自己的社会地位,他通过驻津英领事馆花钱买了一个英国国籍。

随着洋行生意的日渐火爆,财富与日俱增,他又开始涉足房地产和放高利贷。他放债有一个特点,就是必须以房产作抵押品,在债户无力如期偿还时,就以抵押的房地产折债。民国以后,由于军阀连年混战,政局动荡不安,一些官僚富商先后在租界置产建房,因而造成租界的地价日益上涨,他以房地产抵押的放债,不但不怕负债人赖债,而且由于地皮涨价而大获其利。

经过不到 20 年的时间,他完成了资本的原始积累,跻身于天津的上流社会。

经营饭店涉足影院

天津被辟为通商口岸后,外国商人来津做生意或游历的人络绎不绝,当时天津一流的旅馆只有利顺德饭店,远远不能满足市场需求。1927 年,泰莱悌与开食品店的莱德劳(Laideaw)共同出资 50 万元,建造了一幢五层楼的大旅馆,起名泰莱饭店(解放后改为天津第一饭店)。泰莱悌经营楼下餐厅及二三楼旅店部,莱德劳掌管四五楼的公寓。开业不久,由于自来水水压不足,四楼以上经常上不去水,自认倒霉的莱德劳只得自己安装了一部压水机昼夜不停地往上叫水。但机器的隆隆声又影响了泰莱悌三楼的客房,不得休息的旅客纷纷向泰莱悌退房。蛮横的泰莱悌强令莱德劳拆除压水机,莱德劳则以没有压水机四五楼便无法营业为由而不肯拆除,二人遂发生激烈争执。最终财大气粗的泰莱悌硬是逼

泰莱饭店

着莱德劳撤出了饭店股本。从此,泰莱悌便独揽了泰莱饭店营业权。1936年,泰莱悌取得了饭店北侧的土地,并增建了六层楼房,与既有建筑连同形成一体,成为当时规模较大的综合性饭店。该建筑由比商义品公司设计,钢筋混凝土框架结构。首层为商业用房,二层设写字间,三至六层为公寓,每套公寓均设有会客室、餐室、厨房、卫生间,高档公寓还设有备餐室和佣人房间。外檐立面设计简洁,大面积粘贴黄褐色麻面面砖,相间布置水刷石方壁柱,局部装饰简约古典纹样。建筑整体感强,造型典雅,色彩和谐,具有典型的现代建筑特征。

撤出股本后的莱德劳继续靠经营食品店谋生,但连连亏本,及至1939年水灾中,他更是损失惨重。于是,在一个深秋的夜晚,他一头跳进了海河。莱德劳死后,泰莱悌每月都要派人给莱德劳的印度籍妻子阿龙(Piyojar Hormusjee)送去生活费,泰莱悌死后,由其堂弟杰姆·泰莱悌(J.M.Talati)继续坚持到1951年阿龙回国。为此,阿龙一直称泰莱悌为"恩人",但也有人说,是泰莱悌夺了莱德劳的产业,才把他逼上了绝路!解放后,当有人问起此事时,阿龙神情黯淡地说:"过去的事,我不想再提了,只记得这十几年,我一直是靠泰来悌赠予的月钱过生活。"

1935年,在大光明影院旁,泰莱悌重建了永昌泰洋行、仓库和公寓式住宅。该洋行以经营房地产和放高利贷为主业,兼营泰来饭店和大光明影院。该洋行属于家族经营性质,泰莱悌自任经理兼董事长,持有40%的股份,其堂弟杰姆·泰来悌、亲戚达尔博(Darab)、邓奇侠(Dhunjishan)任副经理。

富裕后的泰莱悌没有忘记家乡父老,他在孟买投资兴建了一个规模很大的烟厂,由其舅父经营,产品行销印度全国及海外,远近驰名。安置了本族和乡亲多人在厂内工作,帮助解决了生路,于是,村民便把村名改为泰莱悌村。

事业滑坡,客死异乡

1941年12月太平洋战争爆发后,永昌泰洋行被日军接收,大光明影院被日商华北影片公司接管,泰莱悌、达尔博均被关押在山东潍县集中营。日本投降后,美军用飞机把关在潍县集中营的英、美籍人接到香港,1945年10月,泰莱悌和达尔博又从香港返津。抵津后,他发现曾被日军占用的永昌泰仓库里存有大量日军物资,泰莱悌没有上缴国民党政府而是偷偷将其变卖,虽然靠变卖敌伪物资有了一笔可观的收入，但由于时局动荡，物价飞涨，永昌泰洋行各项经营却是一蹶不振，从此走向衰落。解放战争开始后，他感到事态不妙，便尽量地把财产向印度及伦敦转移，并将大光明影院出租给了罗明发。

1947年，泰莱悌患糖尿病一度住院治疗，并到北戴河疗养，为了安排后事，于同年3月22日，让其法律顾问、在津的美国律师东伯利，起草了一份遗嘱。遗嘱除对其房产、存款、汽车、家具等财产逐一作了安排，还指定杰姆·泰莱悌、达尔博和邓奇侠为其遗嘱执行人，并将永昌泰洋行交给他三人掌管，达尔博任经理。

1949年春，泰莱悌的糖尿病日渐严重，经犹太医院治疗无效，于同年8月19日去世（过去出版的一些书籍，认为是1948年6月1日，经笔者考证，这是不准确的）。在犹太教堂举行告别仪式，葬于教堂后的空地上。棺木下葬时，大光明影院的工友伊萨森不无感慨地说："泰莱悌你两手带走了多少英镑？多少美金？"

泰莱悌死后，其妻凯亚·索拉布·泰来悌、女儿爱达到澳大利亚小住。泰莱悌虽有大量房产，却并未留下多少现金，按遗嘱，达尔博应定期为她们汇款，因永昌泰洋行亏累过重，没有现金支配，达尔博时常延误汇款，在多次来信催要无效后，她们母女二人只得移居英国伦敦。

人民财产归人民

天津解放后，永昌泰洋行已不能正常经营，只得靠变卖产业和出租房屋维持，1950年，泰来饭店宣告歇业，大光明影院更是负债累累，承租人罗明发因交不起租金，多次提出交还，杰姆·泰莱悌则称，影院租金可以不要，只请你代为管理。

为获得我国对外国人房地产的内部政策，伺机出售房屋，在拍卖时提高房价，以弥补土地收回的损失，以及解决租赁纠纷等方面取得特殊便利，在1950年和1951年，达尔博、邓奇侠先后向我外事干部两次行贿，后被公安机关查获。1954年10月，天津人民法院对他二人处以相应罚金，并限其于同年11月13日出境。达尔博、邓奇侠遂于10月22日离津赴港。行前，达尔博对洋行大小事务逐一作了交待，嘱咐杰姆·泰莱悌"好好管理洋行"，并要洋行员工"好好跟着二老板干，干好了加薪三倍"，妄图日后回来东山再起。与此同时，洋行隐匿及变卖物资的罪行也被知情群众举报,经法院调查属实,除追缴货款外并处以罚款。从1949年下半年至1954年初,洋行已欠政府税款及滞纳金近3000万元,拖欠职工工资、租户代垫之修缮费也达数千万元。

年近七旬的杰姆·泰莱悌的妻儿都在伦敦,自己在津独居多年,此前,曾提出回国请求,想尽快脱身出境与家人团聚,但因与警方正在调查的一桩外侨案有关联,而未得政府获准。接管洋行后,他一直饱受洋行负债问题的困扰,随时想脱身回国。在公安部门查清案件与他无关后,杰姆·泰莱悌便立即将公司交给罗明发代理,恳切地对罗说:"这个公司全权交给你,你的任何做法我都同意。"1955年8月3日,杰姆·泰来悌(J.M.Talati)出境回国。

被影院弄得焦头烂额的罗明发,本无意接管永昌泰洋行这个烂摊子,接手后又终日纠缠在债务之中。于是,同年9月14日,罗明发申请将永昌泰洋行全部财产移交给天津政府管理,"以抵偿永昌泰洋行、大光明之欠税、欠薪、租户代垫之修缮费及解决职工困难诸问题"。11月14日,永昌泰洋行正式转让给了天津房产公司。泰莱悌掠自中国人民的财富,理应回到中国人民的手中。

(周利成)

佛照楼的名人缘

"初登海舶到天津，土语模糊听不真。紫竹林边多客馆，名缰利锁两般人。"这是清末唐尊恒写的一首七言绝句。当年的佛照楼正是诗中所称紫竹林客馆中的一座。

佛照楼是天津一家老旅馆。张焘所撰《津门杂记》卷下说："天津为水陆通衢，旧有客店在西关外及河北一带，约有数十家。自通商后，紫竹林则添设轮船客栈十余家。粤人开者居多，房室宽大整洁，两餐俱备。字号则有大昌、同昌、中和、永和、春元、佛照楼等。每有轮船到埠，各栈友纷纷登舟接客，照应行李，引领到栈，并包揽雇马车、写船票及货物报税等事。此外又有山东客栈，如人和、协和、信合、四合等字号，专接登莱、青、东三府商旅栖寓云。"《津门杂记》初刻于光绪十年（1884 年），"客栈"一节中特别提到了佛照楼，这说明这家旅馆至迟在清朝光绪年间已经存在，而且从书中记述来看，该旅馆的东家为粤籍人氏的可能性极大。

这家旅馆何以取名"佛照"？笔者翻阅清人徐兰描述紫竹林的诗作，从中得到了启示。诗中有云："住锡闻今日，招寻曲径通。当门双树老，照佛一灯红。泉汲天心月，葵亨爨下桐。镇山无宝带，清话海云红。"从地理位置上看，佛照楼当在紫竹林寺庙之北，想必是店主撷取该诗中的"照佛"，将两字颠倒一下，即为"佛照"；且取此名也恰有佛光普照、佛陀护佑之深意。

佛照楼的具体位置当在老天津金融街今解放北路与吉林路之间哈尔滨道路北的地方，即哈尔滨道 48 号楼。此楼大体呈坐北朝南之势，砖木结构，是一处封闭式二层中式旅馆建筑，其特点是中空外廊式样。楼房占地面积 830 平方米，建筑面积 1660 平方米，整体呈长方形布局，院内四面楼房，三面木制回廊，顶部原有玻璃罩棚，是一处典型的旅馆式老楼。

佛照楼不仅以历史悠久著称,更以与多位伟人结缘而名扬天下。孙中山、毛泽东、周恩来、刘少奇等都曾下榻于此。在近现代史上四位领袖级人物及多位大腕在不同时期住过同一座旅馆,这在全国也不多见。

在天津近代大事记中,1894年有两件大事不能不提,一件是影响到近代中国军制变革乃至军事史和政治史的小站练兵,另一件是孙中山北上天津,上书李鸿章。这年6月,孙中山偕陆皓东从广东经上海乘船抵津,在法租界紫竹林码头登岸后便住在佛照楼。孙中山此次来津是渴望见到李鸿章,倾诉自己的救国主张。其《上李鸿章书》集中了孙中山关于仿效西方资本主义以图中国富强的革新主张。其中指出:"欧洲富强之本,不尽在于船坚炮利、垒固兵强,而在于人能尽其才,地能尽其利,物能尽其用,货能畅其流。此四事者,富强之大经,治国之大本也。我国家欲恢扩宏图,勤求远略,仿行西法以筹自强,而不急于此四事者,徒惟坚船利炮之是务,是舍本而图末也。"他希望李鸿章采纳他的主张,实现他为国家谋富强的愿望。然而,孙中山上书李鸿章,却未获接见,提出的革新政治的主张,也遭到拒绝。在天津,他进一步看清了清政府的腐败,树立了"驱除鞑虏,恢复中华,创立合众政府"的决心。就在这年11月24日,孙中山在檀香山创立了兴中会,第一次向中国人民明确提出了推翻清王朝,建立资产阶级民主共和国的纲领,从而敲响了清王朝的丧钟。

毛泽东、周恩来、刘少奇等人与佛照楼的"缘分",在一些书中也有明确的记述。

1919年3月,时任北京大学图书馆助理员的毛泽东,为送赴法勤工俭学的留学生,从北京乘火车来到天津,住进海河之滨的佛照楼旅馆。聚会在这里的年轻人激情满怀,其间毛泽东提议去渤海湾观海,大家都很赞成。于是,一行人乘火车抵达塘沽火车站,又步行到大沽口观海潮。有的人是第一次看见海,心情十分激动。有人提议以海为题,分韵赋诗,每人一首,十几个人都即兴作了诗。据罗章龙回忆,他记得毛泽东的诗中开头两句是"苍山辞祖国,溺水投邻村"。整首诗,后来遗失了。

1928年12月,中共中央委派周恩来来津传达中共"六大"精神,整顿北方党组织。当时共产党处在地下状态,周恩来化装成商人秘密来津。到津后,更换了几处住址。1929年1月4日,在法租界西开教堂前的大吉里召开了为期三天的顺直省委扩大会议。10 日,在佛照楼旅馆主持召开了改组后的中共顺直省委第一次会议。会上明确分工,部署任务,对工作进行了具体的安排。会议由周恩来主持,与会者有刘少奇、陈潭秋和郭宗鉴等人。对于这段历史,老一辈文史专家杨大辛先生在《津门旅馆谈往》一文中则提出:"1928 年 12 月,周恩来受中共中央委派来天津组建顺直省委,传达在莫斯科召开的中共第六次全国代表大会精神,周恩来秘密来津后,住在日租界北洋饭店;转年 1 月,在法租界佛照楼旅馆举行顺直省委首次常委会,组成顺直省委。"

佛照楼作为一个有着一百多年历史的老旅馆,里面究竟住过多少位名人大家现已无从考证。如今,这里已变得苍老陈旧,甚至被分割改扮,但其原形仍依稀可见。这座并不宏伟奢华的老楼房今天仍旧熠熠生辉,为老天津金融街增添了浓墨重彩。

（章用秀）

金融街贯穿英法租界

法国兵营的青年外交官

　　今赤峰道 1—5 号是法国紫竹林兵营旧址，为和平区公布的不可移动文物，重点保护等级的天津市历史风貌建筑。"兵营"临近今解放北路，是老天津金融街上的一处重要历史建筑。兵营建筑分两部分：一部分为兵营，平面布局似大四合院，院内设有操场，单体建筑有二层、四层两种楼房；另一部分为两幢二层法国风格的军官宿舍，临海河一隅建有花园。九十多年前，一位居住在兵营的青年外交官，先后从这里发出三封给母亲的信，可以让我们了解当时兵营乃至天津的很多细节。

法国兵营

几经辗转来到天津

这位青年名叫儒勒·乐和甘，1885 年 8 月 6 日生于巴黎。父亲阿尔弗雷德，是一名杰出的外交官，曾任法国驻外公使；母亲玛利亚·乐和甘出身贵族，她拒绝了阿尔弗雷德的求婚，终生没有正式结婚，但两人一直保持着良好关系。

1897 年至 1903 年，儒勒在巴黎布封中学就读。他非常着迷中华文化，中学毕业后考入远东语言学院。1908 年，儒勒向法国外交部提出申请，要求"去往中国"。1909 年 5 月 1 日，儒勒开始了前往中国的旅行。6 月 21 日，儒勒抵达目的地成都，当上学生翻译官。1912 年 5 月，儒勒结束三年"学徒"生涯，离开成都回国休假。1913 年 5 月，儒勒沿着四年前的路线，第二次来到中国。不过这次最终目的是汉口——儒勒新的任职地。儒勒在汉口工作期间，世界和中国政局发生了巨大变化。1914 年 7 月 28 日，奥匈帝国在德国支持下，向塞尔维亚正式宣战，第一次世界大战爆发。当时，人们并不相信战争即将到来，因此战争准备将信将疑地进行着……不过，法国还是搞了一系列战争动员，身在中国的儒勒也卷入其中。1914 年 6 月 3 日，儒勒在给母亲的信中谈道："我必须告别 36 团和老卡昂城，新的动员令调我去巴兰·勒·迪克的 154 团。"不过，这次变动大约还没有实现，一项更新的调令就来临了，儒勒被派往他到中国后工作的第三个城市——天津，任天津军械库殖民地军第 16 团的士官。

天津发出的第一封信

对儒勒来说，天津不是陌生的名字。他两次来中国，都是从东北乘火车进关，经天津再转赴目的地。即使未作停留，对这个设有法国租界的城市，他也应该有过较多关注。

1914 年 8 月 15 日，儒勒到天津后给母亲发出第一封信。他先汇报了新的生活："怎样的 8 月 15 日啊！禁止出营区，着装，带装备，到连部劳动。殖民地军第 16 团慷慨地给了一身咔叽布服装，包括一条拖在脚跟下 10 公分的裤子和一件有同样风格袖子的

儒勒·乐和甘在天津

上衣。为了安慰我，他们告诉我衣服第一次下水后会缩小。他们没告诉我在衣服洗了后我该穿什么到处走。这段日子，我想也许该把我漂亮的军阶缝在睡衣和袜子上。"

写信时"一战"已经爆发，同在天津拥有租界的德国和法国，分属同盟国和协约国两大阵营。儒勒对军装的描写虽然轻松幽默，但天津的法军看来仍相当紧张，因此有"禁止出营区"、"着装"、"带装备"等严格规定。不过，天津的法军并没有正面卷入战争，儒勒也很快适应了军营生活，并建立起融洽的人际关系。

他在信中接着说："尽管有这些物质上的烦恼(指军装缩水之类)，我并没有停止想念你，整整一天我都在想你，向你致以最深切的柔情。我的长官和同事总体说来非常亲切。我在这里又找到些旧相识。德·布罗克在一个驻扎在城区的连队里，而我们在 6 公里外。我们的住地很美妙，房子在一个真正的公园里面，到处有花，一条小溪穿过几座小桥，一座音乐亭(殖民军地 16 团有乐队)。我认为我该放弃领事馆的前程来这里服役！合作食堂提供丰盛的饭菜，一点都不差。简言之，一切都不坏，服役是愉快的。"

信中提到的距离城区"6 公里处"的法军营地，就是有名的"紫竹林兵营"。1900 年，八国联军侵占天津，法国远征军海军陆战队第 16 团(即儒勒所说的殖民地军第 16 团)司令部驻扎于此，后建成兵营，因地处紫竹林而得名。不过一般记载该兵营建于 1915 年，这可能是最后完成年代。根据儒勒的描述，我们可知至迟在 1914 年 8 月，兵营的整体格局已经具备。

对于刚开始的"一战"，当时法国所有人都认为，战争是短暂的。因此在 8 月15 日的信中，儒勒仍用比较轻松的笔调，描述了即将开始的军事动员："在公使馆，孔蒂先生请我吃晚饭。他对我说，他在中间一站曾有意拍电报给我，要求我唱一首关于动员的歌。上帝保佑，这次大动员将会圆满结束，不会让我去兰斯的田径学校接受照顾，如果那样我的肚子和下巴都会瘦下去。"信的末尾，他还快意地签下"天津军械库殖民地军第 16 团士官"。似乎战争很快就能结束，但事实并非如人们所预料。

天津发出的第二封信

1914 年儒勒来津，工作时间不很长，最多三四个月光景，年底前他又被调回汉口。有很大一种可能,儒勒来津就是参加军事动员的,并非实质的工作变动。

1915 年,儒勒再次来到天津。他曾经这样总结自己的 1915 年:"多么奇怪的一年,汉口开始,天津继续,北京结束。"儒勒在 5 月 19 日和 8 月 15 日,分别于汉口和天津给母亲写过信,但都未涉及工作变动的事,因此他这次来津,时间最有可能在六七月份。

1915 年 8 月 15 日,儒勒写了从天津发出的给母亲的第二封信。这封信不长,只谈了两件事。

第一件事讨论了中法两国人看问题方法以及国民性格上的差异:"显然,同中国人一起,必须要想到一些出人意料的地方。其实是我们错了,我们企图用我们的而不是他们的看问题的方式来裁判他们,因为我们并非用同样的尺寸衡量事物。中国人认为他们采取的态度是完全自然的。仅有这么几则这类故事就可了解他们的性格。我们要求坦诚,他们讲面子。我们不能去除这些,那就让我们为他们做我们所能做的。""我们要求坦诚,他们讲面子",话虽不多,但确实抓住了问题实质,这一点至今也依然如此。

第二件事是批评法国军官的严重官僚作风和低下管理水平:"团里的情况仍旧是愚蠢加无能。命令不清,回令迟滞,军官普遍胆怯或无能,一个上校就能称草头王,甚至不与本地领事打招呼。一塌糊涂。自然是这些'弟兄们'做'牺牲品'。"为说明军官庸碌,儒勒还举了个黑色幽默的例子:"今晨,他们让我们提前半小时起床去靶场,训练结束才想起今天是节假日,大家应当休息的。所有这些让士兵们对上司没好印象。"原来,这一天(1915 年 8 月 15 日)是个星期天。

天津发出的第三封信

两个月后,1915 年 10 月 13 日,儒勒写下了从天津发给母亲的最后一封信。这封信更短,只有寥寥数行,主要是告诉母亲,自己的工作又将变化:"也许我最后一次从此地给你写信。确实是要让我去北京,调我去第 16 团在那个城市的分队,那里大家几乎不做什么,我有空可以在公使馆工作。这还是传言。让我们等着吧,我一点不着急,我向你保证。"

儒勒的调动很快实现,不久他到了北京。1915 年 11 月 3 日,他在北京给母亲写信说:"我星期六到了这里,还说不出有什么印象,因为还没安顿下来。目前睡在营房,但这个周六可以住进公使馆的楼里。"写信这天是星期三,据此可推出他抵达北京的"星期六"是 10 月 30 日。当时天津到北京乘火车约五六个小时车程,因此这一天,极可能就是儒勒离开天津的日子。

儒勒两次在天津工作,加在一起不过半年多时间,但却留下了一名法国外交官在津生活的印记。除了这三封书信,至少还保留有两张摄于天津的照片:一是儒勒个人留影,一是与朋友合影。两张照片背景完全相同,可以判定是同一天先后拍摄的。从照片上建筑的风格和残损程度看,照相地点不太可能是刚刚建起的法国兵营。

儒勒到北京不久,就又回天津进行了一次高强度军事训练。1915 年 12 月 3 日,他在北京给母亲的信中说:"上周日,我对你说过,我们去天津操练,庆祝活动从早上 7 点持续到晚上 6 点半。我的腿三天都是僵硬的!"根据写信时间,我们知道儒勒到天津是在 11 月 28 日。这次训练似乎是作仪仗表演,但"庆祝活动"的具体内容,已经无从得知了。在天津举行的活动中,儒勒还因为一个有趣的插曲,被上尉课以"错误思想"的评语,"因为在我在'跃进'的时候喊:'胜利者得一个椰子。'"不过除了写下这句评语外,上尉似乎拿儒勒没有什么办法,这应该与儒勒的外交官身份有关。儒勒在信的结尾还幽默地说:"他(上尉)哼唧了两天。需要最有权威的人出面调停,告诉他椰子没有谋逆的意思!"

儒勒长眠于哈尔滨

离开天津之后,儒勒先后辗转于中国的北京、重庆、海口、广州、汕头、上海、香港、哈尔滨等地工作。1937 年,儒勒携妻子麦尔塞黛和女儿玛利、儿子扎维,离开香港回国休假。1938 年,儒勒只身一人到法国驻哈尔滨领事馆任领事。1945 年 2 月 13 日,抗日战争胜利前夕,儒勒在任上孤独地离世。儒勒死后被安葬在哈尔滨公墓,永久地留在了一个他生活达三十六年的国度。

(杜鱼)

法租界工部局拘押彭真、吉鸿昌

　　法租界工部局位于现解放北路 34 号,为办公用房。工部局隶属于法租界公议局董事会,直接受董事长(法国领事)领导,是专门负责维护租界统治、安全的警察机关,下设保安(侦探)、警察(巡捕房)、稽察、手枪队、消防、卫生警察、拘留所等机构。该房为钢混结构,四层西式楼房。建筑面积 5608 平方米,平面呈三角形布局,缓坡顶,券洞式入口,质量坚固。拘留所设在一楼,20 世纪二三十年代傅懋恭(彭真)、吉鸿昌等曾被关押于此。木门内壁曾刻有"世人勿笑铁窗苦,一生未尝不丈夫"的字迹。他们把这里当成重要的战场,在极其恶劣的条件下,进行着艰苦卓绝的斗争。

　　彭真(1902—1997 年),原名傅懋恭,山西曲沃人。无产阶级革命家、政治家、

天津法租界工部局

党和国家卓越领导人。他出生于一个贫困的农民家庭,第二次国内革命战争时期,任中共顺直省委工人部部长、中共北方局组织部长、天津市委书记。天津是彭真青年时代战斗过的地方,前后十个年头,他历任各级党委要职,领导天津工人增资罢工、农民护佃反霸斗争和恢复天津党组织,积极开展党的工作。在牢中他领导狱中人员开展绝食,出狱后领导天津人民抗日救亡。他的业绩为天津革命斗争增添了光辉的篇章。

1926年4月,24岁的傅懋恭从太原来到天津。5月,天津地委组建了河北、租界和小刘庄三个区委,分别致力于恢复党团组织和工人运动。小刘庄地区工作较有基础,海河两岸的几家纱厂中已有一些党员,有的还建立了党支部,工会会员达200多人。为了冲破白色恐怖的禁锢,地委采纳了傅懋恭的建议,在北洋纱厂发动了工人大罢工,并由他领导。一场要求增加工资的罢工取得了胜利,推动了全市工运的发展。到年底,建起了工人俱乐部和天津市总工会。为了开展农民工作,当年冬季,他在贺家口租了一间平房,办起贫民学校,介绍苏联的十月革命,揭露帝国主义和反动当局的罪行,招收农民入学,号召大家组织起来为自身的解放进行斗争。1927年8月,在津郊成立了第一个农村党支部。是年底,通过党支部发动佃农,成立了"五村农民护理佃权委员会",冲破军警阻挠,举行了农民请愿示威游行,向法院控告地主李芰臣毁田垫地的罪恶行径。1926年,裕元纱厂工人在党的领导下举行大罢工,傅懋恭亲自布置斗争策略,并了解到家住"五村"的农民受地主恶霸欺压的情况,领导了农民请愿示威游行。

1927年1月21日,天津地委在法租界普爱里举行纪念列宁逝世三周年活动,法国巡捕抓捕了傅懋恭等30余人,押进法工部局拘留所。在拘留所内,傅懋恭带领大家与敌人进行针锋相对的斗争。拘留所外,经天津地委书记李季达等同志的营救,傅懋恭和被捕同志全部被释放,斗争取得了胜利。1929年6月,因叛徒出卖,市委书记傅懋恭等23人先后被捕。傅懋恭在经受酷刑后,被判刑9年零11个月的有期徒刑。在小西关第三监狱,建起监狱党支部,傅懋恭担任书记,并领导了多次绝食斗争。按照国民政府的大赦令,傅懋恭1935年刑满出狱,重建天津市委,并由他担任书记,领导抗日救亡运动,继续领导"五村"农民护佃反霸斗争。

吉鸿昌(1895—1934年),字世五,河南扶沟人。1913年从军。1926年任西北军冯玉祥部第十二师三十六旅旅长,转年任国民军第十九师师长。1929 年 5 月,任国民党第十军军长、宁夏省政府主席。1930 年 10 月,任国民军第二十二路军总指挥兼第三十军军长。1931 年 9 月,因反对国民党进攻中国工农红军被蒋介石强令出国。1932 年"一·二八"事变后回国,加入中国共产党,在北平、天津进行反蒋抗日活动。吉鸿昌将军的家位于天津法国租界的霞飞路上,现门牌是花园路 5 号。从 1930 年到 1934 年,吉鸿昌在这里进行了大量的革命活动,筹措经费,准备武器,这里因之被称为"红楼",成为我党在天津开展搞日救亡运动的重要据点。1933 年春,日本侵略军攻占热河,向河北、察哈尔进犯。4 月,吉鸿昌离开天津,前赴张家口。5 月,联合冯玉祥、方振武等在张家口组成察绥抗日同盟军,任同盟军第二军军长兼北路前敌总指挥。浴血苦战,屡建奇功,重创日军。8 月,在蒋介石的破坏和威胁下,冯玉祥离开张家口,吉鸿昌、方振武等宣布成立抗日军队,继续在热河一带抗击日、伪军和国民党军队的进攻。后由于寡不敌众,这支抗日队伍遭到了失败。9 月份,吉鸿昌回到了天津。于是,他家又成为我党进行秘密活动和地下联络的据点,印刷党内文件和出版抗日刊物《民族战旗》。吉鸿昌于 1934 年建立了"中国人民反法西斯大同盟",并被推选为该同盟的主任委员。

11 月 9 日,吉鸿昌将军在国民饭店被国民党特务刺伤,后被法租界工部局逮捕,法国巡捕把吉鸿昌押进法工部局拘留所。在拘留所内,他义正辞严地与敌进行斗争。后又被押进蔡家花园、曹家花园,最后被引渡到国民政府军事委员会北平分会。1934 年 11 月 24 日,吉鸿昌与任英岐被蒋介石下令枪杀于北平炮局子监狱,英勇就义。吉鸿昌英勇就义时年仅 39 岁。时光如水,岁月悠悠,人民永远铭记着吉鸿昌将军的丰功伟绩。

（金彭育）

法国俱乐部谍影重重

　　法租界俱乐部位于大法国路上,也称法国球房,现为解放北路29号。房屋为砖混结构,是一所设计优美带地下室的西式建筑,有房屋25间,占地面积7236平方米,建筑面积2941平方米。一楼有房屋9间和一个共享大厅。法租界俱乐部成立于19世纪90年代,1911年易址。1932年由法租界公议局兴建。正门设于大法国路(今解放路)与葛公使路(今滨江道)临街转角处,为黄色包铜大门,内装镂花门及彩色玻璃,正门两侧立附壁灯柱,设计简洁明快。后院有露天大舞台、小广场及花园。楼内有八角形大厅、弹性地板舞厅、酒吧间、球房、阅览室、休息厅等,设备完善,功能齐全,是法国侨民的聚会娱乐中心。1933年法工部局将其转让给天津法国公共团体。1944年法国公共团体又将该产转让与法国政府。现在,该址为中国金融博物馆。

　　由于天津有九国租界,因此成了各国谍报人员的前沿阵地,最多的是日本特务,他们在天津无孔不入地进行着特务阴谋活动。在1931年"九一八"事变前,法租界俱乐部怪事频出,大盗窃案连续发生,轰动津城。

　　来这里最多的是法国人和英国人,主要是欧洲人。其中既有工商界人士,也有外交人士。他们携

大法国路上的法国俱乐部(山本照相馆摄)

带的皮包经常被盗,而这些被盗的皮包却常常是藏有保密文件的。于是,这些怪事便引起了法工部局探员的注意。他们一开始怀疑是中国人所为,并且试图通过青红帮进行秘密侦察,但侦察的结果却是一无所获。因为来这里的中国人并不多,日本人却不少,于是他们又怀疑有中国人冒充日本人。法工部局出高价找了一个精通汉语的日本人,对此事进行秘密侦察。这个日本人只查了一个晚上,就提出辞职不干了,并且表现出非常惊恐的样子,连连说:"日本人破不了此案。"问其原因,却闭口不语。法工部局无奈,又找了一个精通日语的中国侦探进行秘密侦察。这个中国人打扮成日本人,不显山不露水地密查。过了五天,终于在晚间发现了一个疑犯,这个疑犯是个日本人。五十多岁年纪,半秃顶,留着仁丹胡,戴金丝茶晶眼镜。他自称是个商人,说话斯文,颇有礼貌。他会说中国话,但英语说的并不好。他经常是夹着一个大黑皮包,十分客气地和周围的人打着招呼,显出很友善的样子。但他带的大黑皮包,感觉里面总是空荡荡的,不由得使人生疑。这天晚上,他发现这个日本人主动和美国领事馆的秘书聊天,连说带笑,美国领事馆秘书聊得很开心,毫不介意地把皮包放在椅子上。可这个日本人却在说笑之间把美国人的皮包偷走了,然后神不知鬼不觉地溜出了屋。当他离去时,中国侦探便不露声色地跟踪而去。只见这个日本人从法租界拐弯抹角,最终来到日租界的石山街(今宁夏路)的一条黑胡同,钻进了挂着"三野公馆"牌子的一幢小楼。中国侦探一看,不禁大吃一惊,原来这个三野公馆是日本驻屯军参谋三野友吉主持的公馆,是个地地道道的特务机关。小楼虽不大,却是个阴谋的巢穴,吃、喝、嫖、赌、吸(大烟)一条龙。这个特务机关,主要负责制造在天津的日本特务"便衣队"暴乱和监视、控制逊帝溥仪的。而这个偷皮包的人竟然是日本大特务头子土肥原贤二。

土肥原贤二(1891—1948 年),日本战犯。日本冈山人。1912 年日本陆军大学毕业,随即被派往中国,在北洋军阀政府进行特务活动,是个"中国通"。"九一八"事变时,他任日本在沈阳的特务机关长,是该次罪恶事变的积极策动者。后又来到天津,进行了大量的特务活动。1931 年 11 月 8 日,日本天津驻屯军司令香椎浩平和土肥原贤二在天津制造暴乱。东北军改装的天津保安队,于 11 月 9 日凌晨击退了便衣队的进攻。11 月 26 日,日本人发动了第二次便衣队暴乱。由于保安队已做好布防,采取了非常强硬的措施,训练有素的东北军把这群乌合之众打得丢盔卸甲,这次暴乱很快被击溃了。1931 年 11 月 10 日,末代皇帝溥仪在土肥原贤二的诱拐下,夜渡白河,在大沽口登上日本船"淡路丸",最后来到长春,当上了伪满洲国皇帝。日本人妄图永远霸占东北,土肥原贤二便是日本帝国主义侵略中国的罪魁之一。1941 年任日本航空总监。1944 年任驻新加坡的日本第七方面军总司令,后又调任军事训练总监。1945 年日本投降后作为甲级战犯被捕,由远东国际军事法庭判处死刑,结束了其罪恶的一生。

（金彭育）

法国公议局史话

在近代,天津承受了沉重的负担,由于先后有九个国家在天津设置了租界,因此建筑风格受到欧洲建筑思潮的影响。中西荟萃,华洋杂处,形成了独特的建筑文化和城市景观。天津法国租界自 1860 年在天津海河西岸紫竹林设置,经过两次扩张,到 1928 年达到占地 2836 亩。其四至为:东北临海河,南至宝士徒道(今营口道);西起西小埝(今新兴路),北至秋山街(今锦州道)。天津法国租界的行政事务机构便是法国公议局。

法租界公议局位于天津法国租界克雷孟梭广场北侧,现址为承德道 10 号,建于 1929—1931 年,比商义品公司工程师孟德尔松设计。公议局是租界内管理行政事务的机构。法国领事兼公议局董事会长。下置总务处、巡警局(后为工部

法租界公议局

局)、工程处、捐务处、会计处等。大楼混合结构,三层西洋古典风格建筑。主立面中间突出,两翼内收,庄重对称。基座采用花岗石镶面,主入口呈三联半圆状,花饰铁门。二层中央有6根高大的爱奥尼克柱,形成空廊。正门大厅彩色大理石地面,汉白玉扶手,井子梁带花饰线条顶棚,内装做工精细的八角形吊灯,墙面装饰丰富多彩。整个建筑内外协调,雄伟壮观,富丽堂皇,风格独特。现为天津市文化局、文物局。

楼内房间设置:中间部分首层正中是礼仪台,两端为秘书室、等候室和锅炉房。右侧首层为宿舍、车房和洗澡间;左侧首层为宿舍、厨房、储藏室和汽车库。二层中间部分为礼堂,左侧为办公室、客厅、饭厅、厨房、浴室、更衣室和厕所;右侧为办公室、秘书室、档案室和打字室。三层左右两侧为客厅、总工程师室、办公室、档案室、打字室和饭厅等。全楼雕饰适度,设计精密,设备齐全,共有大小房屋76个自然间。

法租界公议局,含工部局,共有中外工作人员1000余人,法国籍仅占十分之一。但中外人员的待遇悬殊,法国籍秘书长月薪3000元,法国籍工程师月薪2000元,华人处长月薪200元。法国籍稽查平均月薪300余元,华人班长仅30余元。至于一般华人巡捕、手枪队员、消防队员等,每人每月只有十六七元,最多也超不过20元。法国籍人月薪竟然比华人高出20倍。越南当时是法国的殖民地,越南籍巡捕、手枪队员、消防队员的月薪也比华人高得多。当时天津老百姓管这些越南人称为"小老法"。此外,公议局还附设了一个巴斯德化验所,位于现渤海大楼的旧址。所长为法国医生米大夫,北洋医学院毕业的朱世英大夫曾任副所长。由于当时天津各医院化验设备比较简陋,其化验业务均由巴斯德化验所来办理。该化验所附设有妓女检验所,位于法租界窦总领事路196号(今长春道,该房已不存),但所做的化验,大多为敷衍了事,这只不过是为巴斯德化验所开辟了另一条生财之道而已。

日伪时期,原法租界公议局曾改为伪"天津特别市政府"。1945年日本投降后,国民党蒋介石利用手中的政权和军队,在美国人的帮助下,篡夺了抗日战争的胜利果实,剥夺了中国共产党领导的抗日人民军队的受降权利,垄断了对日军的受降。在其命令中,平津地区被指定为第十受降区,由第十一战区长官孙连仲任受降官。日军代表投降部队长官为蒙疆军区司令官根本博中将。在天津集中日军投降部队番号为 118 师团九旅团华北特别警备队,日军投降代表为华北方面军司令官下村定。为了抢先占据天津,国民党政府在美国人的支持下,迫不及待地进行了一系列行动:1945 年 8 月 13 日和 9 月 29 日,先后任命张廷谔、杜建时为天津市正、副市长;9 月 30 日,允许美国海军陆战队第三军团第一师 1.8 万人在塘沽登陆;10 月 1 日,美军进驻原法国公议局并设立司令部;10 月 3 日,国民党天津市政府宣告成立;10 月 6 日,接受天津日军投降。当时的克雷孟梭广场即现在公议局门前,是天津较大的广场。这天是个多云天气。广场上布置了日军签降仪式的场地,大楼周围由美军守卫,门前西侧摆设了长桌。一方是中国天津政府和美军,接受日军签降,一方是日军签投降书,场面热烈隆重,在场的群众,扬眉吐气。天津日军受降仪式,由美国海军陆战队第三军团司令骆基主持。9 时,仪式正式开始。日本在天津驻屯军司令官——118 师团长内田银之助中将率 6 名日本军官,低着头走向受降桌子前,立正等候。当骆基声称他是代表中国战区统帅来受降后,7 名日军军官各自将佩刀解下,递交给骆基以示缴械。然后,毕恭毕敬地在投降书上签字。国民党第十一战区前进指挥所主任施奎龄和天津正、副市长参加了仪式。

1947 年 9 月,原法租界公议局由天津市政府接管,并在此筹建"天津图书馆"。经过半年的筹备,1948 年 4 月 30 日正式开馆,该馆是当时全国藏书较多的图书馆之一。天津解放后,由天津市人民政府接管,曾由军管会使用。后将"天津图书馆"、"天津市立图书馆"、"河北省立图书馆"三馆合并为"天津市人民图书馆"馆址仍然设在此处,房屋为公产。1964 年和 1974 年,该址曾进行过两次扩建。1982 年 6 月"天津市人民图书馆"改名为"天津图书馆",并于 1983 年在南开区复康路筹建新馆,新馆舍于 1991 年建成迁址后,这里曾作为天津市少年儿童图书馆,后由天津市艺术博物馆使用,现为天津市文化局、文物局。

(金彭育)

英国俱乐部轶事

英国俱乐部(English Club),原建于 19 世纪 60 年代初,现存建筑为 1904 年重建,由英租界董事会董事长德璀琳发起,英租界侨民,特别是洋行老板集资修建, 在各租界中建造最早。当时, 俱乐部附近的一条街道便命名为俱乐部路(Club Road)。英国俱乐部又称天津俱乐部、也叫英国商会俱乐部,亦称英国球房、"游艺津会";附设兰心戏院,坐落在英租界维多利亚路(即英国中街,今解放北路 201 号,为市人大常委会大楼)北侧与利顺德饭店南侧隔路相望,斜对着维多利亚花园及戈登堂。这座建筑为特殊保护等级历史风貌建筑,砖木结构,带地下室,二层楼房,建筑采用对称布局,入口为条石扇形台阶,上檐筑有西式山花,两侧有大型晒台。窗间墙均匀布置的爱奥尼克巨柱强调了竖向构图,大楼正面立有十余根古希腊式立柱,丰富的立面装饰和拱券门窗,墙面窗口上有盾牌式雕花及多种西洋古典式装饰,建筑整体典雅华丽,体现了典型的折中主义建筑风格。

老天津俱乐部,1920 年代成为天津英国义勇团司令部(山本照相馆摄)

维多利亚路与咪哆士道交口处的天津俱乐部

英国俱乐部设有台球厅、网球厅、客厅、餐厅、舞厅、酒吧及浴室等。其内部设施和装饰极为豪华，是当年英国驻津高级警官、军官及高级侨民消遣娱乐的场所。每年的 12 月最后一艘船开出港口到翌年 2 月底或 3 月初第一艘船到达之前，是天津港口的封冻期，租界中的侨民因无事可做，于是便在俱乐部中举行各种舞会(午后茶会)、音乐会、撒纸赛跑、障碍赛跑以及戏剧演出等，在消闲期结束时还要举行一次盛大的化装舞会。英国领事、海关税务司、洋行老板和职员以及他们的家属都前来参加，成为当时天津租界社会的娱乐中心。

英国俱乐部里的兰心戏院，可举行舞会、音乐会及戏剧演出，成为当时租界社会的艺术中心，拥有众多的会员。天津最早的话剧演出是由侨民组织的。他们为了丰富娱乐活动，组织了一个具有一定水平的业余剧团，在冬季演出，剧目有

在津洋人排演的戏剧

《我们的孩子》(Our Boys)、《日本天皇》
(The Mikado)、《忍耐》(Patience),以及
1878 年英国流行的喜剧《英国皇家军
舰平纳福号》(H.M.S.Pinafore)。光绪十
四年四月(1888 年 5 月)英国著名的汉
弥尔顿剧团(以英国著名诗人约翰·弥
尔顿(John Milton)命名)至兰心戏剧院
演出,成为最早到天津演出的国外职
业性剧团。兰心戏院的音乐会推动了
租界里英国名曲的流行,还影响到了
中国街头卖艺的盲艺人,一些名曲的

中国乐手在维多利亚花园凉亭练习演奏

曲调如《我的名字叫查理·香槟》、《玫瑰李》、《牧场之花》以及英国国歌《神佑吾
皇》等等,他们都能演唱。

　　据罗澍伟编著由天津人民出版社出版的《引领近代文明——百年中国看天
津》一书所讲:天津还有一支"赫德交响乐队"。1887 年,在一些外国侨民的赞助
下,这支公共乐队正式建立,乐手是在天津的下层社会中招募的(当时被称为
"洋乐生,他们的宿舍被称为"洋乐生下处,在今解放北园旁的大沽路西侧),指
挥是毕格尔(M.Biger)。这批中国乐手几乎个个都是音乐天才,在不长的时间里,

领事道上的老英国领事馆大门,
以前为颠地洋行

乐队便以有一百个保留节目而著名,其中就包括威尔第的歌剧。乐队最初在英国俱乐部演出,不久改在英国花园举行每周一次的露天音乐会,而且在一周前就印发节目单,受到天津外侨的热烈欢迎。这支乐队还经常巡回演出,如妇女草地网球俱乐部、英国工部局动物园。冬天则于下午三点半到五点在溜冰场上演奏。乐队还在侨民们在英国俱乐部每周举行的午后茶会和其他舞会上,演奏伴舞音乐,有时也为私人舞会和公共集会演奏。后来,这支公共乐队越来越出名,常驻北京中国海关总税务司、有着爵士头衔的赫德,便拿他的名字为乐队命名,这就是当年在中国北方名噪一时的"赫德交响乐队。

英国俱乐部也是在津英商议事聚会之所。英国商会(Tientsiin British Chamber of Commerce)成立于 1915 年 9 月 14 日,是代表在津英国商人利益的独立团体。早在光绪十三年(1887 年),天津英租界就建立了唯一代表外国商人利益的团体——天津商会,也叫天津总商会,英文名分别是(Tientsin chamber of Commerce、Tientsin General chamber of Commerce)。当时共有 16 名会员,有 7 家为英国洋行,如聚立、怡和等洋行均在其中。光绪三十三年(1907 年),在津英侨组织了中华协会天津分会,以保护他们在天津的经济利益。1915 年,根据伦敦中华协会总会的建议,决定成立天津英国商会。为英国商会服务的较著名的人物有布昌、孟堪师、华德斯。华德斯还曾担任天津洋商总会(即天津商会,后因各国独立组建本国商会,原组织遂成总会)董事长一职。天津英国商会每年要召开会员大会,选出委员 6-8 人,委员中再选出正副主席各一人,组成委员会。为配合委员会的工作,还可随时设立专门小组委员会。太平洋战争爆发后,大部分英商企业为日本当局接管,英国商会被迫停止活动,直到 1946 年 11 月才重新恢复活动。天津解放后,在津英商纷纷回国,英国商会遂于 1952 年 10 月 31 日解散。

现英国俱乐部保存完好,为我市特殊保护历史风貌建筑。2010 年 4 月 7 日泰安道地区整体保护开发建设工程开工,该地区历史遗迹众多,风貌建筑荟萃,是本市规划确定的五处历史文化风貌保护区之一,而英国俱乐部在该保护区内。该地域规划总面积 16.3 公顷,总建筑面积 39 万平方米,其中新建建筑面积 29.7 万平方米,规划以公园(广场)——院落为基本单元组织公共空间布局,形成五大院落,洋溢英伦风情。

(张绍祖)

德国俱乐部百年变迁记

　　2007年是天津德国俱乐部(今天津政协俱乐部)建成百年。此后在原德国俱乐部北侧新增建了两幢连体楼宇,三座新老建筑风格一致,均为德国新罗马式建筑,连为一体,统称天津政协俱乐部,成为正在开发建设的德式风貌区中心地带靓丽的一景。

　　据《二十世纪商埠志》记载:"德国人具有爱群集的天性,他们在远东建立了许多德国人俱乐部",天津德国俱乐部即是其中之一。1895年德国在天津设立德租界的初期即成立了德国总会,旨在活跃租界内的文化生活,促进人际交往。其址在英租界戈登堂对面、皇宫饭店旁一座四层楼房里,随着租界的建设和在津德国人的逐渐增加,总会选择在德国领事馆附近的地方进行新址建设。

　　天津德租界德国俱乐部,即康科迪娅俱乐部(CLUB CONCORDIA),康科迪娅(CONCORDIA)是古罗马神话里的协和女神,象征和谐与一致,亦有同心同德之意。俱乐部二楼走廊墙壁上镌刻一段拉丁文,用以解释康科迪娅俱乐部名称的含义:"同心同德(CONCORDIA)则盛,离心离德(DISCORDIA)则衰。"

　　德国俱乐部也称德国总会、德国球房,位于原德租界威廉街(今解放南路)与罗尔沙伊特街(今蚌埠道)交口处(今解放南路273号)。德国俱乐部于1905年5月动工,1907年7月竣工。由德国建筑师罗克格(Curt Rothkegel)设计。占地6330平方米,建筑面积为3922平方米,是三层砖木结构,造价15万

20世纪初的德国俱乐部

德国俱乐部内景

两白银。德国俱乐部属于新罗马式建筑风格，在造型及装饰上具有显著的日耳曼传统色彩。入口有石砌半圆连拱券廊，用成束的短柱子支撑。一层窗台至室外地坪以及门窗券皆用天然石料砌筑。门窗多是半圆拱券，系德式建筑造型。二层窗户都是双连拱券及三连拱券，三层局部有突出的山墙装饰。木屋架、牛舌瓦、瓦陇铁皮屋顶，顶层用方塔楼。北面两个楼梯间形成一个圆形的塔楼和一个多边形的塔楼，南面还有一个圆形塔楼。这些都是德王威廉二世所酷爱的新罗马式建筑风格。整个建筑内外异常富丽堂皇。大楼内部布局良好、宽敞幽雅、装饰精致，经过一个多世纪的风雨，该建筑已成为远东地区唯一仅存、最古老，而且保护较好的百年德国侨民俱乐部。

德国俱乐部楼梯间是室内装修的重点。利用楼梯的复杂形体变化和空间的穿插，对楼梯的立柱、栏杆等，饰以精美的雕刻。栏杆做成由华美小立柱支承的两跨连续的小拱券，中间还夹有雕刻云彩头的实心小栏板，两侧立柱雕刻有绞绳状花纹，上面各有一座雕像，右者右手执矛，左者左手执盾，雕像做工精美华丽，别具特色。另外，还有两座辅助楼梯可由地下室直通三楼阁楼间。大厅和过道都以半圆券和椭圆券承重，尤其在大厅交汇处更为壮观。壁炉、吊灯、木护墙板以及券脸、券脚、腰线、装饰灰线等均吸取了巴洛克式的装饰手法。

德国俱乐部的首层为酒吧、台球房、舞厅、图书阅览室、衣帽间等；二层以礼堂为主，面积约250平方米，另有酒吧间、会议室等；三层为厨房，可用升降机将饭菜送至一、二楼，其阁楼间是工作人员的宿舍；地下室有锅炉房、茶炉、浴室和小型餐厅；后院有保龄球房及露天网球场。

1907年新德国俱乐部建成后，建在英租界的德国俱乐部迁到这里。德国俱乐部会员大多是德国人,但并不以德国人为限,其他国籍的人只要符合德国俱乐部的规定,也可申请入会,约百分之二十的成员来自其他国家,只不过俱乐部的董事必须说德语。德国俱乐部是德国侨民的政治、社交、娱乐中心。德国人在这里举办化装舞会、圣诞节狂欢、为孩子们的演出……2003年著名作家航鹰到德国考察,从天津近代名人汉纳根的外孙郎格先生那里,获得了五六张老照片,真实地记录了近80年前发生在这里的历史画面。其中一张是在二楼礼堂的舞台上,当年汉纳根夫人正主演普契尼的歌剧《图兰朵》。

1914年第一次世界大战爆发,1917年中国政府对德宣战,并宣布收回德租界。1919年德国战败,在津的德国侨民被遣送回国,德国俱乐部宣告结束。后来,有俄国人承租俱乐部房产,改组为大赌场。这座赌场以三十六门转盘赌为主,也有扑克、牌九、麻将等。赌徒以外国人为多,也有少数华人。由于这个赌场地点适中,设备齐全,兼有餐厅、舞厅,所以来赌的人特别多,生意十分红火。1921年5月,中德两国恢复邦交,德国商人重新来天津做生意,随着德国洋行的日益增多,德国人也多了起来,恢复后的德国俱乐部又成了德国侨民的活动中心。直到1945年5月德国在第二次世界大战中战败,德国侨民被遣送离津,德国俱乐部再度宣告结束。

1945年9月,作为中国盟军的美国海军陆战队在塘沽登陆,名义上是协助中国接受日军投降,实际上是帮助国民党抢占失陷的华北、东北地盘,以抵消共产党的势力。国民党政府为讨好美军,特意把德国俱乐部的房屋拨给美国红十字会使用,为美军提供一处游乐场所。1947年6月,美军从天津撤退,国民党政府又将该房屋拨给临时参议会使用。1948年6月,临时参议会升格为正式参议会。

1949年1月15日,天津解放,国民党参议会解散,其房屋、设备等财产由人民政府接收。先是人民政府交际处在此办公,继而在1952年拨给天津市各界人民代表会议协商委员会使用。1959年又在此建立中国人民政治协商会议天津市委员会,一直使用了30多年。在巩固扩大爱国统一战线,实行多党合作、政治协商、参政议政等方面发挥了巨大的作用。1989年市政协机关迁出,将原建筑物改建为市政协俱乐部。

市政协俱乐部在经历了1976年唐山大地震后,经过数次维修,使其得到了较好的保护。2004 年在修旧如故、保持原貌的基础上对这座建筑进行了彻底的维护和大修,使这座百年风貌建筑旧貌换新颜。之后,为进一步扩大政协俱乐部的功能,又在原德国俱乐部旧楼旁新增建了两幢连体楼宇,分别作为天津政协俱乐部的住宿、餐饮楼。

随着人民政协事业的发展,为更好地发挥团结、民主作用,2009 年又在原北京影院(前身大华、光陆、光华、莫斯科影院)的基础上改建、扩建。新落成的委员活动中心内设施齐全、功能完善、环境优雅,全部达到五星级酒店标准。既保留了原影院的主要功能,如可容纳 260 余人的演艺、观影的剧场,又增加和完善了诸多设施。如,可举办丰富多彩活动的多功能厅;采用硅藻土过滤,水质洁净的游泳池;具有浓郁文化气息的书吧咖啡厅;具备棋牌、沙龙聚会、笔会使用的各类小型活动室;可以举办各类书画展、藏品展的多功能展览室;无氧及有氧健身设备的健身房;采用纳米材料,四季如冬的露天冰场;可充分享受缕缕阳光、风景如画的阳光房等。

经过全面改、扩建,现在的市政协俱乐部,成为国际四星级酒店。是政协委员和各民主党派参政议政的活动基地,并已对社会各界人士开放。近百套豪华客房全部按照国际五星级标准配置,设施齐全,功能完善。中餐厅豪华雅间及大宴会厅可同时容纳三百余人用餐,宾客还可以在具有百年历史风貌的建筑中品尝地道的法式、德式西餐;在好朋友酒吧欣赏爵士乐队温馨浪漫的演出。这里,各种规格的会议厅、会客室设施齐备,均配有先进的多媒体会议系统,能承接各种形式和规模的高端中外会议。商务中心、购物中心、票务中心、大堂吧、美容美发、健身、桑拿、中医保健按摩、游泳、台球、棋牌、爵士酒吧等服务设施一应俱全。

德国俱乐部,始于俱乐部;市政协俱乐部,终于俱乐部,看来是个历史的巧合。老楼房依旧,物是人非;新楼房辉煌,物新人喜。这一切折射出时代的变迁,社会的发展,既耐人寻味,又令人欣慰!

(张绍祖)

美国兵营与美国海军俱乐部

1919 年前的美国兵营在英租界海大道(今大沽路)与博罗斯道(今烟台道)拐角处,与戈登堂很近;美国海军俱乐部位于英租界维多利亚路(今解放北路)与宝士徒路(今营口道)交口,同属于老金融街的范围。

说起美国兵营还得从第二次鸦片战争说起:在英法联军 1858 年及 1860 年进攻天津和北京时,美国始终参与其事。当清朝政府被迫与英法两国订立《北京条约》时,美国在表面上以调解人的姿态周旋其间,可是在 1860 年英法在天津侵占租界的同时,美国也乘机攫取了一块美英界。其区划为东临海河,西至海大道(今大沽路);北接英租界之博目哩道(今彰德道),南至开滦胡同(今开封道东段),占地 131 亩。之后,因为美国国内政局动荡不安,始终未能对美租界实行实际的管理。到了 1901 年(农历辛丑年),西方诸国强迫清政府签订了丧权辱国的《辛丑条约》。根据《辛丑条约》,美国也在天津派驻了军队。1902 年英美两国私相

位于海大道上的美国兵营

美国兵营(位于今广东路 1 号)

授受,擅自把美租界并入英租界之内。美租界不存在了,但美国为了维护其在华利益,仍在天津派有军队驻扎。

有驻军必有兵营。美国兵营自 1901 年设于英国菜市(新中国成立后为大沽路副食商场)旁的平和大楼,在今大沽路与烟台道拐角处。宣统元年(1909 年)以前,天津的美国驻军司令官先后为:陆军少校 A.B.罗伯逊、陆军上尉 E.W.布伦斯塔、陆军上尉哈利·雷、陆军上尉伍克里亚姆·克里福德、陆军上尉 M.纽利茨克。直到第一次世界大战之后,才迁到特一区山西路(今广东路 1 号,天津医大广东路校区)。这个地方原是由印度商人受美军委托施工盖的,建成后租赁给美国用作营盘。美国兵营驻有美国兵 1000 余人,最多时有驻军 4000 人。分十二个队以 A、B、C、D……作为代号顺序排队。分有 USMC(海军陆战队)、USN(海军)等等,还有 MP(宪兵)。最大的官阶是将军,其中有少将等。20 世纪二三十年代曾在美国兵营任职后来成为将军的有五位:五星上将马歇尔,1924 年奉派到天津,任驻津美军第十五步兵团副团长;美国陆军上将史迪威,1926—1929 年任驻津美军第十五步兵团任营长、代理参谋长;中印缅战区美军司令魏德迈,1929 年时以中尉军衔到驻津美军第十五步兵团服务;麦克鲁将军,1931 年任驻津美军第十五步兵团中尉军官;包瑞德将军,20 世纪 30 年代初任驻津美军团队情报官四年。1941 年 12 月 18 日,太平洋战争爆发后,美国兵营换了“主人”,美军换成了日军。

1945 年 8 月 15 日抗日战争胜利。9 月 30 日,美国海军陆战队第三军团

美国海军俱乐部旧址

18000人在大沽口登陆。名义上是协助中国接受日军投降,实际上是帮助国民党抢占失陷的华北、东北地盘,以抵消共产党的势力。10月1日,军团司令部和四千名美国兵进入天津美国兵营,并在领事馆路旧法租界公议局(今承德道天津文化局)建立了司令部。国民党政府为讨好美军,特意把特一区威尔逊路(今解放南路)的德国俱乐部拨给美国红十字会使用,为美军提供又一处游乐场所。随着美军的进入,美国驻津领事馆恢复了活动。美国新闻处也在天津设立了办事处,美国海军俱乐部也空前活跃。

　　说起美国海军俱乐部,位于原英租界维多利亚路(今解放北路113号)。为英国人罗士博于1924年开办的美国海军俱乐部,是专供外国驻军娱乐的场所。美国海军于1945年10月在此设俱乐部,楼内设有酒吧、球房、餐厅、赌场、咖啡厅、弹簧地板舞厅等。该俱乐部为砖木结构二层楼房,建筑面积2460平方米。建筑外檐装饰丰富,入口处有醒目突出的阳台。平面为半弧形,首层作拱券式门窗,二层由十余根圆柱支承出檐,成敞开式外廊,并配有牛腿花饰护栏。门窗上部饰有多种花饰浮雕,具有英国古典主义建筑风格。曾为教工俱乐部,为我市重点保护等级的历史风貌建筑,现为办公用房。

　　　　　　　　　　　　　　　　　　　　　　　　(张绍祖)

维多利亚花园

英租界戈登堂的前面有一座公园，原名"维多利亚花园"。该园是天津旧租界开发兴建最早的一座花园，因地处英租界，又被称为"英国花园"。

1860年天津开埠后，英、法、美三国胁迫清政府在天津海河西岸划出"租界地"，后英国的工程兵军官戈登又勘界出了英、法、美租界地（美租界于1902年并入英租界）的确切方位。英租界形成不久，即规划了花园，这花园便坐落在英租界维多利亚路（今解放北路）与咪哆士路（今泰安道）的交口处。

初期，所谓花园不过是一块平整过的土地，没有什么设施，常常堆有垃圾，只是在有人打棒球的时候才打扫一下。后来为庆祝英国维多利亚女王诞辰，英租界工部局才投资正式修建花园，于1887年6月21日英国女王诞辰五十周年之日正式开放。

整个花园占地18.5亩，呈方形，布局基本规则。中心是一座模仿中国式的六

维多利亚花园

角亭,周围一圈花池,有四条辐射状道路通向四个角门。全园草坪平坦,道路比较顺直。从总体布局上看,它不是典型的英国式花园,而是崇尚实用性和经济性的园艺,其风格可以视为英国19世纪后半叶一种浪漫主义的园林学派造园艺术的缩影。但是,该园的东边和南边靠近马路的地方,有一串长方形花坛,确是传统的英国园林的一贯园艺手法。这种布局格调,对天津市现代园林的发展曾产生较大影响。纵观全园,可以看出,英国建筑师设计时,模仿了中国造园自然式布局的手法,但又未得要领,形成半规则、半自然式的组合,因此有人称之为模仿主义的设计。

花园东南部早年曾辟有一处小型兽栏,展示一些观赏性动物。第一次世界大战结束,英国是战胜国,曾在花园的东南角修建一座高约五米的"欧战胜利纪念碑"(解放后被拆除)。1900年,还曾从海光寺移来一口大钟,放置在花园的东南隅,用于消防报警,第一次世界大战结束后,此钟被移往南开大学。1927年园内增建了一座大花架,造型简单,二平一拱,半圆拱居中间,据说意在形似皇冠,表现盛貌。

维多利亚花园居于英租界的政治中心,是外国冒险家和淘金者休憩和交游的乐园。夏天,由中国海关总税务司赫德组建的西乐队在这里举办每周一次的

维多利亚公园内,为纪念第一次世界大战而建的"献给光荣的死难者"纪念碑

日本孩子与西方孩子在
维多利亚花园合影

露天音乐会,节目单往往提前一周就能印发出来。据记载,"乐师是从苦力阶层
中招来的,通过学徒制度以取得队员资格",他们以能演奏"一百个保留节目而
著名"。与当时上海外滩公园一样,这座美丽的公园仅供洋人消遣娱乐之用,却
不准中国人入内。花园门口曾立有"游园须知"牌,写有"中国人不准入园"和"有
人与无人带领的犬一律不准入园"的条款。

　　1918年出生在天津的英国人布莱恩·鲍尔在其著《租界生活———一个英国
人在天津的童年》一书中提道:"维多利亚花园四周围着铁栏杆。除了外国孩子
的保姆,任何中国人都不准入内。"又说:"花园门口有一条小路,路的上方有木
质棚架,上面爬满了紫藤。春天,燕子从地面上掠过,在黄色蔷薇树丛的上方盘
旋。棚架的另一端靠近花园的中央,那里建有一座小亭子,带有中国式的曲形亭
的红柱子。在某些天的下午,英国的军乐队会来到花园在小亭子里演奏,衣着考
究的人们或是坐在旁边的绿椅子上,或是沿着花坛之间的小径漫步。日本女人
身穿长长的和服,脑后的头发上插着梳子。当乐队演奏一段后稍事休息时,人们
纷纷鼓掌,乐队指挥会转过身来向周围的人群致意。"

　　1931年7月30日的《大公报》上有一篇英租界花园观览记。文中说:从英租
界中街经过的人,总可以看见一所堡垒式的楼房,伸出一面时钟,那是英租界工
部局和毗连着的"戈登堂",英租界花园便在这所楼房的俯视之下。花园正门,在
东南角入口,立刻可以看见一座方形的严肃的石碑,中间是一面浮雕的偶像,上
面写着"Ciorious Dead"(光荣的死)这当然是纪念因战而死的无名者的碑碣了。天

津的公园,比较要算英租界的花园最为整齐严肃,正好像一个正襟危坐不苟言笑的英国 Gentleman 似的。东面是临着中街的一面铁栏杆,栏杆下排列着绿色长椅,左右遍植奇花异草,椅前是一列长形花池。前几天去那里游玩时,这里是清一色的"老虎嘴"(金鱼草),一直延长到南边去,一丛一丛的花团锦簇五颜六色,开得异常妩媚。事隔三日,前天再去参观,是凡"老虎嘴"生长之处,都换成"鸡冠花"了。南面也是临街的一面围栏,前面是一行常青的柏树,修剪得非常整齐,像新刮过的胡子一样。一条一条的长椅,都嵌在柏树丛中。英租界花园和法租界、意租界花园一样,园的中央也有一座园亭,但不很惹人注意,这里有时是乐队演奏之地。亭外环周种植着花草……亭西有葡萄架,密叶重重,葡萄累累。架下在中午也有荫凉之处,因此游人络绎不绝。亭北有紫藤架,架下也多聚集着纳凉的人。花园中北部略感空旷,然而绿草如茵,另有一番风味,绿草芊芊之中,丛栽着美人蕉,这花到处可见,可是总觉得没有这里的来的绰约多姿。西面有高台,是英租界花园的特色。南面两石阶,可循街而上,由地面直到台上的斜坡上,遍植着花草,若是站在阶上,便不啻置身众香国中,万紫千红,鲜艳夺目,所谓"消夏白莲花世界,风来四面卧中央",这里可以称得起了。

维多利亚花园的名称曾几度改变,但花园的总体格局基本没变。太平洋战争爆发后的 1942 年,花园南侧的咪哆士道(今泰安道)改名为"南楼街",花园也随之改名为"南楼公园"。1945 年抗日战争胜利后,改名为"中正公园"(一说为"美龄公园")。天津解放后,被定名为"解放北园",市民则爱叫它"市委公园"或"市府花园"。

(章用秀)

戈登堂及戈登其人

　　1889 年至 1890 年,在天津海关税务司、英租界董事长德璀琳的倡议下,英租界工部局投资三万两千两白银,于维多利亚道即今之解放北路建起了一座大厦,取名"戈登堂"。这座宏伟壮观的大厦是天津英租界最具标志性的建筑,也是中国通商口岸建筑的第一座租界市政大厦。

　　戈登全名查尔斯·乔治·戈登(Charles George Gordon),1833 年生于英国,其父是英国皇家陆军炮兵军官。1852 年戈登任英国皇家工兵部队少尉,1859 年因在克里米亚战争中表现出色而晋升为上尉。1860 年他参加英法联军,参与了侵华战争,并于这年的 9 月来到天津。此时天津已被英法联军占领,戈登没有赶上战斗,故而在给他母亲的信中说:"可惜我来时已迟,没能参加这场游戏。"英法联军之役,天津人民惨遭涂炭,而在戈登的眼里,仅仅不过是一场"游戏"而已。

　　英法联军攻陷北京后,戈登参与指挥烧毁了著名的圆明园。这座由清朝几代皇帝苦心营造了 151 年的世界著名皇家园林,被侵略军的大火烧得断壁残垣,一片灰烬。事后戈登在写给他母亲的信中毫不隐讳地说:"我们在那里先是每个人发狂地尽量抢劫,然后才把整个园林烧掉","以最野蛮的方式,摧毁了世界上最宝贵的财富","这个财富即便花费 400

身穿中国提督官服的戈登将军,摄于 1864—1865 年他离开中国返乡之前

万英镑也很难恢复"。戈登在信中还说:"那个地方非常宽广,而我们抢的时间很短促,因此不能仔细地抢掠,许多金质东西都被误认为黄铜而摧毁。"

焚毁圆明园之后,戈登随英法联军回到天津,他所指挥的英国工兵当时驻扎在天津城东门附近。在此后两年的时间里,他与一个法国工兵军官划定了英法租界的地界。后来旧英租界的道路基本上是按照戈登划定的蓝图而修建的。

1862年,戈登随英国侵略军被调往上海,参加了清政府镇压太平天国的军事活动。1863年3月25日戈登经英国公使的推荐和李鸿章的聘请,调任"常胜军"统领。在这前一天他写信给自己的母亲说:"我愿意担任这个职务,因为我认为任何人出力平定叛乱,他便执行了一件人道的任务。而且,大有助于使中国接受西方文明。"他还说:"我敢断言,要是我不做常胜军的统领……太平叛乱当继续为患若干年。"

戈登因协助清政府镇压太平天国运动有功被同治皇帝封为"提督",赐穿"黄马褂",戴"花翎"。英国也晋升他为中校并封他为"巴兹勋爵士"。1864年戈登回国。1882年苏丹爆发反对埃及的起义。1884年1月戈登受命任苏丹殖民总督。1885年被苏丹起义军击毙于喀什穆总督官邸。

天津英租界工部局落成后,英租界当局为了纪念这位开辟天津英租界时做

戈登堂全貌

戈登堂一角，摄于 1906 年之前

过贡献的戈登，于是便将该楼命名为"戈登堂"。

戈登堂建成后，时任直隶总督兼北洋大臣的李鸿章、天津道余昌宇、美国公使田贝及各国驻津领事应邀出席了戈登堂落成典礼。李鸿章宣布大楼正式开放，并在讲话中表达了对戈登的悼惜。随后，他将两把扎着灰色和红色缎带的钥匙交给德璀琳。戈登堂开始是纳税人开会和娱乐场所，后来成为英租界工部局办公新厦。

戈登堂为英国中世纪都铎式风格。城堡式的两层砖木结构楼房，铁皮瓦屋顶，青砖墙面，门窗多为尖券式，屋檐作雉堞式檐墙，使人感到既威严又神秘。关于戈登堂的建筑特征和周边环境，《租界生活———一个英国人在天津的童年》一书中有较为详细的记载。书中说："设计这座阴森堡垒的建筑师是一位苏格兰传教士，他曾以'天津的维多利亚'来形容它的建筑风格。它成为当时的建筑时尚，英租界的许多早期建筑，如天津俱乐部和安立甘教堂，都是模仿它的风格。租界里的多数英国人都一致认为天津维多利亚风格的建筑举世无双，但'疯子'麦克———一位钢琴调音师———却说这座大楼使他想起了爱丁堡外的监狱医院。"书中还说："戈登堂里面有巡捕房、法庭、英国工部局，以及用来举行音乐会的公众集会的会议厅。戈登堂的外面，两个大塔楼之间是一道雉堞状的墙垛。戈登堂的所有拱形门窗都是哥特式的。有铁条加固的厚重的木制中央大门位于石阶之上，顺着台阶向下走就是花园。中央大门总是关着的，进入戈登堂只能经由塔楼下的侧门。"该书作者为英国人布莱恩·鲍尔，他 1918 年出生在天津，1936 年前往伦敦读大学，在天津一共生活了 18 年。

在长达半个多世纪的岁月里，戈登堂既是英租界的行政管理中枢，又是天津最显赫的庆典场所和社交中心。戈登堂建成不久的 1892 年，李鸿章过七十大寿，他被邀请在戈登堂举办隆重的庆典。李鸿章兴奋之余捐资在大厅搭建戏台，请来中国戏剧和杂技班子上演，以酬谢为他祝寿的洋人。大厅四壁挂满中国地毯和帷幕，图案是象征吉祥长寿的鹿和老寿星。李鸿章将各地祝寿的礼品转赠给英租界工部局,成为戈登堂大厅长期的装饰品。据1904年4月6日《大公报》载,戈登堂里经常上演"外国新戏"、"英国名戏",剧目为华人所不知,观众大多是各国侨民,也有少数中国人。1937年,为庆祝英王乔治六世加冕,戈登堂设置灯光设施,造成迷人的夜景。在1940年以前天津还没有犹太教会堂的时候,犹太人通常在重要节日租用戈登堂的大厅。日本侵华时期,德军重返天津,戈登堂堡顶也曾悬挂纳粹旗帜。解放后,戈登堂成为市政府的办公楼。

1976年唐山大地震,戈登堂损坏严重。1981年拆除后,在原址建筑了新式的天津市人民政府办公楼。楼后解放北路一侧至今仍保留着原戈登堂的附属建筑。如果您对戈登堂感兴趣,不妨到现在的市政府大楼后面临解放路一侧去看一看,在这里还能依稀窥见当年戈登堂的雄姿与风貌。

(章用秀)

戈登堂,1973年

天津赋予法国文学大师的灵感

考察欧美近现代文学家的足迹，不难发现，有不少人曾踏上过中国这方热土，有的甚至主动融入到中国社会生活中去发现生动细节。中国一度是他们创作的源泉，他们也以谙熟古老的中华文化为荣。以中国为题材，他们创作出了许多脍炙人口的不朽作品。

保尔·克洛代尔（Paul Louis Charles Marie Claudel，1868—1955）、维克多·谢阁兰（Victor Segalen，1878—1919)、圣－琼·佩斯（Sant-John Perse，1887—1975）这三位在世界文学史上产生很大影响的法国著名诗人、戏剧家、作家、考古学家，与中国渊源至深，在中法文化交流史上书写过重要一页。他们曾有意识地在天津这座开放商埠汲取创作营养。可惜他们的这段特殊经历如今已很少被人提及。

克洛代尔曾任法国驻津领事，在今称解放北路金融街的这条英法殖民者开发的老街一带，生活工作过三年之久。让中法文化交流史研究者感到特别的是，这里是他激发戏剧、诗歌创作灵感的载体。或许租界里中西文化的激烈碰撞、或许这里的商业潜规则和商场上的尔虞我诈、或许沿街某位银行或洋行职员的言谈举止、或许海河码头的终日喧嚣等等，都会刺激克洛代尔某根敏感的创作神经，而使他文思泉涌吧？

谢阁兰、佩斯则可视为克洛代尔的追随者，二人也都先后专程来到天津法租界，怀着崇拜的心理，体会和感受克洛代尔的生活空间和创作情境。

对中华大地情有独钟
折服于汉文化的精深

被誉为"二十世纪前半叶法国文坛杰出人物"的克洛代尔（也译为克洛岱

尔),被称为后期象征主义的重要诗人之一。在艺术表现形式上,他注重营造史诗或歌剧般的恢弘气势,被称为交响乐式的体裁。

而他首先是一位职业外交家。1889 年,他被法国外交部录用后,有了踏上中华大地的机缘。从 1895 年到达被他称作"神秘东方"的中国这方热土,至 1909 年心满意足地离开的 14 年(他在《中国风物》中称之为 15 个年头)里,他大部分时间都在中国大城市的法国领事馆里任职。

尽管在近代世界文坛上,克洛代尔的大名山响,但他在中国并不叫克洛代尔这个直译的名字。笔者考证得知,1896 年至 1906 年,他任佛兰西(即法国)驻福州领事。在此期间,西班牙和葡萄牙驻福州领事,也按惯例都由他兼任。1903 年,他还兼任过葡萄牙驻厦门领事。当时,他取的中文名字叫"高乐待",也有资料载为"高禄德"。

光绪三十二年十月(1906 年 11 月),他转任法国驻天津领事时,又改名为"高录待"。克洛代尔是学习过汉字的,因此对他的中文译名,他还是有些讲究的。

1909 年,41 岁的克洛代尔与家人一道离开天津、告别中国,经西伯利亚铁路返回法国。此后,他担任过多个国家的大使。在漫长的外交岁月中,他不仅长于外交辞令,参与经商,还始终不懈地用诗歌(以诗剧为主)来表达观感或抒发他对天主教的热情。他敬重博大精深的中国文化,尤其热衷于在中国古代诗歌营造的情境中徜徉。他坚持学习中文,翻译中国典籍,并把吟诵中国古诗当成生活的一部分。他甚至能改写十余首中国唐诗宋词,创作几十首中国小诗。而他流露出的对西方现代物质文明无情侵袭原生态多元文化的那份忧虑,也是难能可贵的。一位西方作家的在华情愫和作品中流淌的特有的异域情调,一定在法兰西大地上产生了潜移默化的传播张力。1947 年,他当选为法兰西学院院士。1955 年他去世时,在巴黎圣母院举行了国葬。

谢阁兰(《中国西部考古记》1930 年出版时,也译为"色伽兰")在海军医学院上大学时专攻医学,但他却深受文学艺术的吸引。1902 年毕业后,他就曾希望到中国行医。24 岁的他,据说是在美国旧金山的中国城开始接触中国文化的,砚台、墨汁、宣纸、京戏等,样样都使他惊喜,并令他逐渐陷入到了对中国的迷恋中不能自控。

　　1909 年，在谢阁兰首次来华期间，曾专程来天津拜访时任法国驻天津领事的克洛代尔。惶恐地走进法国驻津领事馆的大门，谢阁兰恭敬地给克洛代尔呈上书和信。这是他期盼已久的事，但心中的偶像就在眼前，他还是有些不自在。

　　根据他的描摹，克洛代尔"圆圆的脑袋，瓷器般的眼睛富于生气。下颏和肥厚的嘴唇，有点像他说话时的腔调。冷静而亲切，亲切甚于冷静"。握手时，谢阁兰感到他伸出的手是肥厚软腻的。他们一见如故，以巴黎的文学界为主题谈了很久。转天，他们共进午餐时继续交谈着共同感兴趣的话题。阿尔蒂尔·兰波的作品对克洛代尔的影响很大，克洛代尔还欣赏苏阿雷、爱伦·坡和波德莱尔，但蔑视学院派，认为现代戏剧粗俗鄙陋。可见，克洛代尔尽管身在异乡，但对法国的文学界并不陌生。他在领事任上，并未耽误创作，而是致力于在《颂歌》、《缪斯》等作品的原稿上进行新版修改，他全身心投入到《大殿》的创作中，但却认为这部作品"并非杰作"。他还拒绝有人把他创作的剧本搬上舞台。可见，克洛代尔与法国文学界一直保持着密切交往，但也试图破茧而出，谋求冲出一条路子来。而根植于中国这块文化土壤，对克洛代尔来说，则是显而易见和触手可及的。

　　谢阁兰发现，克洛代尔显然充分意识到了这一点。尽管原来"一个中国字也不认识"，可一到中国，就直奔《道德经》，义无反顾地啃这硬骨头。可他研究老子高深莫测的思想，也不得不通过含混的翻译来理解和诠释。中文的写作风格对克洛代尔创作的散文产生了影响。谢阁兰后来听到法国在津商人对克洛代尔的不利评价时，毫不犹豫地说道："假如我不认识领事和实业家克洛代尔，我却认识并深深欣赏作为艺术家的克洛代尔。"

　　谢阁兰认为，克洛代尔一直是在天津的法国人中"富有吸引力的人"，并一直把克洛代尔放在他结交的艺术家圈子内很高的地位。后来，他又来津在克洛代尔家里度过了美好时光，克洛代尔也到北京拜访过他。可是，谢阁兰当时还未达到与克洛代尔开展经常性的深入交流的高度，也难以进入克洛代尔的内心世界。他无奈地表示：一开始，他就把本来以后要说的很多话，跟克洛代尔全说完了。

　　此后，谢阁兰一直在咀嚼和消化着这段与克洛代尔的交往。直到 1917 年，谢阁兰先后三次寓居天津和北京。他以各种身份先后在中国生活了至少五年半（1909—1914 年，1917 年 2 月至 7 月）。在此期间，他曾在法国公使馆专任或兼任译员、军医、考古领队等职，还参与东北的鼠疫防治工作。这些经历，使他得以俯下身去、踏下心来，切实体察中国文化的深刻，探求他有关中国的一大堆未解谜团。

谢阁兰在中国找到了艺术主题，并试图进行中西文化交融，用最火热的激情颂扬中国文化。谢阁兰取材于中国的一百多万字作品，丰富了法国诗歌的异域情调，摒弃了殖民主义者基于蔑视和偏见，而对被奴役国家人民的傲慢和不屑，甚至是种种猎奇心态和优越感。1917年，他主动受命在北京筹建法国汉学研究所，并为此奔走于中法之间，终因积劳成疾而逝世。而遗留在他书房桌子上的，是未完成的《中国的石雕艺术》手稿。

在津足迹支离破碎
梳理还原几无可能

正是在中国汲取丰富的创作养分、激发独特的创作灵感，克洛代尔、谢阁兰、佩斯才相继成为世界文坛上具备当量、可圈可点的大人物，而且绝不会因时光流逝而不值得一提。而天津则是他们心灵体味和深切感受的重要一部分。只可惜很多细节都已被岁月湮没，无从提起了。

克洛代尔在天津任职时，正处于创作旺盛期，不断有新作问世。《给新世纪的五大颂歌》是其诗歌代表作之一。其中，后三部分颂歌，即《光明》、《诗神即圣宠》、《关闭的屋宇》(也分别译为《圣母赞歌》、《圣宠的缪斯》、《关闭的房子》)，大都是在天津创作完成的，时间分别是1907年和1908年。其实，克洛代尔很早就对天津有所了解。在到天津任职之前，他就来过天津法租界游历。他在《认识东方》一书中介绍福建的广东会馆戏台时，有一段精彩描写，并提到了天津。"舞台一隅，在灯心草编制的笼子里，养着两只样子很像斑鸠的鸟儿(似乎是百灵，产于天津)，唱着温柔婉转的歌儿，挺天真地在跟周围的这片嘈杂声比试比试。这鸟是否产于天津，无从考究，但他在天津见过这种鸟且印象深刻，是可以想见的。

尽管克洛代尔两次从中国返法度假期间，都曾与谢阁兰短暂见过面，但真正拉开二人之间文学交流活动帷幕并惺惺相惜的，却是天津这个平台。

1909年6月14日，谢阁兰从北京途经天津，打算去中国各地旅行。来津火车车程需要三个小时，携带的帐篷、食物等行李有十三件，多达四百公斤，为此他只好雇用了一位忠实的天津仆人帮忙。谢阁兰在天津拜访克洛代尔时,克洛代尔用车带着他去转英法租界、去看天津城。克洛代尔浑身轻松,而对天津还很生疏的谢阁兰则因带着满脑子的问题而一脸凝重。

谢阁兰在书信中(《中国书简》一书已出版中译本)对此进行了描摹。他们在天津的新教堂(今望海楼教堂),看到1870年天津教案爆发多年后相继立的墓碑。在墓碑前,他感慨颇多。在教堂附近的李公祠,他们看到很壮观的李鸿章铜像刚立了起来。克洛代尔凭借外交官的政治敏感,认为古中国(指清政府统治下的中国)很快就要灭亡,而且认为必将"很快就看到"。来华后的一路观感,也使谢阁兰有着同样的强烈感受。果然,两年后的1911年,爆发了辛亥革命,此谶语竟然成真。

谢阁兰的观点是,中国的中庸也许比欧洲高贵一点,但是缺少"领头人"。他因此对当时很多中国人的性格并不苟同。克洛代尔也赞同这个"很有新意的发现"。

谢阁兰初来津时,天津正处于商业的暂时危机中。他据此认为,"天津是个较富饶的冲击地区,但也是个名气大过地位的租界,但还缺乏汉口那样世界性的未来"。当然这个判断并无宏观依据和前瞻性的考量。

天津对谢阁兰来说,处处都很神奇。在天津外城(指天津城厢的城墙外),他还看到一种正在售卖的30厘米高的上漆烧的陶土塑像。这种仿塑现代中国人的造型,别致而流畅,他不知道这种小泥人是什么神,感到很奇特。当时,法国商人贝拉在天津开办砖厂,为英法租界提供建材。这个砖厂也能试制这种上釉后焙烧的"小泥人"。如今,根据谢阁兰的描绘来分析判断,这可能就是天津民间一直流行的"娃娃大哥"的一种。

在暂住的旅馆(位于法租界)里,他还打算为一位嘴里长有兔牙的天津人拔牙,此人是旅馆和铁路之间的联络人,显然为方便谢阁兰买火车票提供过帮助。天津一位姓杨的人,还临时充当谢阁兰的管家,陪他去旅行。

谢阁兰后来一度在天津讲授医学。当时,天津法租界的医院,有法国教会在圣鲁易路(今营口道一带)建立的私立天主教医院和设在法租界巴斯德路(今赤峰道一带)上的巴斯德化验所等。谢阁兰在天津的活动中心应为法租界一带。

克洛代尔的榜样力量和示范作用,感染了很多在华的法国人,尤其让在法国驻华公使馆任职的佩斯备受鼓舞,1917 年, 佩斯曾满心好奇地专程到天津追寻克洛代尔的踪迹,体味和理解克洛代尔的创作思路和角度,并有意识地感受天津的风土人情。巧的是,他还在津邂逅了谢阁兰,并进行了充分的交流。这都使他顿开茅塞,获益良多。1921 年,已升任一等秘书的佩斯,决心放弃很有前程的外交官职务,开始广泛地在华游历考察。他醉心于中国文化的精髓,保持着创作热度。他还与中国民间有较广泛的交往,接触过黎元洪、梁启超等名流,并曾对五四运动前后风雷激荡的中国社会有过比较深刻的评价。1960 年,他被授予诺贝尔文学奖。

　　三位法国文学家的中国缘、天津缘,就像过眼云烟,难得有心人再关注这段陈年往事了。但天津的独特文化形态,海河畔的无穷魅力,英法租界文化对天津传统文化的冲击和互补,相信对三位法国文学大师创作激情的迸发,无疑都产生过无形的影响,且时不时都会流露在笔端上。他们似乎也都隐约觉得,一旦离开中国的博大精深的文化土壤,他们将一事无成。好在他们都抓住了,都没有放弃且都走得足够远、挖得足够深。这无疑成为世界近代文坛上的一段不容忽视的逸闻,也理应成为近代欧洲文学史上不可或缺的一笔。

(王勇则)

苏联军事顾问倒运军火

20 世纪 20 年代中期，天津出现了不少行踪神秘的苏联军人。与在津经商投机的白俄淘金者不同的是，他们是雄壮威武、机智沉着的革命者和军事专家。他们就是来华协助冯玉祥国民军与军阀作战的苏联军事顾问。他们肩负着神圣使命，辛勤工作，尽职尽责，尽管未切实受重用，但也发挥了不可替代的作用，尤其是 1925 年底在攻打直奉军阀的天津战役中，他们表现果敢，多人获得军功。

有意思的是，他们在天津有过一段鲜为人知的传奇经历，他们不仅多次在维多利亚大街（今解放北路一带）一带的旅馆居住，而且在英法租界、在敌人眼皮底下倒运军火。作为亲历者，他们还饶有兴致地记述了当时天津一幕幕原生态的社会场景。A.B.勃拉戈达托夫著的《中国革命纪事 1925—1997 年》、维·马·普里马科夫著的《一个志愿兵的札记》等，都用不少笔墨涉及了天津这座光怪陆离大城市的租界百态。他们基于对租界怪现状看不惯而进行的描摹，俨然为后人了解解放北路金融一条街的历史细节提供了一个新视角。

勃拉戈达托夫生于 1893 年，在俄国国内战争期间，曾任炮兵营长，1925 年 4 月在工农红军军事学院第五期就读时，奉命来华，化名"罗兰"，先在苏驻华武官处工作。1926 年调任国民军苏联军事顾问组参谋长，随军参加天津、兖州、驻马店和洛阳等战役。1927 年转任广东国民政府苏联军事顾问团参谋长、副总顾问，作为加伦将军的副手，常出入于蒋介石的司令部，后参加北伐战争。同年 7 月在乘船返苏途中被蒋介石军队劫持入狱，经交涉后释放回国。二战时期曾任集团军副司令、维也纳城防司令。战后任总参谋部军事学院的系主任。

普里马科夫生于 1897 年，曾任列宁格勒高等骑兵学校校长兼政委。1925 年初奉命来华，笔名根里·阿连，在华期间被称为"林上校"，任国民军张家口顾问团副总顾问。积极创建国民军第一军骑兵，参加华北对直奉军阀作战。他参与拟定了冯玉祥攻打天津的作战计划,新建的骑兵军团和炮兵部队也在战场上发挥了作用,并于1925年12月24日占领天津。1926年5月,他陪同冯玉祥赴苏学习。冯回国时,曾建议苏联政府派他担任国民军的军事总顾问。但他已接受了驻外武官的新任命,错过了再次来华的机缘。他后任军区副司令,是数届全苏中央执行委员会委员。1937年6月,在肃反中,他被作为图哈切夫斯基叛国集团主要成员之一遭到错杀。

租界怪象难以接受

勃拉戈达托夫和普里马科夫都认为天津不光是一座大城市,而是一个有百万居民的货栈。在天津英法租界游荡时,他们接受不了在帝国主义国家控制下的这番奇景、乱象和喧哗,很快就头昏眼花。"外国租界将这座城市点缀得像一座完美整洁的欧式城市,商店、饭馆和酒吧间比比皆是"。"租界区很漂亮,只不过在这个城市里,真正中国的色调太淡薄了。大街上,欧洲人来来往往,租界区飘扬着列强的国旗,各国警察站在十字街头。他们在别人的国土上执行着他们的国王和总统制订的法律,按照二人的法典和习惯来进行审判,而且各个租界的法律都不相同。"

普里马科夫是1925年4月20日到津接头的。他的目的地是国民军在张家口的驻地。他沿着维多利亚大街(今解放北路,下同)边走边看。那些欧式房屋的正门挂着中文的牌匾,上面还巧妙地刻上一些洋文。"一群群欧洲人和中国人混杂在一起。来往于市内各条街道上。然而,欧洲人却认为自己是统治一切的人。

维多利亚路上的新式商店,摄于1925年(山本照相馆摄)

天津举行的第一届外国博览会,1923年由法国商会在大法国路和葛公使路交口处的临时建筑中举办

他们已经习惯于对中国人采取傲慢的态度，而这种态度是极其令人厌恶的,因为大多数在华的欧洲人是商人、冒险家和政客,他们为了压榨工人和农民的血汗而来到这里。商店掌柜的和事务所职员,摆出一种罗马贵族的傲慢派头,漫步在市内的街道上,并以我们家乡那种暴发户的高傲态度推搡中国人。甚至在仅有的几条街道上行驶的电车上,欧洲人也不和中国人坐在同一车厢里。他们出门总是坐人力车和汽车。”

　　普里马科夫抱怨起天津法租界不公正的制度来。“真见鬼,只要和某个法国人发生争吵,就得尝到拿破仑法典在殖民地国土上运用的滋味,若是在其他租界和警察发生争吵,那就要按其他欧洲殖民者的法典来处理。要知道,对殖民者来说,世界上任何地方都不像这个城市的便捷,就可以领会到所有大国(唯有沉睡着的四亿巨人中国在外)的管辖权”。

接收军火　任务艰巨

　　普里马科夫在维多利亚大街上的一家小旅馆里住下。他找到在美孚石油公司天津办事处工作的同乡——在苏联国内战争时期的同志库兹米切夫(也译为库齐米切夫)。库兹米切夫生于1900年,在津化名叫阿尔图尔·埃凡斯,熟悉天津的情况并在天津有一些熟人。然后,普里马科夫没在天津落住脚,就与库兹米切夫北上去见冯玉祥,并在那里负责训练机枪手。

不久后,二人重返津门,因为接受了一项重要且秘密的新任务,这就是冯玉祥让他们负责在天津接收一批军火。冯玉祥还为此把给国民军驻津代表李先生写的信交给二人。用冯玉祥的话说,"我把国民军的命运托付给你们了"。当时,装有国民军私运的武器弹药的一艘外国轮船,即将驶抵天津。为避免被奉军的驻防军截获,他们打算卸下武器后,将其伪装,以"美孚石油公司"和"乐器仓库驻北京代表"的身份运往北京,转交给国民军。

二人随即转道北京做准备,于1925年7月3日晚到达天津。这一回,二人住在了维多利亚大街比较高档的阿斯托豪斯旅馆(Astor House Hoter,利顺德饭店当时的英文译音,也译为阿斯特豪斯)。李先生则住在不远处的法租界,他比二人的军衔要高,英语说得很流利,是这次行动的指挥官。即将靠岸的货物,将卸在李先生承租的一处木工作坊似的屋子对面。那里已堆放着的装运钢琴的木箱,将用来装运机枪和步枪,而数百个罐头箱将分别装运弹药。

为了伪装得更加巧妙,二人进行了精心筹划。7月6日晚,大家乘坐快艇在大沽炮台附近接船。库兹米切夫好不容易把同行的海关官员和艇长灌醉,可自己也两眼打架了。半夜里,在大风的袭击和"带着白色浪峰的黑浪"的拍打中,快艇猛烈地颠簸着靠近了商船。好在普里马科夫还清醒着,他向知情的船长说明了卸武器的计划。尽管船长对库兹米切夫的忘我精神表示了敬意,但库兹米切夫苏醒后还是很后怕地说,"脑袋都要弄炸了,耽误接船,是要受上级指责的"。令人钦佩的是,当时他们却并没有想到随时都有掉脑袋的危险。

转天晚上,二人趁大多数船员上岸之机,指挥100多个可靠水手和苦力把武器运到木工作坊装箱。一夜竟卸了1000支步枪和200万发子弹。到早晨,包装木箱上已经标注了"小心、乐器"的字样,还贴上了商标。李先生布置了警戒。一旦发现形迹可疑之人,"喝醉了的"或者斜倚在手推车旁"打盹"的水手和苦力就吵吵嚷嚷地过去打群架,一副蛮不讲理的样子。结果,还真让几个可疑之人成为遭难者而住进了医院,甚至还把事情闹进了警察局。水手和苦力斗殴,在码头上是司空见惯的事。警察并没有认识到故意与素不相识的人斗殴,有什么反常和隐情。

而此时,木工作坊的窗户被遮得严严实实,屋里灯光昏暗,传出阵阵斧头敲击的低沉声响。上百人默不作声地装箱密封,二人仔细监督着包装程序,并小声提出一些建议。比如要用刨花儿塞满箱子的富余空间,以免金属部件出现磨损等等。二人查看所有木箱,查看包装的规格,检查枪支的质量和弹药的状态。尽管这些都是德制、日制的旧步枪,但完好无损,都能使用。二人还把密封包装的子弹箱分装在汽油桶内。为符合每桶汽油的实际重量,还填充刨花儿。此举也可使子弹在汽油桶内不因晃荡而发出声响。

住在利顺德表演很出色

直到转天早晨 5 点钟,二人才回到阿斯托豪斯旅馆。他们的表演到位,使旅馆的仆役认为他们是夜不归宿的生活放荡者。就这样,他们晚上身着夜礼服、穿着光亮的皮鞋出去。可一到作坊里,又得换上蓝色工作服和高筒胶皮鞋,忙着干活。白天猫在旅馆睡觉。他们要特别留心,不能让刨花、锯末、油漆或者铁丝等痕迹留在衣物上,因为整个作坊都是这些东西。直到 12 日,才将武器包装完毕,运到火车站,准备装车。

二人与海关官员巧妙周旋,送他雪茄烟,引导他打开了 5 个指定的木箱,这都是包装了钢琴的,且事先在箱上涂有红色油漆,作为通过安全检验的信号。海关官员在钢琴上轻松地弹了几下,竟又跑到装子弹的木箱前瞅瞅。还好,在普里马科夫的指引下,他们打开了一箱菠萝罐头,普里马科夫顺便拿出一筒送给这位伙计尝尝,转移了其注意力。不过,大家的心也紧张得提到了嗓子眼儿。20 名苦力将"夹馅货物"装上车皮,如果把装汽油的车,夹挂在钢琴车和罐头车之间,就容易发生意外。为了避免可能造成的巨大损失,普里马科夫假装与库兹米切夫争吵起来,找到列车长交谈了一番,并把一张五元的纸币塞到乘务长手中。一切问题都解决搞定了。看着编组完毕的列车,二人与商行押运货物的人点了头,大家才放下心来。两三个月后,这些"乐器"组成了一支音色很不错的"乐队"。

二人并未一同离津。这是因为,大家还想再冒一把险。装扮成商人的李先生闻讯一艘日本船要靠岸,张作霖手下的士兵将从这艘船上卸下并接收大批机枪。李先生不甘心地说,要把这些玩艺也弄到手,不能让它成为伤害国民军将士的凶器。"哪怕弄到几十挺也好啊!"气愤的李先生在与普里马科夫商议此事时,脸涨得通红。大家决定再干一次。

普里马科夫与库兹米切回到阿斯托豪斯旅馆。还得表演一番,才不会让人家怀疑其身份。为表明酒后头痛得厉害,他们趔趔歪斜地向旅馆仆役大量索要苏打水服用,闹得动静很大。仆役们表示同情地微笑着,并在门外揶揄着这两个指不定在什么地方酗酒放荡的外国佬。二人这才放下心来,好好睡起觉来。在旅馆无所事事地住了两天,李先生送来消息称,奉军的十五挺机枪,将于7月15日用卡车送到城里。尽管车上只有司机和助手,但收买工作没能办成。大家决定用武力强行截获。经过缜密拟定行动方案,他们导演了一出惊心动魄的劫车大戏。好在他们又"得逞"了。

三天后,北京驻防军长官鹿钟麟特地为他们举行了庆贺晚宴。库兹米切夫后在苏联军事顾问团张家口组担任骑兵顾问时,化名"温",还当过普里马科夫的副官。由于他们对天津英法租界越来越熟悉,因此被多次指派在此潜伏,落实与军事机密相关的特殊任务。

顾问徒有虚名没能派上用场

被美国驻天津领事高思称为天津"民国以来最激烈的战斗之一"的天津战役刚刚结束,1926年1月30日,勃拉戈达托夫就来担任刚移师天津的国民军第二军步兵师师长邓宝珊的顾问。在中国翻译陪同下,他在法租界大法国路(今解放北路的营口道以北一段)上的高级欧式饭店——帝国饭店里安顿了下来。他邂逅了再次来津为国民军第二军接收和运输武器的普里马科夫。他们分析了天津的新形势和冯玉祥的新打算,并交流了如何在租界里顺利开展工作的技巧和经验。

勃拉戈达托夫在天津还常与国民军第三军军长孙岳的首席军事顾问利沃夫(生于1891年,苏联卫国战争时任集团军司令,作战时牺牲)见面,并一起在英法租界溜达。在津的国民军将领却没把他们放在眼里,不光对他们很冷淡,苏联驻天津领事为新任直隶督军的孙岳举行宴会时,孙岳竟然婉言拒绝邀请他们。被剥夺了向中国将领们提供有益建议的权利,令人失落。可二人也认为,一味"死乞白赖地央告",也没有什么意思。

他们一度百无聊赖,索性一同去扎卡奇科夫和米兰多这两位侨居天津的俄国裁缝那里(在天津,除了俄租界之外,英法租界和小白楼地区也曾聚居俄国侨民)去做衣服。两位裁缝都有巴黎缝纫学院的毕业文凭,文凭是用法文写的,装在一个玻璃镜框里,挂在店里的橱窗上,很醒目。他们为使衣服裁做得合身,先给顾客穿上一个量架,这是一个用皮尺拼成的坎肩。然后用料子剪出样子。当勃拉戈达托夫询问何时来试装时,他们竟生气地说,"一看您就不是天津人。我们做衣服从不试装。两天以后您来取成衣好了。"果然,衣服做得很贴身。当这件效果不错的衣裳穿在身时,二人对天津的好感无疑也加深了。天津租界在他们眼中也不再那么可憎了。

不过,不久后,邓宝珊未及与勃拉戈达托夫打招呼就因故离开了天津,这惹得勃拉戈达托夫直抱怨他"态度有些不近人情"。

(王勇则)

金融街上的公共设施

万国桥——金融街的起点

老天津金融街的起点是横跨于海河之上的解放桥(旧称万国桥)。万国桥的前身是老龙头铁桥,此桥的修建与老龙头车站成为铁路交通枢纽密切相关。

清光绪十四年(1888 年),几经周折的天津至唐山铁路通车,1892 年在旺道庄修建了天津第一个车站。1895 年,车站移至老龙头,当时沟通车站和河西紫竹林一带英、美租界交通的是老龙头浮桥。车站修成未几年,便发生八国联军之役,车站附近被辟为俄、意、奥等国租界。为加强各国租界之间的交通和往来车站方便,1902 年在原老龙头浮桥处修建了一座铁桥,结构与金汤桥等桁架式桥梁相似,这就是老龙头铁桥。该桥虽桥面不宽,但对于沟通海河两岸的交通发挥了一定的作用。笔者存有一部清末浙江籍学者孙宝瑄写的《忘山庐日记》。书中提到,他在光绪二十九年(1903 年)12 月 20 日从北京乘汽车来天津,寓椿元客舍,当晚去矿务局,客舍与矿务局相距五六里,"中隔大河,有新筑铁桥,坐小车

老龙头铁桥,1903—1927 年

法租界东部及海河鸟瞰。图中与万国桥相连的宽阔马路就是老天津金融街。空中飞行的是
三架日本军用飞机

鸟瞰万国桥，对岸正是金融街

黑夜往返,灯火繁密"。从地理位置上看,孙日记中所称"新筑铁桥"正是当时的老龙头铁桥。

上世纪 20 年代中期,因"天津商业发达,交通繁盛,该桥狭窄,时极拥挤",于是又在老龙头铁桥偏北处建筑一座悬臂式开启桥。此桥由当时的法租界工部局主持修建,天津海河工程局参与审核,达德与施奈公司承建,1926 年动工,1927 年 10 月 18 日落成,取名万国桥(天津人也有称其为法国桥的)。

万国桥全长 97.64 米,高 5.5 米,桥分三孔,中孔为双叶立转式开启跨,长 46.94 米,备有汽油发电机,可自行发电启闭。其余两孔各 24.23 米,桥面宽 19.5 米,车道宽 12 米,限载 20 吨。上部结构为下承式钢桁架及纵横梁组成的桥面系统,下部结构主墩为混凝土墩身,钢筋混凝土沉箱基础,沉箱箱底标高为大沽水平 18 米。据称,这座桥在筹建时,投标者共 17 家,设计方案多达 31 种,几经审查之后,方决定交由达德与施奈公司承包。原定工程费用以 100 万两白银为限。开工后,造价大幅提高,主桥耗资 152 万两,拆除旧桥等 39 万两,共计 190 多万两白银,成为海河上造价最高的一座桥梁。万国桥建成后,原来的老龙头铁桥被拆除。

万国桥

当年正在开启的万国桥

关于万国桥还有一个传奇的争议。几位天津地方史专家曾经提到,万国桥建成以后,一直都是横跨海河的交通枢纽和著名的城市地标……一个未经考证但流传颇广的说法认为,这座风格独特、现代感极强的铁桥实际上出自艾菲尔铁塔的设计师居斯塔·艾菲尔之手。这个传说,无疑给西式风格浓郁的万国桥增添了一抹神秘的色彩。另外一种观点认为,万国桥虽然建在当时的法国租界,但设计者是艾菲尔的可能性并不大,因为建桥时离艾菲尔逝世相距不到两年,建造桥梁是要到实地考察的,垂暮之年的艾菲尔不大可能在那时到天津来,并主持建造这座大桥。

1946年万国桥改称中正桥(蒋介石名"中正"),然而中正桥却没有给蒋介石以任何帮助。1949年1月在解放天津战役中,中国人民解放军仅用20多分钟,以不足一个连的兵力击溃了人数众多、武器先进且有工事可依托的国民党守军,占领了中正桥,俘获敌兵50余人,还缴获了八十多辆汽车。1949年1月25日,该桥改名解放桥,以纪念中国人民解放军的神勇,记载解放天津战役中攻占中正桥的奇迹。

所谓"北京的小洋楼,天津的老铁桥",今日的解放桥依然是天津一道亮丽的风景。这座历经八十多年风风雨雨的老铁桥,不仅是连接天津火车站与老天津金融街乃至海河东西岸的重要纽带,更是天津老铁桥中最具代表性的一个显著标志和近代天津发展变革的历史见证。

(章用秀)

津门宝地紫竹林

　　老天津金融街在今解放北路一带,旧时叫紫竹林。紫竹林这一地名得之于清初修建的一座寺庙——紫竹林寺。当年,紫竹林寺庙前矗立着一座精致的牌坊,且伴有古树两株,寺内正殿三间,供奉观世音菩萨,两厢建有配殿,院内植竹种蔬,为津沽一处胜迹。

　　修订于康熙十三年(1674 年)的《天津卫志》和乾隆四年(1739 年)的《天津县志》对紫竹林尚无记载。不过,成书于道光四年(1824 年)的《津门诗钞》收入梁洪(崇此)诗十七首,诗后梅成栋加有按语说:"天津海河西岸有寺曰'紫竹林',在上园之南,相传天花和尚焚修其中,梁崇此先生赠之诗云:'萍迹今初定,

1889 年的紫竹林街市,1890 年代被拆。该街区位于 20 世纪 20 年代的威尔顿路和巴黎路附近

1890 年代的紫竹林街道，正有出殡的队伍经过

新修紫竹林。一椽堪挂锡，三径始关心。花色拈秋影，潮声落磬音。他年成胜地，若个不追寻？'"且又引张霍《天花道兄住锡紫竹庵，秋日携诸子过访偶成》诗和徐兰有关紫竹林的诗作。张霍诗曰："荒山曾住惯，何况似村居？市远难沽酒，园多可种蔬。野人惊杖履，土壁饰图书。珍重相期意，高风慎在初。"徐兰诗曰："住锡闻今日，招寻曲径通。当门双树老，照佛一灯红。泉汲天心月，葵烹爨下桐。镇山无宝带，清话海云红。"梁洪、张霍、徐兰都是康熙年间人，说明他们在世时，紫竹林寺初建。从他们三人的诗中看，该寺地处远郊，水田交错，杨柳成荫，环境幽雅，寺庙主持为具有一定文化素养的天花和尚。

道光二十六年（1846 年）刻本《津门保甲图说》第六图右上角已明确标有紫竹林寺，并且标有高家庄、叶家庄、紫竹林村这三个村庄，可知清朝中叶紫竹林寺一带已发展为紫竹林村。笔者藏有嘉道间著名诗人梅成栋《欲起竹间楼存稿》（清钞本），书中即收有《沿海河独行，过紫竹林喜书所见》一诗。诗中道"高柳绿围村，村烟接水痕；板桥通古寺，花圃背衡门。"该诗所描绘的"古寺"即为紫竹林寺，而那烟树野景则正是当时紫竹林村的绮丽风光。

紫竹林寺的具体地点当在今承德道解放北路与吉林路之间市文化局所在

地的位置上。据英人雷穆森所著《天津——插图本史纲》一书(写于1925年)的记述:"紫竹林这个村庄位置在海大道(今大沽路)上,也是法租界的西界。在威尔顿路(今承德道)上的法国市场的旧址上有一座紫竹寺,其庭院内有几株竹子。"紫竹林寺以北有紫竹林大街,接近现今吉林路,西南则为"马大夫医院"(今口腔医院)。

近代以来,紫竹林声名鹊起。咸丰十年(1860年)《北京条约》签订后,天津开埠通商,以紫竹林为中心,方圆近950亩土地划为英、法、美租界,紫竹林寺庙划在法租界内。晚清举人丁冶棠曾四游紫竹林。光绪十五年(1889年)元月初,他第三次游紫竹林时称:"出街消散,随喜紫竹林。殿三楹,大士金容,惟妙惟肖,天人具足。出饮天盛茶楼,人杂而嚣,解渴即归。复玩洋行,槐柳接萌,绳直矩平,大概与上海似,繁冶逊之,较前所见,踵事增华矣。"这时租界当局在这里大兴土木,筑路建房,设洋行、置关卡、建教堂、筑兵营、修码头,建筑都以紫竹林命名。紫竹林寺地处法租界中心,当时寺内曾设有"会讯公所",租界地区的案件问题多在"会讯公所"内解决。紫竹林大街因靠近海河,水陆交通便捷,又处于英法租

紫竹林码头

界交界处,引来众多城乡商贩麇集。来自农家鲜活鸡鸭鱼肉、刚采摘的青菜,每天拂晓经水路舟楫或旱路运抵市场。采买人员摩肩接踵,人声鼎沸,交易火爆。许多洋行聚集大街周边,客商来往频繁,客栈林立。

紫竹林并不显眼,但这个名称却在西方文献中叫得甚响,以致在一些文牍中,"紫竹林"成了租界地带的简称,为全国乃至世界所闻知,并通常在口头上也以紫竹林与租界连称。一些西方人还将"紫竹林"作为天津的代名词。西人威尔弗雷德在其1933年撰写的《天津紫竹林》一书中,说紫竹林"先前位于一片烂泥和沼泽之上,外国租界就起于此,紫竹林陆路跨大沽(靠近直隶湾)35英,距北京80英里"。民国时商务印书馆编印的《中国古今地名大辞典》中也将这个名称收入,可见紫竹林的地位之高、影响之大。

光绪二十六年(1900年),英法等国组成八国联军入侵天津,义和团首领张德成、曹福田和红灯照首领林黑儿等率领义和团分三路于6月20日进攻法租界包围紫竹林,直攻到英法租界的交界处(今营口道中国银行后门一带),团勇们火烧洋楼、捣毁敌巢,持续激战达一个月之久。"庚子之役"后,因建房拓路,紫竹林寺庙被拆除,在原址上建起法国市场。

随着时代的变革,紫竹林地区(主要是靠近今天的解放北路一带)于20世纪二三十年代逐渐形成当时的金融中心,并享有"东方华尔街"之称。当时17家外资银行"相率偕来外资",在天津维多利亚道——中街——今解放北路银行街安家落户。到20世纪40年代,解放北路金融街上设有49家国内外银行,其中12家国内银行的总行设在天津;有270多家国外保险机构,还有功能完备的证券交易所。一幢幢风格迥异的豪华富贵建筑,气势雄伟,充分显示出金融、银行建筑的特征,这在中国其他城市是绝无仅有的壮丽奇观。1949年以后,解放路仍一直承担中心商业区和金融办公区两大功能。

(章用秀)

紫竹林教堂

紫竹林教堂,建于1872年,位于天津原法租界圣鲁易路(今营口道16号)。占地6.8亩,建筑面积779平方米。

1870年天津教案爆发后,因望海楼教堂被焚毁,法国天主教会全部迁入法租界,同时利用中国政府的"赔款"另在紫竹林另建新堂——圣路易教堂,因地处紫竹林一带,故亦称紫竹林教堂。

天津开埠以后,英、美、法等国依据《北京条约》条款,要求在天津设立专管租界,允许他们有租地、盖房、经商、传教等自由特权。清政府被迫同意将距天津旧城东南三公里紫竹林一带辟为三国租界。后来统称这三国租界为紫竹林租界。

紫竹林一带原有一座佛教庙宇,寺内供奉南海观音菩萨的塑像,相传紫竹林庙建于清康熙初年,坐落在今吉林路与承德道交口,建筑宏伟壮观。1860年英法联军侵占天津,紫竹林一带被划为法国租界,1900年法国人拆除了紫竹林庙,

建于1872年的紫竹林教堂

紫竹林教堂现貌

在紫竹林一带建的教堂、兵营、电车站、码头、餐厅、菜市场等,多以紫竹林得名。因此,紫竹林的名字多次出现在早期来华的外国人的著述中。旧天津扶轮俱乐部董事长威尔弗雷德·彭内尔在《天津紫竹林》一文中记述道:"紫竹林,一个中国村庄的名字,先前位于一片烂泥和沼泽之中,外国租界就源于此。"另一部书中记载"拨给英、法、美租界的地域围绕着紫竹林村,其中心点距天津城南门两英里。这一区域在海河右岸有一片将近两英里的沿河地带"。

紫竹林教堂为砖木结构,平面呈长方形,为三通廊,十字穹顶,外檐青砖饰面。建筑体量敦实厚重,装饰丰富,有雕刻精美的附壁柱和砖雕纹样。其东侧建有带地下室的二层小楼一幢,为当年的神甫楼。紫竹林教堂为市文物保护单位,特殊保护等级历史风貌建筑。

现在从外表看教堂破败不堪,走进去能见天,当初可是一座具有浓郁的文化复兴晚期风格的希腊式教堂,教堂砖木结构,钟楼成半圆形,有大量的葡萄、

现紫竹林教堂内部

玫瑰花造型砖雕装饰,半圆形罗马柱在大门左右,装饰柱头有百合花砖雕装饰,教堂内部满铺红蓝白三色瓷砖,砖面装饰有十字架造型彩色砖面,圣体栏杆为铸铁铁艺,祭台采用白色大理石雕刻,有三个不同造型的十字架,整体有卷云波浪边饰,石质

材料通透属上品,整座祭台艺术价值极高。

旧时到紫竹林教堂进行宗教活动的多为欧美各国侨民。堂内陈设高雅别致。祭台两侧供奉着两尊圣像,一为法王路易九世,一为法国女英雄圣女贞德。祭台西侧的墙壁上镶嵌有一块白色大理石,

祭台西侧墙壁上镶嵌的白色大理石

用法文镌刻着为教堂建筑捐资者的名字。两侧的半圆形拱窗,由菱形彩色玻璃拼成,阳光透过赤橙黄绿青蓝紫的玻璃投射在大堂内,使人们仿佛进入了一个五彩缤纷的奇异世界。沿螺旋式楼梯攀上唱经楼,西洋古典管风琴赫然耸立,紫铜音管靠墙壁排列,直向屋顶。演奏时,声音宏大丰满,圆浑和谐,音域宽广,和伴唱诗班的歌声时,神圣而庄严。据说在夜深人静的时候演奏,方圆十几里以外都可以清晰地听到。相传这是当时天津仅有的两台管风琴之一。

义和团运动中,西方教堂成为首当其冲的打击目标。"不下雨,地发干,全是教堂遮住天!"天津城乡的教堂多被焚毁,紫竹林得租界的地利而幸免仅存,并成为各地教徒、难民的避难所,一时间收容的教徒有一两千人之多。

民国开始后,天津逐渐成为重要的涉外口岸城市,来津的外国商民增多。由于紫竹林教堂地处租界要冲地段,不仅侨居天津的外籍教徒,就连一些在外商工厂、洋行做事的中国教徒也来此过宗教生活,因此,成为异国情调浓郁的宗教活动场所。

法国天主教会的仁爱会修女院、耶稣会崇德堂曾在此进行过宗教活动。1905年由法国驻华公使施鄂兰及驻津总领事杜士兰授意,紫竹林教堂创办了法国学堂,后改为法汉学校。

(张玉芳)

天津铁路的前奏
——英法租界窄轨铁路

回溯天津金融街的历史,有一段史实令人难以置信,那就是洋商曾分别在天津法租界、英租界各铺设过一次铁路。

起初,人们先是把铁路和火车当成"穿着令人憎恶外国服装的怪物",避之不及,后来是敬而远之,再后来才觉着新鲜、才感到方便,"或奔走追呼,或咨嗟艳羡"。

洋商在英法租界铺设铁路的时间分别为清同治十一年(1872 年)和光绪十二年(1886 年),尽管时间短暂,但都曾引起轰动效应。不过,人们在涉及这段历史时,常把这两次铺轨行为搞混。本文通过征引部分已见著述的内容来对比,不难发现这两次铺设行为的异同点。

首铺轻轨　甚为适用之物

杨勇刚编著的《中国近代铁路史》第 11 页载:早在 1865 年 8 月,英人杜阑德曾在北京永宁门外擅自敷设小铁路一条,近一里长,"以小汽车行驶其上,迅疾如飞"。时人"诧所未闻,骇为妖物,举国若狂,几致大变"。不久,经清步军衙门饬令拆卸。1872 年,英商又在天津租界内建一铁路,于 9 月 9 日试车,载客运行。当时天津道在场并乘坐了火车,事后他赞叹该火车制作可谓精美之至,于行动一切均甚便捷,甚为适用之物,还为机车赠名"利用"号。此路修于外国租界,清政府未便谕令拆除。该铁路并非营运铁路,但作为西方列强无视中国主权、擅自修筑铁路的一个实例,对于日后上海吴淞铁路的出现有一定的影响。

何文贤著《文明的冲突与整合:"同治中兴"时期中外关系重建》第 194—195页载:1872 年,英商在天津租界内建一铁路,于 9 月 9 日试车,载客运行。当时天津道在场并乘坐了火车,事后他赞叹该火车制作可谓精美之至,于行动一切均甚便捷,甚为适用之物,还为机车赠名"利用"号。

胡绳玉著《中国铁路的故事》第6—7页载:1872年,一英商在其政府授意下,在天津绕租界紫竹林河沿一周的土路上,铺设了一条轻便小铁轨,进行火车表演,轰动津门。9月14日,英国驻天津领事邀请天津道宪亲临现场观看。表演时,火车绕租界往来数次,为安全起见,先在机车后面挂上一辆货车,让在场的50名中国观众乘坐,运行数趟,围观者赞美不绝。后来将货车解去,又加挂两辆客车,分上、下两等座位,英国领事与天津道宪坐上等座位,其余随员皆坐下等客位,剩下的令观望者再入坐。欲试者争先涌入,连车门四面台阶处也站满了人,周游租界,获得成功。第二天,天津道宪致书英国领事,称"此火车之来中国,可谓创观。其制作亦可谓精美之至。至于行动一切,均极便捷,甚为适用之物,但尚无称名,鄙意拟赠以佳号曰'利用',未知有当尊意否"。英领事接信后,喜出望外。数日后,只见该火车上真的标明了"利用"二字。《申报》为此作了详细报道。

彭钟麟等《清史通鉴·同治中兴》第7卷第299页载:对列强的筑路要求,中国政府理所当然地予以了拒绝,但他们仍肆无忌惮地开始强行修筑铁路活动。同治四年(公元1865年)秋,英国人杜兰德曾在北京宣武门铺设一条小铁路,在当时令整个北京为之轰动,不久便被步军统领衙门饬令拆卸;同治十一年(公元1872年)又有英国商人在天津租界演示火车,以作宣传。不过,这两条铁路只是作为推广、演示而用,还称不上是出现在中国土地上的真正意义上的铁路。

再铺轻轨　看者摩肩接踵

罗澍伟主编《沽上春秋》第66页载:光绪十二年(1886年),唐胥铁路展筑的消息传出之后,天津的各国商人欣喜万分,刹那间天津成了外国人的铁路宣传中心。为了争夺在中国修筑铁路的权益,许多国家的商业组织都在天津租界里设立了相当大的办公点,像法国的工业界联合起来,在天津设立了办事处;怡和洋行从英国运来了五里长的小铁路,铺设在紫竹林附近的空地上演示,并邀请李鸿章和其他官吏乘坐。不久其他洋行也纷纷效仿。租界的旅馆也因此被争订一空。

刘诗平著《汇丰金融帝国140年的中国故事》第68页载:1884年,代表法国德康维尔铁路公司的加利与怡和洋行签订了十年合约,出任怡和代理,在中国推销其铁路系统。1886 年,他们在天津英租界一块空地上筑起两三英里的铺有三十英寸轨道的铁道,希望以此引起李鸿章的注意,并争取更多中国人的认同。怡和的特别代理兼公关宓吉认为他们更为明确的目的是取得天津到开平煤矿支线的修筑权。

勒费窝著,陈曾年、乐嘉书译《中国近代经济史译丛·怡和洋行 1842—1895 年在华活动概述》第 106 页载:加利担任他们的工程师和顾问。他把试验性的路线,以及机车、车厢和路轨于 1884—1885 年运至香港和广州展出,但没有获得什么成功。后来展品送往天津,希望引起李鸿章的注意:"二三英里的三十英寸狭轨铁路已敷设在英租界后面的空地上。"

刘海岩《津租界和老城区:近代化进程中的文化互动》载:19 世纪 80 年代,作为法国狭轨制造商德康维尔铁路公司在华代理商的英国怡和洋行曾从"海大道西"铺了一条窄轨轻便铁路直通老城区,主要目的是向李鸿章和清廷展示,以促使他们决定引进铁路,同时他们也在天津尝试开展商业运营。

刘海岩《电车、公共交通与近代天津城市发展》载:1886 年,法国德康维尔铁路公司在华代理商、英商怡和洋行,为了向清政府推荐引进该公司的产品,在英租界海大道(津大沽路)以西到海光寺,铺设了大约二三英里的窄轨铁路,蒸汽机车牵引数节车厢在轨道上往来行驶,"开车载客,俾众游玩",中文报纸称之为"地可味而铁路",类似于今天的轻轨。当时,每乘坐一个来回,上等座票价三角,最下等五分,并有一车专载女客。李鸿章也曾率众官员前往视察乘坐。这种前所未见、轰轰作响的机械牵引交通车,吸引了不少市民,"往看者踵接肩摩,熙来攘往,直有万人空巷之概"。可是,围观看热闹者多,"每见妇孺拥塞道旁,或奔走追呼,或咨嗟艳羡",乘坐者很少。时有开明人士感叹道:"津郡驾车皆任以骡驴而行,路之艰涩。每逢阴雨泥泞,进尺退咫。何不循途改辙,其劳奕逸啻仙凡之别。"这次活动的结果虽然不了了之,但却是近代交通工具第一次展示在天津百姓面前。

租界铺轨　天津铁路前奏

发生在天津法租界内的两次轻轨铺设行为,毕竟是在天津首次出现铁路,虽然展示性、宣传性远远大于实用性、操作性，但仍具有发轫和肇始的意味。

以上著述所及，可知以下特点：

一是，两次铺轨，均来自报章报道。第一次铺轨的引文，源自《申报》，均转引、引申自宓汝成编、人民出版社 1986 年版《中国近代铁路史资料(1863—1911)》第 1 册第 17—18 页所载。第二次铺轨的引文，来自《时报》1886 年 12 月 1 日刊发的消息。

二是，两次铺轨，均为窄轨铁路。第二次铺轨的生产厂家，即法国德康维尔铁路公司，也称法国轻便铁路公司或法国轻轨公司，其英文原名为"Decauville Railway Company"。

三是，选址租界展示路轨，天津行政当局鞭长莫及。当时，英、法在津已享受治外法权，在英法租界里，已日渐形成了一套游离于中国政府行政管理系统的统治架构。洋商利用租界的优势，用铁路实物来推广这种引领时代的交通设施，提高了官民的心理承受能力、开阔了国人眼界、丰富了国人见识，不能不说没有积极意义，但其最终目的还是觊觎中国铁路市场，靠已掌握的铁路科技手段，着眼于生产、开发和运营，不仅谋求控制中国路权，还打算大赚咱的银子。

四是，对于第二次铺轨之举，不宜夸大其引领作用。当时李鸿章等已开始操办唐胥铁路的展筑，国办铁路呼之欲出。虽然在英租界的第二次铺轨，民众争相观瞧，"直有万人空巷之概"，起到了普及铁路知识之功效，但洋商急于开拓市场的意图还是很明显的。

（王勇则）

德璀琳与天津海关

　　天津海关位于和平区营口道 2—4 号，为天津市重点保护等级的历史风貌建筑。现存建筑改建于 20 世纪 20 年代，旧址面向海河，平面呈三角形布局，为混合结构二层西式楼房。建筑造型别致，入口设于转角处，处理甚为特殊，高耸的竖向塔楼成为主入口的主要构图元素。建筑面积 4746 平方米。天津海关设立

李鸿章题匾，1888 年

天津海关大楼，上悬"津海新关"横匾

于1861年，最初的关址设在梁家园，一说初设于天津老城内，1862年迁至海河右岸紫竹林英法租界交界处，曾租借水师营务处（1915年建法国兵营）房屋，时称紫竹林新关。1887年开工建造津海新关，转年9月建成后迁入，天津海关税务司德璀琳恭求直隶总督兼北洋大臣李鸿章题写匾额——"津海新关"。天津海关税务司一职从1877年开始一直由英籍德国人德璀琳担任，长达22年。德璀琳与天津海关结下了不解之缘。

德璀琳（1842—1913），名为古斯塔夫·冯·德璀琳。1864年，在他22岁时来到天津，任津海关四等文书，1869年升任天津海关三等税务员，后出任镇江海关、浙海关和粤海关税务司。1876年，调任烟台海关税务司。1877年德璀琳回津海关，担任天津海关税务司。他一生在天津有近半个世纪。在这期间，他除任天津海关税务司22年外，还任英国天津租界工部局董事长13年。在天津的外国人中，其地位之显赫，活动能力之大，仅次于中国海关总税务司赫德，因此，在津外国人均称他为"古斯塔夫大王"。

德璀琳

在天津，他有一处寓所，一处公馆。其寓所在马场道西端与遵义道交口处，门牌为马场道271号。这里共有五所西式楼房，他住其中的一所。该房建于清光绪三年（1877年），称为德璀琳别墅或德璀琳花园。主体建筑为英庭院式三层青砖楼房，砖木结构，多坡瓦顶，方形门窗，外墙为水泥断块，门窗券有放射状泥断块图案。建筑面积600多平方米，现已不存。

德璀琳公馆位于英租界维多利亚道（今解放北路）与领事道（今大同道）交口处，为砖木结构三层楼房。当年称"德税司公馆"。院落较大，有个大花园，公馆靠近海大道（大沽北路）一侧，有"德税司马厩"，有光绪十四年（1888年）实测的英法租界图为证。马厩里饲养着许多匹十赛九胜他所钟爱的好马。据说，自从德璀琳掌管天津赛马会起，就建立了完整的优胜马匹、马主人和骑手记录的档案。当时的报纸称赞德璀琳的"赛马成就可以写满一部书"。德璀琳公馆现已不存。

德璀琳在扩张英租界，垄断海河工程，掠夺开平煤矿等活动中，都参与策

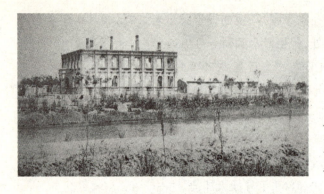

位于马场道西端的德璀琳别墅，建于1877年，图为1900年被摧毁后的样子

划。他还参与筹办中国邮政，倡议修建"戈登堂"，发起赛马会，创办天津第一家英文报纸《天津时报》等。德璀琳为直隶总督兼北洋大臣李鸿章所重用，多次代表清政府办理外交事务，被外国人视为中国"实际上的外交部长"。

天津近海带河，为京畿门户，在开埠之前，即有户、工、海三关之设。第二次鸦片战争后，天津根据被迫签订的《北京条约》辟为通商口岸。清同治二年（1861年），天津海关成立。天津海关的设置和制度如同上海海关，由总税务司委派天津税务司及帮办、总巡。当时总税务司是赫德，天津税务司是德璀琳。天津的海关，除受海关总署及总税务司上级领导的管辖外，在名义上还受天津海关道的监督。从1861年成立到1869年，天津海关受三口通商大臣崇厚监督，1869年到1921年，受天津海关道监督。1921年后，海关道改称为"关监督"。天津海关权限很大，不但接管了天津常关（钞关），还先后设辖过北京、塘沽、秦皇岛三个分关。

根据《北京条约》，1861年第二次鸦片战争后，英、法、美、俄等国在中国设驻华使馆。但往来邮件，须转交中国驿站代寄。1865年，总税务司署由上海移设北京海关，总理衙门面对大量书信，便把这项工作交给英籍爱尔兰人赫德办理。1866年，邮递业务由海关委办。1876年，总税务司赫德在时任直隶总督兼北洋大臣李鸿章的支持下，在北京、天津、烟台、营口、上海五处试办中国邮政。1878年春，赫德回欧洲，遂指派德璀琳以天津为中心，在上述等五处试办邮务。1878年7月，天津海关发行中国第一套"大龙邮票"。1880年元月，德璀琳创建第一个邮政机构，定名"海关邮政局"。因此可以说天津开创了中国现代邮政的先河。1899年，在德璀琳的主持下，英租界当局在天津建成第一座租界工部局大楼，并取名戈登堂。戈登堂在解放后为天津市人民政府的办公楼。1976年震损严重，后建起了九层新的办公大楼。

德璀琳在天津文化教育方面，也颇有所作为。1887年，经李鸿章同意，在河西梁家园建了一所吞纳书院，中文称博文书院，是天津第一所专门培养外国语人才的学院，聘请美国传教士丁家立为院长。8年后，1895年在此创建了我国第一座新型大学——北洋西学学堂（今天津大学前身）。在德璀琳倡议下，先在海关，后在英国工部局，成立了天津第一座公众图书馆——工部局书房。1886年11月，由德璀琳与怡和洋行大班茹臣任筹建天津印刷公司，并创办了天津首家英文报纸——《中国时报》。

德璀琳酷爱赛马，提倡天津赛马会。英租界的赛马活动始于1863年，赛马场初设于海光寺以南的墙子河外，即今西开教堂和教堂后一带；后因天津闹水灾，赛马场迁至今大营门附近的梁家园河坝，不久迁回原址。又因为水灾，再度迁址于今天的广东路与马场道交界处的天津医大东院。关于梁家园河坝赛马场，1884年刊行的《津门杂记》有一段生动的记载："紫竹林下有村，名梁家园，环村有围墙，名曰'墙子'，其外即西人赛马场，一片郊原，寥廓无际。每年春秋佳日，寓津西人必循常例各赛马一次；每次三日，午起酉止，或三四骑，或六七骑，并辔齐驱，风驰电掣，中立标准，以马至先后分胜负。第三日，增以跳栏、跳沟等技，捷足先登者，得彩甚巨；西人咸拍掌落帽，欢呼相贺。是日也，人声哗然，蹄声隆然，各国之旗飘飘然，各种之乐鸣鸣然，跑马棚边不啻如火如荼矣。倾城士女，联袂而往观者，或驾香车，或乘宝马，或暖轿停留，或小车独驾，衣香鬓影，尽态

天津赛马场第一座看台1900年被义和团摧毁后的样子

天津海关旧址

极妍,白夹青衫,左顾右盼,听奏从军之乐,畅观出猎之图,较之钱塘看潮,万人空巷,殆有过之而无不及焉。此数日,各洋行皆杜门谢客,海关亦封关,停办公事。"1886年德璀琳出任天津赛马会会长及秘书长,他凭借与李鸿章的私人关系,非法攫得了天津城南郭即今河西区佟楼养牲园近200亩的土地,修建了新的赛马场。从此,天津的外国赛马场的地点固定。这个赛马场在1900年的义和团运动中被毁。翌年重新修建,其中包括一个木结构的看台;同时将以前形成的由英租界通往赛马场的道路正式翻修,并且开始用"Race Course Road——"马厂道"命名。这座木结构看台一直使用了24年,直到1925年春天,才由另一座新建的混凝土看台所取代。经过两次重建,天津的英商赛马场无论是跑道也好,场地设施也好,在远东地区都是第一流的。

德璀琳在中国,大部分时间在天津度过。在清末,总税务司赫德与天津税务司德璀琳的职位十分重要。一能接近朝廷,二可与各国使节交往,三是待遇优厚。德璀琳去世后,《京津泰晤士报》在评论他时说:在将近四十年的时间,他在华北占有如此优越而又如此有威力的地位,以致我们不可能到天津时不想到他。

德璀琳一生接受过许多荣誉,最后一个是清廷在慈禧太后六十大寿时赏给他的头品顶戴,并几次授予其勋章。此外,他还得到法国、奥匈帝国、比利时、丹麦、普鲁士、巴西等国政府以及罗马教皇授予的勋章。德璀琳无子嗣,他有五个女儿。大女婿为德国人汉纳根;二女婿是美国美丰银行经理、美国人拉克;三女婿为奥国驻天津领事包尔;四女婿是开滦矿务局总经理、英国人纳森;五女婿是英国驻华公使武官。德璀琳死后,根据其遗愿,埋葬在住宅花园的一角。

(张绍祖)

大清邮政津局与大龙邮票

今解放北路 111 号,是我国现存历史最早的大清邮政津局的办公楼,是中国近代邮政在起步阶段的标志性建筑,是中国近代邮政的发祥地。天津市邮政局决定在此建一座博物馆,成为津门新的一景。

我国古代,政府的公文、军报由官办的驿站传送,这种邮驿制度有三千多年的历史。但驿站不办理私人通信,民间书信往来十分困难。而与现代邮政相似的既为官用又为民用的近代邮政通信,则是清光绪年间在天津开始创办的。

清同治五年 11 月(1866 年 12 月),中国海关总税务司赫德与清政府总理衙门达成协议,由海关兼办邮政。海关总税务司将《邮政通告》寄给津海关税务司,确定了邮件封发时刻表和邮寄资费;规定除收寄使馆、海关公文外,还有私信。这是海关在天津筹办近代邮政的开始。

光绪二年(1876 年)赫德进一步请设送信管局,并拟在北京、天津、烟台、牛庄(今营口)、上海五处海关,仿照欧洲办法开办。赫德受命后,指派津海关税务司德璀琳以天津为中心,在五处海关先行开办,于是近代送信机构——“海关书

大清邮政津局

举世瞩目的中国第一套邮票——大龙邮票(1878年)

信馆"应运而生。光绪四年二月二十日(1878年3月23日)"海关书信馆"对外开放。由此,官办的近代邮政机构,开始收寄华洋公众信件。这一天遂成为中国近代邮政的创办日。

天津海关于这一年的7月发行了中国第一套以盘龙为图案和印有"大清邮政局"字样的一分银、三分银、五分银三种面值的"大龙邮票",中国近代邮政事业开始在天津诞生。

据称,此前赫德着手筹印邮票时,对于邮票的式样做过多次研究。原始设计的草图有过"双龙戏珠"、"龙凤戏珠"以及具有东方宗教色彩的"六和宝塔"、"万年有象"等多种式样,但都未被采用。中国第一套邮票的主图最终决定采用"盘龙戏珠"。

龙是中华民族的象征。龙的传说在华夏大地上已经存在了几千年。相传龙能呼风唤雨,腾云驾雾,民间百姓视龙为吉祥物。世上本来没有龙,它是中华民族的祖先在漫长的岁月里,以丰富的想象力和创造力,将各种动物的长处融汇演变并加以神化而成的。到了汉代,龙的形象和神化则达到了巅峰。刘邦为了争夺天下,编造了其母梦神龙而生刘邦的神话。从此,龙被皇帝据为己有,把龙作为帝王"德威"的化身,以龙的图案象征皇室、皇帝至高无上的权威。清代的国旗是黄龙旗。中国第一套邮票以龙为主图,其用意与英国邮票图案为女皇肖像相同。

光绪五年十一月十日(1879年12月22日),赫德又命令天津海关税务司统一管理各地的邮政系统,建立"海关拨驷达局",同时将各地的"海关书信馆"一律改为"拨驷达书信馆"。"拨驷达"是英语"Post"（邮政）的音译。在李鸿章的支持下，天津一度成为中国近代邮政的总汇之地。当时，除了以天津为中心的轮船邮路之外，还建立了天津、北京、大沽间，天津、烟台间，天津、镇江间的各条陆路邮班。"内地等处信件也可代寄至各口岸转交妥实信局，送投不误"。光绪二十二年（1896 年），清王朝正式开办国家邮政，"海关拨驷达局"正式改为"大清邮政官局"；第二年，天津"海关拨驷达局"改为"大清邮政津局"，地点便是今天的解放北路 111 号。

据天津老一辈人讲，大清邮政津局的邮差，当时统一穿着的"号衣"为镶有红边的蓝色衣服，带胸补，上写"邮政局邮差"字样，每人随身带有大清邮政局发给的"护照"——相当于现在的工作证。不配马匹的邮路，分成快班和慢班全靠邮差徒步行进。一手摇着铃铛，一手拎着棍子，身后背着邮包，是当时邮差的典型形象。

大清邮政津局的建筑面积 2300 多平方米，占地一亩六分七厘，建筑平面呈 L 形，两层带地下室，砖木结构，异型砖券窗，窗台、窗楣及檐部满饰砖雕，做工精美，别具特色，为典型的仿罗马式建筑，堪称天津早期西洋建筑中的精品。现在，这座建筑除了东南角破损重修外，整个楼基本完好。近代邮政创办时，五座城市，拥有多处局房。建于民国的也存一处，在上海，比它晚整整四十年。1996 年春，该建筑上了"国家名片"，成为邮电部发行的关于邮政纪念邮票一套四枚中的第一枚。

至于大龙邮票，更可谓"全国第一"。作为中国邮票史的开山鼻祖，大龙邮票早已是集邮家们梦寐以求的收藏珍品。有人说："大龙邮票像文学界的'红学热'一样，邮政界、邮票界、集邮界的'大龙热'，多少年来高潮迭起，由此造就了不少的专家、大腕儿。"确实如此。据说 1942 年宋美龄为谋求美国对中国抗战的支持而访美。当她了解到罗斯福总统酷爱集邮后，便以国礼方式送给他一册包括全套大龙邮票在内的珍邮，罗斯福总统非常喜欢。宋美龄访美轰动了西方，"龙票外交"也成为世界外交史上的一段佳话。2010 年上海世博会上，天津人特意向世人展示了一套宝物，这就是大龙邮票。天津是大龙邮票的故乡，大龙邮票是天津人的骄傲。

（章用秀）

中国第一所电报学堂

　　中国第一所电报学堂，是李鸿章于 1880 年在天津创办的北洋电报学堂，校址在城东门外扒头街。1886 年校址移到法租界紫竹林。

　　电报是中国最早引进的外国现代通讯技术之一。中国培养电报人才始于清光绪二年(1876 年)福建督抚丁日昌在闽所办的电学馆，但那是训练班性质的，正式的电报学堂始于李鸿章 1880 年在天津创办的北洋电报学堂。第二次鸦片战争后，帝国主义要求在中国通商口岸架设电报线路的呼声愈来愈高。随着社会经济的发展，洋务派在政治、军事和商务方面对电报的需用也更为迫切。李鸿章在接受 1874 年在抵御日本侵台中，因无电报信息不通以致误事的教训后，于1877 年，由总督衙门(今金钢桥西)至天津机器局，试设了一条 6.5 公里的电报线。接着又于光绪五年闰三月(1879 年 5 月)在天津至大沽炮台、北塘海口炮台之间试架了一条长约 60 公里的电报线，试通军事电报。这是继台湾电报线之后，中国大陆的第一条电报线，成为其后建设津沪、南北洋两大电报干线的发

北洋电报学堂

端。1880 年 9 月 16 日,李鸿章奏请架一条由天津通往上海的电报线。同时,经李鸿章奏准,在天津东门内问津行馆(又称杨家花园,今东门里大街),设立津沪电报总局,这是中国第一家电报局,也是中国第一个负责线路工程和组织电报通信的管理机构。

1880 年 9 月,在建设电报线、设立电报总局的同时,奏请在天津创办北洋电报学堂。李鸿章说:设立学堂训练电报人才,可以做到"自行经理,庶几权自我操,持久不敝",得到清王朝的批准,令其"妥速筹办"。经过不到一个月的紧张筹备,在天津城东门外扒头街设校址,于同年 10 月 6 日开学,雇用了一批聘期为一年的丹麦大北电信公司的技师担任教习,教授"电学与发报技术",训练管报生。所有毕业生都将拨往各地电报分局工作,不胜任工作的毕业生被送回学堂补习。

1881 年底,天津至上海的电报线竣工,并计划再架一条上海到广州的电报线,并在苏州与天津至上海的电报线相连,这就急需管报生。为此李鸿章奏请光绪皇帝批准电报学堂续办一年,建议除在校的 32 名学生外,再招熟习英文的学生四五十名。他预期这些学生来年年底毕业正赶上新设的电报线竣工,可立即拨局派用。

1882 年梁敦彦(清政府首批留美幼童之一,后曾任民国时期交通总长)被李鸿章分配到天津北洋电报学堂教英文,月俸是十二两银子。不久,因为教授物理和数学的英国教习回国,他又兼任这两科的教习,俸银从十二两涨到十四两。梁敦彦在该学堂教书期间,1884 年因其父病逝回广东顺德奔丧。微薄的俸禄,使其在办完丧事之后一贫如洗,连回天津的盘缠都凑不齐。梁敦彦以逾期未回被该学堂辞退。

该学堂原打算 1883 年后停办,因各地来函要求继续办下去。1886 年 9 月,又在法租界紫竹林(今吉林路承德道一带)建校舍,增聘法国、英国、丹麦教师。1889 年时,专业教习包括两个丹麦人,璞尔生(兼任副学监)和卡姆西及京师同文馆毕业生那三。1895 年璞尔生提出办这所学校的目的,是将电学和磁学输入中国,"教会中国学生电磁理论和电报技术,使他们能在电报网的各分局报房胜任工作"。

1895 年时,该校有学生 50 名,分作四班。学生的年龄从 16 岁到 32 岁不等。

按班级的高低,学生分别领月银三到十两的津贴。学习年限,入学时英语和数学基础好的学生可在四五年后毕业。课程设置有:电报实习、基础电信问题、仪器规章、国际电报规约、电磁学、电测试、各种电报制度与仪器、铁路电报设备、陆上电线与水上电线的建筑、电报路线测量、材料学、电极地理学、数学、制图、电力照明、英文和中文。1895年北京同文馆学生庆常兼任该校提调并兼英文教习,璞尔生教授技术课,张青菜、谭志祥为助教习,兼教中文。

随着电报网的扩大,上海、福州、广州等地也开办了电报学堂,至1904年,我国各地电报学堂先后培养了大约3000名毕业生,其中天津北洋电报学堂从开办到1895年毕业生约为300名,他们是我国电讯事业的先驱者,为我国早期的电讯事业作出了重大贡献。光绪三十年(1904年)八月,该校变迁为天津自立电报学堂。

天津自立电报学堂系由孙洪伊与妹夫罗云章(1868—1935)各出资15000元,电政大臣批准开办的,并报学部备案。校址初设天津东门内仓廒。嗣校务扩充,毕业学生多为各电报局调用,成绩优良。电政大臣特给以津贴,北洋大臣批示地方官拨给天津寺庙公产"护饷关帝庙"作为校址。清光绪三十四年(1908年)改为天津公立电报学堂。该校有3个班学生计80余人,学习期限4年。有教员8名,大多由电报局工作人员兼课。校长罗培之,1883年生,天津人,北洋大学法律专科毕业。"护饷关帝庙"院落系两进,把后院整个院落及房屋拨给学校,有房八间:东房三间,西房三间,在西房之南北两端各有耳房一小间,在北端的耳房前,面南为第二校门,门外有箭道,道尽处为第一校门,即俗谓之大门,与庙之正门平列,为学校出入之路。

该校开办之始所有经费均由发起校董自行筹集,并酌收学费,以资弥补。不久,由电政大臣、前邮传部并交通部补助津贴,不足之数,除用学费收入弥补外,由发起绅董捐助凑齐。该校设校长1人,董事1人,学监2人,庶务、会计各1人。民国七年(1918年),聘请国文兼修身教员1人、国文兼史地教员1人、英文兼算学、理化教员1人、英文兼电学教员1人、外国电学教员1人等。同年9月有学生正科18名,预科25名。自开办以来,共计毕业286名,历年学生均经各电报局、电话局及各铁路局录用。1914年江西雷电学校一次调用计8名。该校学生曾积极参加"五四"运动,据1919年5月30日,《益世报》载:该校及天津体育社已于昨日（29 日）上午一律罢课，与各学校采取一致之行动。据 1919 年 6 月 3 日《南开日报》载：该校学生数十人罢课，派代表加入天津学生联合会，正筹建校内一切组织。

民国十七年（1928 年），天津设市，该校即隶市属，由天津市教育局拨津贴，学生学费每月三元。该校设有中学程度的普通学科，还有与电报有关的学科及实习。1938 年，校名改为天津私立电报学校（天津市私立电报职业学校），校长罗椿林。有学生 3 个班，共计 31 人，教师 11 名。"七七"事变后，天津沦陷，日寇以该校造就通讯人才，横加摧残，致使校务无法进行。校长罗椿林不忍坐视该校停办，决定把该校舍移让天津私立通澜中学。1940 年 6 月底，天津私立通澜中学移入，该校即停办。

（张绍祖）

爱泼斯坦与《京津泰晤士报》

伊文思图书公司位于英租界维多利亚路,现为解放北路 173 号。为钢混结构三层楼房,立、平面均呈条状布局,建筑面积 3200 平方米。墙体水混饰面,缓坡顶,四周出檐。檐部中央作三角形折檐。二层以壁柱相隔,开有方窗。一楼为商场,二楼为办公用房。曾由伊文思图书公司、利亚药店及英商惠罗公司共同使用。1931 年,爱泼斯坦在英国文法学校中学毕业后,先是来到天津一家俄文日报短期工作,后进入英文《京津泰晤士报》。该报便设在伊文思图书公司楼内。

爱泼斯坦和天津的渊源可以追溯到 70 多年前,他曾任《京津泰晤士报》记者兼职编辑。

伊斯雷尔·爱泼斯坦,又名艾培。1915 年 4 月 20 日,他出生在波兰首都华沙的一个犹太人家庭里。爱泼斯坦的父亲拉沙尔是个会计。当时被公司派往日本,

在《京津泰晤士报》任职时的爱泼斯坦

开展东亚方面的业务。因当时形势十分紧张,华沙已被德军包围,母亲松亚只得带着幼小的爱泼斯坦离开华沙和波兰。他们辗转进入俄国,通过漫长的西伯利亚铁路,渡海来到日本,一家三口才得以团圆。两年后,拉沙尔、松亚带着小爱泼斯坦又来到中国东北的城市哈尔滨。1920 年,当他们一家三口来到天津时,小爱泼斯坦已经 5 岁了。他们最初租住在英租界小白楼的一套公寓里,靠做一些小生意,维持一家人的生活。后搬到德租界,即现在河西区蚌埠道的一套德式公寓里。小爱泼斯坦先是在英租界马场道的一家

美国学校读小学,而后升到英租界的英国文法学校读中学。

1931 年,爱泼斯坦在英国文法学校中学毕业后,先是来到天津一家俄文日报短期工作,后进入英文《京津泰晤士报》,开始了他半个多世纪的新闻工作生涯。在爱泼斯坦进入《京津泰晤士报》时,该报已成为天津英租界工部局的机关报。伍德海为《京津泰晤士报》总编辑并兼路透社天津分社经理。爱泼斯坦到报社工作,是因为他中学毕业后,父母没有多少钱,不能把他送到英国去上大学。进《京津泰晤士报》,爱泼斯坦如同进入一所新闻学校,从打字、校对、采访、编辑、排版直到看大样,需要干什么

爱泼斯坦一家住在今镇江道这样的公寓小楼里

就得干什么,十分辛苦、紧张,这给日后他从事新闻工作打下了坚实的基础。

1933 年,报社把一本书交给爱泼斯坦,叫他写一篇评论。书名是《远东战线》,作者是埃德加·斯诺。他看着这本书,不由得被吸引住了,以至于爱不释手,连读好几遍。经多方打听,知道埃德加·斯诺当时正在北京,在燕京大学教新闻学。于是,爱泼斯坦利用星期日休息,坐火车到北京,拜访埃德加·斯诺。斯诺夫妇住在北京海淀一个四合院里。当时,爱泼斯坦只有 18 岁,而斯诺夫妇已有 28 岁了。以后,爱泼斯坦经常利用星期日去北京,他已和斯诺夫妇成了很好的朋友。埃德加·斯诺还把《西行漫记》的手稿给爱泼斯坦看。这样的友谊,在以后的半个世纪里,传为佳话。

而后,爱泼斯坦进入《北平时事日报》社工作。尽管爱泼斯坦由于工作关系,经常到各地出差,但他的父母一直住在天津,他把天津当成自己的家。1937 年,当日本军队占领天津时,在这里居住了 20 年的爱泼斯坦的父母,不愿意生活在日本侵略者的统治下,在塘沽乘船,离开天津,前往美国。在塘沽码头,他看到满

载日本兵的军舰正在靠岸,他曾经这样想:"现在你们翘着尾巴来了,但我要留下来看你们夹着尾巴走。"爱泼斯坦对中国人民就是这样一往情深,对中华民族的抗战胜利就是这样充满了必胜的信心。他要用新闻武器,投入抗击法西斯的战斗。1951 年,应宋庆龄邀请,爱泼斯坦到中国参加《中国建设》的编辑工作。1957 年加入中国籍。1964 年加入中国共产党。爱泼斯坦的著作有《人民之战》、《中国未完成的革命》、《中国劳工状况》、《西藏的转变》,以及 30 万字英文自传体回忆录《见证中国》。

1995 年 4 月 20 日下午,北京人民大会堂新疆厅洋溢着欢乐祥和的气氛。中共中央总书记、国家主席江泽民和中共中央政治局常委、全国政协主席李瑞环,在这里亲切会见中国籍的外国老专家、政协常委伊斯雷尔·爱泼斯坦,热烈祝贺他在华工作六十年暨八十寿辰。2005 年,爱泼斯坦在北京逝世,享年九十岁。

(金彭育)

天津印字馆与《京津泰晤士报》

清末和民国年间坐落在天津英租界维多利亚路（今和平区解放北路 189 号）上的英商天津印字馆，现在是天津市重点保护等级历史风貌建筑。该建筑为砖木结构，由英国永固工程师库克(Cook)和安德森(Anderson)设计。楼高四层，红砖外墙，正面外墙饰以麻石表面，并用上升感极强的白色直线装饰条纹。整栋楼红白相间，色彩活泼，具有浓郁的巴伐利亚建筑风格，也是英国民居建筑与现代建筑结合的实例。现在该建筑是天津市糖酒茶公司办公处。

《京津泰晤士报》概况

天津印字馆于 1885 年由英国商人开办，1894 年作为路透社天津分社、英文《京津泰晤士报》和天津印字馆三位一体的英国文化机构的办公地点，是天津最早拥有铅字印刷设备的印刷厂。同时翻译出版了国外科技书刊及各种中英文书籍。是当时很有知名度的一家外国出版公司。

关于该报的始末，天津老新闻工作者吴云心在《典型的英国式报纸〈京津泰晤士报〉》一文中说得比较概括简练：

1894 年 3 月（清光绪二十年）英商天津印字馆(TientsinPressLtd)创刊英文《京津泰晤士报》(ThePekingandTientsinTimes)。初为周刊，后改日刊。英国人贝林汉姆(W.Bellingham)任主编，助理编辑有伍海德(H.G..W.Woodbead)、彭

天津印字馆

《京津泰晤士报》

赖尔（W.Pennel）等。是一份典型的英国式报纸，日出二十版，在京津两地发行。报馆坐落在今解放北路利顺德饭店以北的一座小楼内。该报版式呆板，标题短短几个字，不能概括新闻内容，言论完全代表英国利益，不受中国人的欢迎。

30年代《京津泰晤士报》成为天津英租界工部局的机关报。伍海德以路透社天津分社经理兼该报总编辑。天津印字馆、路透社、《京津泰晤士报》构成英国在天津的三位一体的文化侵略工具。

"七七事变"后日军占领天津，英文《京津泰晤士报》依然谨慎地刊发路透社报道的战事新闻和国际新闻。住在租界内通晓英文的中国人，从该报得知一部分抗日战争的实际情况。1941年太平洋战争爆发，日军占领了天津英租界，该报停刊。（《天津报海钩沉》，第40页。中国人民政治协商会议天津市委员会文史资料委员会。天津人民出版社2003年1月版。）

关于该馆的创办人是谁的问题，据来新夏主编的《天津近代史》云：

1894年3月英国人马克里希创办天津印字馆，出版《京津泰晤士报》周刊。

此外，该报于1916年增辟了中文版，1917年中文版又为英籍华人熊少豪接办，改名为《汉文京津泰晤士报》。这是一份影响很大的报纸，它曾关注中国形势的变化，经常评论时事，发表政见，并宣称旨在输入西方文化以激励中国的改革。

主要办报人的简历

　　《京津泰晤士报》和《汉文京津泰晤士报》的主要办报人的情况,也是值得人们了解的。其中几位办报人的中文译名是不同的。我觉得其名字应该以权威的《近代来华外国人名词典》(中国社会科学院近代史研究所翻译室编。中国社会科学出版社 1981 年 12 月版。)为准。现将该词典对几位办报人的词条介绍如下。

　　关于贝林汉姆,其介绍为:

　　Bllingham,William 裴令汉　贝林厄姆,威廉,英国人。他于 1894 年在天津创办英文《京津泰晤士报》周刊(ThePeKingandTiestsinTimes)。1902 年该报改为日刊继续出版,一直到 1941 年 12 月 8 日太平洋战争爆发为止。生卒年不详。

　　关于伍德海其人,介绍其条目云:

　　Woodhead,HenryGeorgeWandesforde(1883—1959)伍海德　伍德黑德,亨利·乔治·旺德斯福德,英国人。1902 年来华,任上海《字林西报》外勤记者。辛亥革命时,为北京路透社通讯员。1912 年任北京政府所办的英文《北京日报》总主笔。1914—1930 年任天津英文《京津泰晤士报》总主笔。

　　关于彭赖尔其人,介绍其条目云:

　　Pennell,WilfridVictor （1891—　　）潘纳禄　彭内尔,威尔弗里德·维克托,英国人。1912 年任香港《孖剌报》记者。1916 年任天津英文《京津泰晤士报》副主笔,1930 年继伍德海为总主笔。1940 年太平洋战争爆发后,《京津泰晤士报》停刊,于次年被遣送返英。1945 年日本投降后他到新加坡,任英人办的日报主编。著有《香港西商总会史 1861—1961》等书。

　　关于马克里希其人,是这样介绍

《京津泰晤士报》主编、"英国下级爵士勋章"获得者伍德海

的：

McLeish,William(1851—1921)马莱绪麦克利什,威廉。英国人。海军学校毕业。1886—1900年任天津北洋水师学堂驾驶、航海及天文学教习,兼《字林西报》通讯员。1901—1903年任天津英文《京津泰晤士报》主笔。1903年后任天津英国新拓租界工部局秘书。著有《天津被围日记》一书。1914年退休回国,死于苏格兰故乡。

而主办《汉文京津泰晤士报》的熊少豪,则是广东新会人。1890年出生于香港,中学毕业后,加入英国国籍,初在路透社香港分社任访员兼翻译,经香港著名绅士何东介绍来天津任该社记者。他接办《京津泰晤士报》中文版后,将其改为《汉文京津泰晤士报》,自任总经理兼总编辑。1924年李景林任直隶督办时,他假意脱离英国国籍,被任命为外交部天津交涉员。任职期间,承认英国因修筑马场道而侵占的我国大片土地,招致天津人民的愤怒指责,翌年被撤职。1935年他出任冀察政务委员会外交委员。1938年投入伪治安军督办齐燮元门下,任公署委员。后在天津做寓公。

总之,当年的天津印字馆和《京津泰晤士报》作为历史的活教材,既见证了天津作为半封建半殖民地的一段历史,又使我们时时不要忘记近代中国落后挨打的惨痛教训。

（葛培林）

光陆影院沿革记

　　光陆影院的前身是大华影院,是由天津最早的房地产开发商、电影实业家库拉也夫创建的。美籍俄国人易·库拉也夫,又名固莱宜夫、寇来夫,系俄国十月革命前早期侨居天津的白俄人,中日甲午战争以后来到天津,先在河北大经路(今河北区中山路)开设工厂,经营机器制造业,颇有积蓄。1900年后,转向房地产投资,先在俄租界买地盖房,用来出租。接着在德租界威廉街(现解放南路)开设易古父子洋行,经营机器制造业和房地产,现解放南路从宁波道到奉化道的西侧直到台北路的德式风貌建筑中有其大量不动产,除自住外,大部分房产出租。

　　1916年10月,库拉也夫在德租界威廉街建起了一座豪华电影院——大华电影院,自任经理。影院占地面积1334平方米,建筑面积2553平方米,楼房呈长方形,三层砖木结构楼房,南部顶端矗立着一座高达七米的钢梁锥形瓦楞塔顶,从远处望去,格外引人注目,为一座典型的俄罗斯式风格建筑。影院设备讲究,装饰豪华,有宽敞的前厅,前厅靠街有半圆窗户,窗口饰有浮雕,楼内有回廊,前厅华灯高照。木楼梯的立柱有雕花饰纹,并铺有地毯。楼下有镶花的精制方形木柱。该影院楼下陈列并出售机器。二楼是电影院,观众厅顶棚为曲线形造型。场内宽阔,有800多坐席,为藤条座椅,十分舒适。地面有坡度,前低后高,地面用花砖铺设。

　　该影院主要放映美国"米高梅"、"福克

光陆影院

斯"、"雷电华"、"派拉蒙"等影片公司的影片。美国环球影片公司出品的经典影片《西线无战事》,以深刻的思想内涵和精湛的艺术成就创该影院最高上座率。二楼侧面还设有圣安娜舞厅,有乐队伴奏,有白俄舞女伴舞,每当入夜,灯红酒绿,笙歌曼舞。早年张学良和赵四小姐曾到此舞厅跳过舞。影院三楼是放映机房和经理办公室,三楼屋顶上是一个300多平方米的大平台,夏季开设过露天舞场。有从楼下一直贯到三楼露天舞场的豪华电梯。该院是天津最早装有电梯的影院,2009年重建前保留有装电梯的痕迹。

该影院每日放映三场,票价昂贵,前排五角、中排七角、后排特座一元,相当于当时半袋上等面粉的价钱。影院环境幽雅,服务周到,设有衣帽间,可存放衣物。有休息厅可小憩,并免费赠送影片说明书。该影院的主要观众是租界的外国人和住在租界的寓公、商人等。末代皇帝溥仪夫妇、民国大总统黎元洪、徐世昌、辫帅张勋等都到过该影院观影。

在20年代,放映的是无声影片。原版外国影片除打中文字幕外,在银幕前设有乐台,由十几个俄国人组成的乐队,根据影片的内容演奏乐曲,烘托气氛。

1930年1月25日,"大华"有声电影开演,所用电影放映机为"西尼风"(Cinphone),是当时最新最佳的有声电影放映机。该院所演的第一部有声片是歌舞片《群英大会》,继而在春节上映五彩音乐有声片《万古流芳》。

1931年大华影院更名光陆影院。光陆和平安(今音乐厅)、蝶蝶(今大光明),

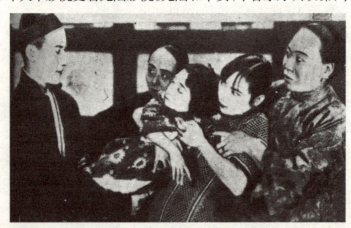

1931年5月31日,该院在天津首映我国第一部国产有声片《歌女红牡丹》

同是天津的一等影院。同年 5 月 31 日，该影院在天津首映我国第一部国产有声片《歌女红牡丹》，该片由著名影星胡蝶主演。放映盛况空前，观众的私人汽车从影院旁的徐州道一直排到海河边。

1938 年，影院遭遇火灾，剧场观众厅被付之一炬。据说大火是因为有人闻讯日伪当局要没收影院，归日商华北影片公司经营，就提前下手，纵火烧了这座影院。歇业一年后，复于 1939 年中旬在原址上开工重建，1939 年冬季新厦落成，可容观众 600 余人，更名为光华电影院。美国环球影片公司驻津代表李秉元（华人）入股，雇用院务主人及华籍经理处理全场事务。与派拉蒙、环球与哥伦比亚三大片厂签订长期头轮合同。1940 年 2 月 3 日开始营业，改建后的影院为一座三层钢筋水泥结构建筑，仍是典型的俄罗斯建筑，但融有现代化风格。银幕改为坐北朝南，将二十排后的坐席改为阶梯式，座椅改为布面弹簧椅，别具一格。先以环球名片《乳莺出谷》为第一声，不数日因各方手续有未办妥者，及其他修理电机等事又歇业数月，5 月 10 日重新开业，遂一帆风顺。在派拉蒙的卡通片《小人国》上映后，影院声势为之一振，地位逐渐得到巩固，与平安、大光明形成三足鼎立之势。其楼上还设立圣安娜舞场。

1941 年末，日本军国主义发动太平洋战争，对美宣战，日伪当局对美籍人库拉也夫经营的光华影院实行军事管制，由日人村井清、山田、今田三先后任经理，专门放映德、意、日的影片。

1945 年 8 月，日本投降后，光华影院日方经理撤走，影院一度停业。不久，库拉也夫再次来津经营影院，更换放映设备，于 1946 年 1 月 6 日重新开业。此时，由易古洋行经理白俄人什那布基斯兼任经理。1948 年由影院原副经理、白俄人 V.蒋宝接任经理。

1949 年 1 月 15 日天津解放。不久，库拉也夫的儿子小易·库拉也夫与苏联影片输出公司驻中国总经理邬克文和公司驻津代表西米诺夫达成协议，于 1950 年，该影院租给苏联影片输出公司经营，专映苏联影片，更名为"莫斯科影院"。1952 年经苏联影片输出公司与中国电影发行总公司洽谈，将该影院无偿移交中国经营。由天津市文化事业管理局电影科副科长、著名作家周骥良办理具体交接手续。同年 12 月，由天津市文化事业管理局方纪局长亲自出席交接仪式，莫斯科影院正式移交中国，何顺铭为第一任中国经理。1958 年 7 月，该影院下放归

北京影院正改建为天津市政协委员活动中心

河西区领导。1969 年莫斯科影院改名为北京影院,1990 年经过装修改造,由市文化局定为"特级影院"。

2009 年由天津市政协对北京影院在原基础上进行改建、扩建,成为天津市政协委员活动中心。该中心设施齐全、功能完善、环境优雅,全部达到五星级酒店标准。同时保留了原影院的主要功能,拥有一个可容纳 260 余人的演艺、观影的剧场。

近百年的光陆影院五次更名,从"大华"、"光陆"、"光华"、"莫斯科"、"北京"电影院,如今成为"天津市政协委员活动中心"。

(张绍祖)

天津第一座宽银幕、立体声影院
——大光明影院

  大光明电影院的前身蛱蝶电影院,由新新剧社股份有限公司与英籍印度人泰莱悌合作经营。1929 年建于英租界朱家胡同(今和平区曲阜道大光明桥旁),系印籍犹太人泰莱悌(泰来大楼房东)的私产,建筑费约为 14 万元。是年 4 月 24 日下午五时举行开幕式。事前曾约中外绅商各界参观,开幕那天正赶下雨,但来宾颇众。

  该影院虽然在当时设备一流,但票价却较天升、平安影院便宜,所以一时生意兴隆。影院坐南朝北,为砖木石基结构,建筑面积达 2597.22 平方米,三层楼房甚为壮观,建筑采用当时最新西式风格,楼下座位坡度极大,并作环抱形,壁饰清雅。只是楼上坡度也很大,俯视台上,有居高临下的感觉。影院映射灯采用当时最新发明的水银灯,光映在银幕上是为青白色,为当时津门所仅有。影院中附

天津第一座宽银幕、立体声影院大光明影院

设咖啡馆,大厅极其宽敞,可供跳舞使用。在影院的临窗处,便可望见"帆樯来往、颇饶佳趣"的海河景色,隔岸为俄国公园,风景宜人。夏日还有屋顶花园,河风送凉,是消暑纳凉的好地方。门前有两个身材高大、头缠白布的印度人负责检票,大厅和楼梯均铺设猩红地毯,设有存衣处,坐席多为沙发软座。票价高达三四元,观众多为外国侨民和国内显贵,黎元洪、张勋等寓公是影院的常客,曹禺先生也曾多次到该影院观看连台本电影。

影院最早为出租经营,月租 2000 元,因包租人欠租累累,泰莱悌遂收归个人经营,并派其亲戚泰尔波管理院务。后由泰莱悌与平安影院经理韦耀卿合资经营。又因泰莱悌与韦耀卿发生分歧,韦退出股份,由泰莱悌独立经营。后罗明佑租赁经营,其弟罗明发任经理。1934 年合同期满,仍归泰莱悌经营,更名为大光明电影院。曾有满洲映画协会(今长春电影制片厂址)影星李香兰(日本人)来津,在此登台演唱《万世流芳》影片主题歌《卖糖歌》等等。

1938 年 4 月 9 日下午,抗日锄奸团曾在该影院刺杀了大汉奸、华北联合准备银行天津支行经理兼津海关道监督程锡庚,一时轰动津城。1941 年,日军将泰莱悌拘押于山东潍县,影院被日商华北影片公司接管,台湾人杨朝华任经理。

1942 年 4 月 12 日,天津工商学院的管弦乐队在此举办第五次交响音乐会,由张肖虎任指挥,演出了《阿兰少女组曲》、《芬格尔窟序曲》和贝多芬《C 短调交响曲》等,获得良好的演出效果并轰动了津城。1943 年 5 月 16 日,天津联合交响乐团又在这里举办了一场交响音乐会,由丁继高指挥,方道尧小提琴独奏,演出了贝多芬第一交响曲及其旋转曲。由中国人自己组织并演奏交响乐的,在当时的天津还是一个创举。1944 年 4 月 22 日,著名女高音歌唱家池元元也在这里举办过个人独唱音乐会,由劳伦斯大乐队伴奏,声乐器乐交响,获得良好演出效果。

1945 年 8 月日本投降后,泰莱悌重新获得影院经营权,但因债台高筑,不久,泰莱悌就将影院出让给了劝业场东家高渤海,由黄润同任经理。高建立了渤海影片公司,除经营"大光明"外,还经营天津、天宫、天华景等各影戏院并承包影片进口生意。

解放后,1949 年 8 月 19 日,黄钟歌咏团在这里举办了建团两周年合唱音乐会,由团长莫桂新指挥,天津中国音乐研究会民族管弦乐队伴奏,演唱了《黄河

我国第一部彩色宽银幕立体
声电影《老兵新传》

大合唱》。这是冼星海这部名著的全貌第一次以公演形式和天津市广大群众见面,津城为之轰动。1955 年 11 月 15 日,影院改为国营,1957 年改建为天津第一座宽银幕立体影院。1959 年该院上映了我国第一部彩色宽银幕立体声电影《老兵新传》,导演沈浮,编剧李准,主演崔嵬、孙永平、高博、陈述、顾也鲁等。1962 年该院上映了中国第一部彩色立体宽银幕故事片《魔术师的奇遇》,编剧王栋、陈恭敏、桑弧,导演桑弧,上海天马电影制片厂摄制。1965 年扩建后更名为海河影院。1978 年引进英国道尔贝立体声放映音响设备。1982 年又恢复了大光明电影院的称谓。是年上映了北京电影制片厂摄制的彩色偏光立体电影《欢欢笑笑》、中国第一部彩色宽银幕立体声音乐歌舞片《阿诗玛》等,该院附设豪华录像厅、酒吧、大屏幕卡拉 OK 伴唱、游艺室等。年接待观众 100 多万人次。1991 年获天津市声画效果最佳电影院称号。现为天津市电影发行放映公司直属的特级影院。

(张绍祖)

附　录

金融街地域路名沿革和
历史地名地址辑录

　　整理者王勇则、王振良谨案：天津市解放北路素有"东方华尔街"之称，是典型的金融一条街。这个街区的大致地域范围：北至张自忠路，南至曲阜道，西至大沽北路，东至张自忠路和台儿庄路。该地区内涉及的道路和里巷，都在20个左右。

　　历史上，该地域曾分属英、法租界（1943年至抗战胜利前，曾一度属于日伪控制的兴亚三区），抗战胜利后路名"去租界化"，分别改称。1949年新中国成立后，个别道路和里巷再次改变称谓。

　　解放北路两侧和纵深地域内，企业云集。以银行、洋行、保险公司等各类金融机构为主体，以各类商业门店等服务设施为配套，工业企业较少。这成为该街工商企业布局的主要特点。此外，该地域内还分布着众多公共机构。

　　本文所载金融街地域内的道路和里巷名，据《天津市地名志·和平区》（天津人民出版社1998年版）等资料整理。在该地域内，还有紫竹林、英国花园（1949年后改称解放北园）等地名，光明大楼、利华大楼、新华大楼、佛照楼等楼名，首善堂、崇德堂等宗教堂名，以及多家银行、饭店等具有写字楼功能的公共建筑。由于这些建筑有特色，沿革时间长，知名度较大，堪称该地域内的建筑精华，人们当年也常将其作为方位的重要参照。

　　本文所载各类企业以及公共机构、人物住宅的地址和电话号码，以1936年交通部天津电话局编印的《民国二十六年份天津电话号簿》为基础整理。之所以选择这个历史阶段，是因为天津金融一条街地域内的行政机关、金融机构、商业设施等，在抗战爆发之前，是最为发达的，很具代表性。

电话簿上所列地址,尚存信息缺失问题,如当时耳熟能详的某商号,地址只简单标注英租界或法租界,并不会引起歧义或不便,但时过境迁 70 多年后,若准确判断出其具体坐落位置,需要跨越时空,通过多个角度、多条线索来确证,尚需花费一些工夫。尽管当年的电话簿所载,为可信度较高的原始资料,但传递的历史信息有的过于简单,一些重要机构或企业名很可能被遗漏,或记载语焉不详。同时,这也表明,要把该地域的地名和企业沿革一一搞清楚,实属不易,有待考证厘清的空间还很大。目力所及的、比较可靠的相关已出版史料,包括《天津商会档案汇编》(10 卷本)、《近代以来天津城市化进程》以及《天津通志》中的《金融志》、《保险志》、《附志·租界》等,本文未及与这些资料核对校勘,只是抛砖引玉,不妥处敬请指正,以期不断完善。

另需说明的是,天津英法租界的道路,大多只有部分路段位于"金融一条街"地域内,仅据当年电话号码簿提供的地址门牌,难以判定一些商号是否地处该地域内,而当时存在但如今已不存的一些里巷地名,也不能明确是否在该地域内。因此,不排除本文所列机构商号等有超出该地域范围的情形。

大沽北路
(法租界 1 号路、紫竹林大街,英租界 5 号路,海大道、大沽路)

西北起张自忠路(接原广场桥,也称马家口),东南至徐州道。属于金融一条街的范围为从张自忠路至曲阜道一段的路东北一侧。清乾隆四年(1739 年)培土筑路,后迭次加筑,称海河叠道、海叠道,俗称海大道。1860 年沦为英法租界。营口道以北,处法租界,称法租界 1 号路,也称紫竹林大街;营口道以南,处英租界,称英租界 5 号路,也称海大道、大沽路。

诚安里为大沽北路北段东侧,西南起大沽北路的实胡同。该里的东南中间还有一条支巷。全长 67 米。1922 年盐业银行职员邝诚安建房成巷。

一、法租界:

1.有门牌:

刘记脚行　法租界 1 号路马家口河沿 13 号

永顺义记　法租界马家口 1 号路公共汽车站对过 13 号

井町芳雄　法租界马家口1号路17号

瑞德成铜铁铺　法租界1号路21号

泰记公司　法租界1号路23号

野崎自动车商会　法租界1号路26号

鸟羽洋行天津出张所　法租界1号路马家口大街30号（编者注：马家口大街应指法租界1号路，待考）

西山洋行　法租界1号路32号

斌茂隆罐头庄　法租界马家口大街36号

物华楼金珠店分店　法租界马家口1号路42号

冀鲁银号　法租界1号路45号

冀鲁银号　法租界1号路47号

中国眼镜公司　法租界海大道50号

源通厚银号　法租界1号路55号

大陆广告公司　法租界海大道58A

明治糖果公司　法租界1号路60号

天津眼镜公司朱大夫医寓　法租界1号路65号

广泰昌　法租界大沽路69号

马大夫医院　法租界海大道79号

有喊洋行　法租界海大道99号

公兴汽车行　法租界海大道108号

滦州矿地股份有限公司事务所　法租界大沽路111号

紫东洋行　法租界海大道117号

古宝财洋行公事房　法租界大沽路133号

2.无门牌：

东昌洋行　法租界1号路、8号路角慎昌洋行楼上

慎昌洋行　法租界公事房

敦泰永昌记银号　法租界1号路诚安里2号

大陆木器公司　法租界海大道国泰大戏院南

广发源皮件厂　法租界海大道

德茂恒洋酒店　法租界海大道

松记饭庄　法租界海大道

华竹商店总仓库　法租界大沽路

3.法租界马家口：

志成铁工厂　法租界马家口 18 号

谦成五金工厂　法租界马家口 73 号

新泰和饭庄　法租界马家口 118 号

义胜银号　法租界马家口 134 号（编者注：以上门牌按马家口排序，应为对马家口大街的简称）

鼎昌鸣记砂石庄　法租界马家口河沿 263 号（编者注：马家口河沿也有可能指法租界 15 号路，即柏公使河坝，待考）

庆记兴烟行　法租界马家口河沿

协昶号大连驻津　法租界马家口天成栈内楼上 25 号

华星电料行　法租界马家口长发楼对过

远东橡皮公司　法租界海大道马家口

信义公合记麻袋庄　法租界马家口

中国无线电业公司营业部　法租界马家口

大明制造眼镜公司新店　法租界马家口

通顺货栈华记　法租界马家口

慎昌荣记电器记　法租界马家口

顺昌公司　法租界马家口

德义顺铁厂　法租界马家口

桐兴德　法租界马家口

天成客货栈　法租界马家口

玉和成牛奶房　法租界马家口

广昌号　法租界马家口

德泰各埠轮船公司　法租界马家口

同兴五金号　法租界马家口

东长顺缸管火砖庄　法租界马家口

华竹商店　法租界马家口　总店营业部　总店总务部
国泰大戏院　法租界马家口

二、英租界：

1.有门牌：

阙记洋行　英租界大沽路 4 号

安利洋行出口账房　英租界大沽路 10 号

英商保裕保险公司华账房　英租界大沽路 10 号

钰兴达货栈　英租界海大道 18 号

德丰隆银号　英租界海大道 5 号路 18 号楼上

古宝财利记洋行　英租界大沽路 30 号　经理室　华账房　华经理室

司马洋行　英租界大沽路 30 号

美国机器零件公司　法租界大沽路 32A

劝业银行　英租界大沽路 34 号

福祥洋行货栈　英租界大沽路 39 号

孔安商行　法租界大沽路 41 号

老顺记　英租界大沽路 49 号农公司二楼

瑞士保险公司　英租界 5 号路 49 号

俄账公司　英租界大沽路 49 号

隆祥洋行　英租界海大道 49 号

协寰保险公司　英租界 5 号路 49 号

福祥洋行　英租界大沽路 49 号楼下

孔士洋行　英租界大沽路 49 号

先农有限公司　英租界海大道 49 号　经租账房　洋工程司

西北实业公司驻津办事处　英租界海大道 52 号

福家洋行　英租界海大道 52 号楼上

津海公司　英租界海大道 52 号

鸿业公司　英租界大沽路 52 号

茂盛洋行　大沽路 52 号第 1 层　公事房

兴华洋行　英租界大沽路 52 号

兴隆洋行　英租界海大道 52 号　总公事房　经理室　进口部

豫大洋行　英租界大沽路 56 号

瑞典洋行　英租界海大道 56 号

万华银号　法租界海大道 1 号路 57 号　诚安里 4 号

王元记洋服庄　法租界大沽路 59 号

禅臣洋行　英租界海大道 63 号　公事房　出口账房

蔼益吉中华电机厂　英租界大沽路 63 号

茶合洋行　英租界大沽路 72、74 号

怡大行　英租界海大道 74 号

太平洋商务电报公司　英租界海大道 87 号

马得林洋行　英租界大沽路 87 号　洋账房　华账房

徐世贤　英租界海大道 90 号

耀昶电光招牌公司　英租界大沽路 94 号

吉美洋行　英租界海大道 97 号　洋账房　华账房

齐顺兴杂货店　英租界海大道东口 101 号

倪克纺毛厂公事房　英租界大沽路 104 号

协济毛庄　英租界大沽路 105 号益昌洋行账房楼上

益昌洋行　英租界大沽路 105 号　公事房　华账房　保险部

华德贸易公司　英租界大沽路 108 号

柏士洋行　英租界大沽路 108 号

忠兴号　海大道 117 号

振兴修理汽车行　英租界 5 号路 123 号 A

阜昌洋行　英租界大沽路 124 号

利吉洋行　英租界大沽路 124 号

泰昌洋行　英租界大沽路 124 号

茂记洋行　英租界大沽路 131 号

长发顺记　英租界海大道 158 号

同盛德公记　英租界大沽路 162 号

中国改良药房　英租界大沽路 166 号

施克孚工程公司　英租界 173 号

瓦利洋行　英租界大沽路 178 号平和大楼

华泰洋行　英租界海大道 192 号

德盛洋行　英租界大沽路 A194 号

英国通用电气有限公司　英租界大沽路 202 号

仁泰天气冰箱厂　英租界大沽路 204 号

三针公司　英租界大沽路 206 号

大昌堂药房　英租界大沽路 237 号

俄文霞报馆　英租界海大道 239 号

信昌汽水公司　英租界海大道 249 号

宝星当(法商)　英租界海大道 251 号

女青年会　英租界海大道 252 号

亚洛叫卖行　英租界大沽路 266 号

聚盛源五金行　英租界海大道 284 号

茂泰商行　英租界海大道 313 号

以立古甲尼内委托买卖　大沽路 317 号

俄国叫卖行　大沽路 321 号

新华百货商店　英租界海大道 330 号

大陆银行海大道支行　英租界海大道 336 号

毛司咖特　英租界海大道 338 号

协和绸缎布庄　英租界 5 号路海大道 400 号

威尔那钟表行洋人宅　英租界大沽路 404 号

裕顺号拍卖行　英租界海大道 410 号

东昌衬衫公司　英租界大沽路崇德里 43 号

2.英租界花园大楼

谢福司住宅　英租界大沽路花园大楼 A1 号

福棉洋行洋人宅　英租界英花园 3 号

马克立　英租界大沽路花园大楼 6C

莫考科戴鲁　英租界大沽路花园大楼 7 号 A

柏兰特　英租界花园大楼 10 号 D

嘉布悌　英租界花园对过先农大楼 4 号

信丰仓库银号　海大道先农公司对过马路 38 号

合通银行　英租界花园对过 200 号　洋经理室　公用电话

华北物产股份公司姚马克住宅　英租界大沽路 200 号 D6 号

海鸣思　英租界大沽路 200 号花园大楼 B10 号

大律师司立巴克　英租界大沽路 200 号

华隆洋行洋人宅　英租界大沽路花园大楼

后斯　英租界花园大楼

奇尼斯　英租界花园大楼

天津日本总领事馆荻原领事住宅　英租界中街花园大楼(编者注:花园大楼在中街和大沽路一带)

3.无门牌:

金记铜铁钢床工厂　英租界海大道同义当后

福利涌牛羊鲜果公司　英租界海大道首善街 7 号(编者注:南市清和街曾有首善街,并非此首善街)

同生堂合记药庄　英租界海大道首善街东口

荣兴电料行　英租界海大道首善街

聚赉洋行　英租界大沽路西门子大楼　账房

福来德洋行　英租界西门子大楼二层

克利洋行　英租界海大道西门子大楼

兴盛永银号　英租界海大道美丰厚行栈内

礼和洋行　英租界　大沽路隆茂洋行内 136 号　五线转接各部　进口账房　出口账房

同义兴行栈　英租界隆茂对过美丰新栈内

仁记洋行西栈　海大道进口账房内 93 号

义成德记金店　英租界大沽路小白楼北路东

傲贮公司　英租界大沽路平和洋行楼上

美丰厚行栈　英租界海大道

美丰栈　英租界大沽路

普来洋行　英租界大沽路

益昌祥　英租界海大道

永和公栈　英租界海大道

永丰洋行　英租界大沽路　公事房　账房

荷兰保险公司　英租界大沽路

新民洋行　英租界大沽路　华账房

保禄洋行　英租界大沽路

邓禄普橡皮公司　英租界大沽路　洋账房　华账房

双兴隆玻璃铺　英租界海大道

义和公毯庄　英租界海大道

开滦矿务总局宿舍　英租界大沽路

隆茂洋行　英租界大沽路　华总理室　洋账房　华账房

义发成靴鞋铺　英租界大沽路

葛立布　英租界大沽路

鹤记西服皮庄　英租界海大道

中国实业银行第二货栈　英租界海大道

全兴鲜果局　英租界海大道

同元顺玻璃铺　英租界大沽路

长春道

（法租界 2 号路、七月十四号路）

东北起解放北路,西南至南京路。属于金融街的范围为从解放北路至大沽北路一段。1860 年沦为法租界后,分段修筑。大沽北路以北,1864 年筑,称七月十四号路,也称法租界 2 号路。1946 年后,改称长春道。

平安里位于黑龙江路北段东侧,西北起长春道,东南至滨江道。该里的西侧出横巷通黑龙江路,横巷南侧还有两条支巷。全长 272 米。建于 1910 年。为先农公司房产,初名平安里。1982 年改称皆安里。

1.有门牌：

日信洋行　法租界 2 号路 10 号

北洋机器厂　法租界 2 号路、1 号路转角 21 号

满铁天津事务所　法租界 2 号路 25 号

荣康栈　法租界 2 号路 27 号

荣康号　法租界 2 号路 27 号

祥瑞兴银号　法租界 2 号路 32 号

藤田敬二　法租界 2 号路 35 号

东兴洋行　法租界 2 号路 37 号

肇泰水灾保险分公司　法租界 2 号路 39 号

内外化学肥料公司　法租界 2 号路 41 号　公事房

内外化学肥料公司住宅　法租界 2 号路 41 号 A

裕丰恒　法租界 2 号路 41 号

裕昌兴记　法租界 2 号路 43 号

广增祥棉布棉纱庄　法租界 2 号路 45 号

中国物产公司　法租界 2 号路 47 号

同义兴新记　法租界 2 号路 49 号

永生泰　法租界 2 号路 51 号

日满渔业株式会社天津出张所　法租界 2 号路 53 号

天安号　法租界 2 号路 53 号

永康德棉布棉纱庄　法租界 2 号路 57 号

盛昌洋行　法租界 2 号路 57 号

大二商会天津出张所　法租界 2 号路 61 号

魁记号　法租界 2 号路 62 号

德祥铁厂　法租界 2 号路 64 号

大连洋行天津支店　法租界 2 号路 65 号

东方汽车行　法租界 2 号路 66 号

建设委员会电机制造厂天津营业所　法租界 2 号路 66 号

裕德号　法租界 2 号路 67 号

东拓公司　法租界 2 号路 69 号

亨利公司　法租界 2 号路 A70 号

裕大五金行　法租界 2 号路 72 号

森泰电焊铁工厂　法租界 2 号路 75 号

永慎昌铁号　法租界 2 号路 76 号

中华汽炉行　法租界 2 号路 77 号

俊元铁厂　法租界 2 号路 79 号、法租界 2 号路 80 号

鸿兴印字馆　法租界　2 号路 79 号

美庆汽车公司　法租界 2 号路 83 号

康元制罐厂有限公司天津分厂　法租界 2 号路 84 号

北方长途转运汽车行　法租界 2 号路 84 号

开利洋行　法租界 2 号路 84 号

丰昌洋行　法租界 2 号路 89 号

天津汽车零件公司　法租界 2 号路 90 号

金城机器工厂　法租界 2 号路 90 号

久成公司　法租界 2 号路 94 号

日信洋行经理室、公事房　法租界 2 号路 165 号

北华利烟行　法租界 2 号路平安里 22 号

2.无门牌：

余记号　法租界 2 号路伊藤洋行内

裕大纱厂事务所　法租界 2 号路

美利华电业厂　法租界 2 号路

英美机器厂　法租界 2 号路

华美丰汽车零件行　法租界 1 号路、2 号路角

柳大公司　法租界 2 号路

益和公司　法租界 2 号路祥记汽车行后院

大陆银行第一货栈　法租界 2 号路

三菱公司　法租界 2 号路

同义顺铁厂　法租界 2 号路

中和洋行　法租界 2 号路

大陆大楼：

太平洋轮船公司　法租界大陆大楼楼下

复生庆行栈　法租界 2 号路大陆大楼二层楼上

复兴庆棉业部　法租界 2 号路大陆大楼内二楼

东方广播电台　法租界大陆大楼 314 号

中华全国火柴产销联营天津分社　法租界大陆大楼 318 号

整理海河善后工程处事务组　法租界 2 号路大陆大楼四层

黑龙江路

（法租界 3 号路、石教士路）

西北起张自忠路，东南至哈尔滨道，长 266 米，全部在金融街的范围内。1860 年沦为法租界后，同年筑路，称石教士路，也称法租界 3 号路。1943 年改称兴亚三区 3 号路。1946 年后改称黑龙江路。

隆泰里位于黑龙江路中段西侧。东北起黑龙江路，为两条并行的实胡同。全长 139 米，建于 1910 年。1936 年刘少奇来津主持中共北方局时，巷内 19 号为北方局机关所在地。

蚨生祥记　法租界 3 号路北首 8 号

仁民制药厂　法租界 3 号路 8 号院内

纽滦德洋行　法租界 3 号路门牌 8 号三楼

金明修理汽车工厂　法租界 3 号路 10 号

华成行　法租界 3 号路隆泰里 12 号

中国有机颜料化学公司　法租界 3 号路 14 号鸿业大楼

起兴号　法租界 3 号路平安里 19 号

义兴灰煤栈　法租界 3 号路 29 号

义庆涌　法租界 3 号路 33 号

万兴长银号　法租界 3 号路 33 号

济安自来水有限公司管理处　法租界 3 号路 85 号

华成行　法租界 3 号路隆泰里 12 号

中国旅馆　法租界 3 号路　中国旅馆永记

滨江道

（法租界 4 号路、葛公使路、广东街、蓝牌电车路）

北起张自忠路,西南至南京路。属于金融街的范围为从张自忠路至大沽北路一段。1860 年,此路段沦为法租界,1886 年筑路,称葛公使路,也称法租界 4 号路。因广东人经商较多,俗称广东街。1946 年后改称滨江道。其中,部分路段(解放北路至大沽北路一段)因电车经过,也称蓝牌电车路。

1.有门牌：

宇高商会　法租界 4 号路 18 号

公义洋行　英租界 4 号路 27 号

国际运输株式会社　法租界 4 号路 28 号　天津出张所　天津支店

克达洋行　法租界 4 号路 44 号

博隆洋行　英租界 4 号路 47 号

通记洋行　法租界 4 号路 48 号

进藤要宅　法租界 4 号路 60 号

北华保险公司　法租界 4 号路 60 号

中井德次郎　法租界 4 号路 60 号楼上

美国饭店　法租界 4 号路 62 号

正兴行　法租界 4 号路交通银行对过 73 号

永利洋行　英租界 4 号路 75 号

华北牙医材料行　法租界 4 号路 77 号

亨通贸易有限公司　法租界 4 号路 83 号

先施化妆品公司　法租界 4 号路 95 号

隆昌号棉布庄　法租界 4 号路 103 号　营业部

东方贸易工程公司　法租界 4 号路 110 号

泉胜铜铁玻璃铺　法租界 4 号路 111 号

北洋广告公司　法租界 4 号路 114 号（即蓝牌电车道长发栈西）

广荣昌　法租界 4 号路 116 号

弘德商科职业学校　法租界 4 号路 123 号

庆益银号　法租界 4 号路 125 号

祥生银号　法租界 4 号路 125 号

和昌号　法租界 4 号路 125 号

北安利　法租界 4 号路 126 号

胜家缝衣机器公司　法租界 4 号路 129 号

爱世开洋行分行　法租界 4 号路 129 号

华美烟草股份有限公司　法租界 4 号路 130 号

美国永备公司　法租界 4 号路 132 号

华洋木器公司　法租界 4 号路马家口 139 号

永甡银号　法租界 4 号路 142 号

利达洋行北方总经理处　法租界 4 号路 144 号

惠福公司　法租界 4 号路 147 号

2.无门牌：

正昌烟草公司　法租界 4 号路、5 号路角　华账房　工厂

费伯汽车行　法租界 4 号路与 7 号路角

内山　英租界 4 号路高林行大楼 23 号

元隆绸缎庄第一支店门市营业部、华服西装部　法租界 4 号路国泰戏院东

长春大旅社　法租界 4 号路马家口

登瀛楼饭庄　法租界 4 号路路南　南号雅座账房　南号雅座楼上

登瀛楼饭庄　法租界 4 号路路北　北号账房　北号楼上

长发栈账房　法租界 4 号路

紫竹林宴厅　法租界 4 号路

交通银行　法租界 4 号路　干线（接内用分机）

法国球房　法租界 4 号路

广隆泰兴记　法租界 4 号路

广义昌保记广货庄　法租界 4 号路

文发兴军服庄　法租界 4 号路

永信银号　法租界 4 号路

吉林路
（法租界 5 号路、巴黎路）

西北起张自忠路,东南至营口道,长 657 米,全部在金融街的范围内。1860 年沦为法租界后,称巴黎路,也称法租界 5 号路。1946 年后改称吉林路。

振德巷(振德里)位于吉林路北段东侧,西北起滨江道,西折通吉林路,巷南侧还有一条支巷。全长 41 米。成于 1923 年,为裕津银行房产。房产主后为赵品清,取名振德里。1982 年改为振德巷。

1.有门牌：

瑞洛夫洋行公事房　法租界 5 号路 13 号

海宁洋行　法租界 5 号路 16 号

满铁天津事务所庶务课长神崎登宅　法租界 5 号路 17 号

祥益号　法租界 5 号路 18 号

孚丰号　法租界 5 号路 20 号

天瑞银号　法租界 5 号路 21 号　营业部

福昌公司　法租界 5 号路 28 号

美亚保险公司　法租界巴黎道 29 号　华洋总经理室　营业室

通理商科职业学校　法租界巴黎道 30 号

利记号　法租界 5 号路 32 号

慎益洋行　法租界 5 号路 32 号

慎益棉布商行　法租界 5 号路 32 号

大昌银号　法租界 5 号路交通银行对过 33 号

协利皮毛行　法租界 5 号路 36 号

泰信洋行　法租界 5 号路 40 号

耀远银号　法租界 5 号路 41 号

宝达洋行　法租界 5 号路 44、46

友隆洋行　法租界 5 号路 44、46 号

泰丰号　法租界 5 号路 45 号

志成货栈　法租界 5 号路 47 号

北美洲保险公司　英租界 5 号路 49 号四楼

中美建筑公司　英租界 5 号路 52 号

河北省银行总行货栈　法租界 5 号路 79 号

花旗保险公司　法租界巴黎路 92 号

信孚水火保险公司　法租界巴黎路 92 号

友邦人寿保险公司　法租界巴黎路 92 号

石崎又夫　法租界 5 号路 96 号

满铁天津事务所资料主任市川伦宅　法租界 5 号路 98 号

张语田宅　法租界 5 号路 100 号

永田重治宅　法租界 5 号路 102 号

法大使馆商务副参赞　法租界 5 号路 106 号

2.无门牌：

青年会　法租界巴黎道 5 号

英商四海保险公司　法租界 5 号路 14 号路角

振义银号　法租界 5 号路元隆后

蚨亨银号　法租界 5 号路振德里内

蚨荣洋行　法租界 5 号路振德里

余大亨银号　法租界 5 号路

乐利工程司　法租界 5 号路

直隶印字馆　法租界 5 号路

中和栈　法租界 5 号路

振义银号　法租界巴黎道

大陆银行第二货栈　法租界巴黎道

哈尔滨道

（法租界 6 号路乙、狄总领事路）

东北起张自忠路,西南至南京路。属于金融街的范围为从张自忠路至大沽北路一段。1860 年,此路段沦为法租界,1864 年筑路,称狄总领事路,也称法租界 6 号路乙。1946 年后改称哈尔滨路。

益友坊坐落在哈尔滨道东段南侧,西北起哈尔滨道的实胡同,益友坊的东侧还有一条支巷,全长 61 米。1929 年路益祥建房成巷。

福华里位于哈尔滨道北段东南侧。西北起滨江道,东南至哈尔滨道,该里的西侧还有两条并行的支巷。全长 166 米。建于 1910 年。

增贤里位于大沽北路北段东侧,西南起大沽北路,该里的中间南侧还有一条支巷。全长 189 米。清末,陈光远（后为江西督军）和外国人毕故格,各占一侧建房,初名集贤里。1982 年改称增贤里。

1.有门牌：

瑞成公司　法租界 6 号路河沿 9 号角门内直东公司仓库角院内

株式会社谦信公司　法租界 6 号路 13 号

中兴行　法租界 6 号路 32 号

仁记洋行法租界 6 号路 48 号（编者注：是否为另一家仁记洋行,待考）

钜利洋行　法租界 6 号路 49 号

华通洋行　法租界 6 号路 53 号

进藤要　法租界 6 号路 68 号法文日报楼上

瑞德洋行　法租界 6 号路 70 号

班大夫罗大夫办公室　法租界 6 号路 86 号

玉生祥纱布庄　法租界 6 号路 87 号

志成栈棉业部　法租界 6 号路 87 号

沃连洋行　法租界 6 号路 88 号

江商洋行　法租界 6 号路 89 号

桐华德记　法租界 6 号路 100 号

公诚皮毛公司　法租界 6 号路 101 号

中国大陆商业公司零件部　法租界 6 号路 113 号

和丰银号　法租界 6 号路 114 号

中国华成烟草股份有限公司天津分公司　法租界 6 号路 118 号

中和银号　法租界 6 号路 120 号

中央储蓄会天津分会　法租界 6 号路 127 号

天津公共客座汽车有限公司　法租界 6 号路 129 号

华斯洋行　法租界 6 号路 137 号

鸿记银号　法租界 6 号路 139 号

人和栈　法租界 6 号路 142 号

聚丰贸易公司　法租界 6 号路 146 号

春和皮庄　法租界 6 号路福华里 1 号

泉记皮庄　法租界 6 号路集贤里 3 号

文化印书馆　法租界 6 号路荫余里 3 号

2.无门牌：

大陆皮毛公司　法租界 6 号路 11 号路角

大陆银行　法租界 6 号路　总经理处　经理室　营业部　储蓄部　保管部　国外汇兑部

永安纱厂驻津办事处　法租界 6 号路钜利洋行楼上

忠信洋行　法租界 6 号路隆兴洋行内

祥记号布庄　法租界 6 号路合兴行内

万森茂　法租界 6 号路中和栈旁

德盛合　法租界 6 号路西口

中国天一保险股分有限公司天津分公司　法租界 6 号路

中国农业银行　法租界 6 号路　经理室　营业室

联昌印字馆　法租界 6 号路

美孚油行总行　法租界 6 号路

王阿明洋服店　法租界 6 号路

恒隆洋行　法租界 6 号路

恒丰洋行　法租界 6 号路　总公事房　账房

东兴行栈　法租界 6 号路

滋康号洋布庄　法租界 6 号路

3.益友坊：

裕通号　法租界 6 号路益友坊 1 号

鸿记蛋厂　法租界 6 号路益友坊 1 号

益恒昌银号　法租界 6 号路益友坊内 4 号

庐丰商店　法租界 6 号路益友坊 5 号

义康祥　法租界 6 号路益友坊 5 号

振德兴　法租界 6 号路益友坊 6 号

天祥公司　法租界 6 号路益友坊 6 号二楼

和丰裕银号　法租界 6 号路益友坊 7 号

恒源益银号　法租界 6 号路益友坊 7 号

本立源银号　法租界 6 号路益友坊 7 号

泰通公司　法租界 6 号路益友坊 18 号二楼

隆昌号公记　法租界 6 号路益友坊内 20 号

解放北路

（法租界 7 号路、大法国路、蓝牌电车路，英租界 3 号路、维多利亚路，中街）

西北起解放桥，东南至徐州道，接解放南路。属于金融街的范围为从张自忠路解放桥至曲阜道一段。1860 年沦为英法租界后，分段修筑。营口道以北，处法租界，称大法国路，法租界 7 号路；营口道以南，处英租界，称维多利亚路，英租界 3 号路。两路均称中街。1946 年后，改称中正路。1949 年后改称解放北路。其中，北部（张自忠路至滨江道一段）因电车经过，也称蓝牌电车路。

一、法租界

1.有门牌：

惠通航空股份有限公司　法租界 7 号路 7 号百福大楼

卜内门洋碱公司洋帐房　法租界 7 号路百福大楼

新通贸易公司　法租界中街 A11 号

大中银行　法租界中街 15 号　经理室　营业室

美商公懋洋行　法租界中街 18 号　接内用分机　总经理室

股份有限国际银公司　法租界中街 23 号美业大楼五层（编者注：美业大楼即美业银行大楼，23 号与下文的 34 号有何关联，待考）

银行公会　法租界中街 24 号

恩兴花局　法租界中街 25 号

华文打字机公司　法租界中街美业银行旁 32 号

宫下宅　法租界美业大楼 1 号

森良一　法租界中街 34 号美业大楼 2 号

富来公司出张所　法租界中街美业大楼 34 号

美业公司　法租界中街 34 号 A

第一生命保险相互会社北支天津事务所　法租界中街 7 号路 B34 号

铁列火夫照像馆　法租界中街 43 号

安平保险公司　法租界中街 44 号

太平保险公司分公司　法租界中街 44 号

秀鹤园书馆营业部　法租界中街 45 号

兴盛洋行　法租界中街 62 号

荣茂祥　法租界中街 69 号

健康药房　法租界中街 71 号

东方图书馆　法租界中街 71 号

国华银行　法租界中街 74 号　经理室　营业股　信托股

仁立实业股份有限公司　法租界中街 78 号

武斋洋行　法租界中街 82 号

保太公司　法租界 7 号路 85 号

朝鲜银行　法租界中街 93 号　洋账房　华账房　经理室

朝鲜银行洋人宅　法租界朝鲜银行二楼

竹内信国际法律事务所　法租界中街 97 号

乌利文洋行　法租界中街 99 号

中华汇业银行　法租界中街 103 号

天福洋行　法租界中街 105 号

仁记洋行洋人宅　法租界中街 110 号工商大楼

中法工商银行经理住宅　法租界中街 110 号

幸哥　法租界中街 110 号

永和营造公司　法租界 7 号路 110 号

侯立斯大律师　法租界 7 号路 111 号

罗远德大夫　法租界中街 111 号

2.无门牌：

天津农商银行　法租界中街保商银行后院（编者注：北洋保商银行当时设在法租界 14 号路,据此推断,应为 14 号路与中街交口附近）

三井洋行中山佐吉宅　法租界中街裕中饭店内 37 号

中法工商银行　英法交界中街　营业部　华账房

大瑞号棉布商　法租界中街、4 号路

庆仁堂药庄　法租界绿牌电车道中街

中央公司洋账房　法租界中街

中国农工银行　法租界中街　经理室　营业室　公用

正昌麦包房　法租界中街

良济药房　法租界中街

法国工部局及巡捕厅　法租界中街

法国码头捐务处　法租界中街

美丰公司出口账房　法租界中街

徐景文牙医生　法租界中街

华义银行　法租界中街　经理室　公事房　账房　华账房

裕中饭店　法租界中街

聚丰洋行　法租界中街

万国储蓄会　法租界中街

仪品放款银行　法租界中街　洋账房　华账房　工程部

俄国大夫　法租界中街

3.法租界新华大楼：

新华信托储蓄银行　法租界中街大楼　经理室　各部五线转接

中国征信所天津分所　法租界中街新华大楼四楼 2 号

天津市银行钱业同业公会合组公库　法租界中街新华大楼 24 号　会计股
出纳股　库长室　公用

诚孚信托股份有限公司　法租界 4 号路新华大楼三楼 305 号

乌鲁夫　法租界新华大楼 307 号

宁绍保险公司天津经理处　法租界新华银行大楼 301 号

四明保险股份有限公司天津分公司　法租界新华大楼 307A 号

日满商事株式会社天津出张所　法租界新华大楼三楼

明信法律事务所　法租界 4 号路新华大楼三楼

邝体乾律师事务所　法租界新华大楼 408 号

兴中公司　法租界中街新华大楼四层

兴中公司天津出张所　法租界中街新华大楼四层

大华火油公司　法租界 4 号路新华大楼 4 层

大华火油股份有限公司汽油部　法租界 4 号路新华大楼 4 层

梁宝平大夫　法租界新华大楼五楼 502 号

满铁天津事务所　法租界中街新华大楼　所长室　庶务课长　调查课长
庶务主任　经理系　资料系　庶务系　调查系　调查班　调查班庶务

诚孚管理恒源纺织厂事务所　法租界新华大楼内

诚孚信托公司管理恒源纱厂事务处　法租界中街新华大楼

银行公会　法租界中街新华大楼

二、英租界：

1.有门牌：

大通银行　英租界中街 1 号　经理办公室　总公事房　华账房　账房
洋人宅

永固工程司　英租界中街 1 号

海昌洋行　英租界中街 1 号

瑞卡德大夫　英租界中街 1 号

德利贸易广告公司　英租界中街 7 号

中央银行天津分行　英租界中街 9 号　总机　营业室　经理室

卫生公司　英租界中街 10 号

天津航业公司九号码头大院办公室　英租界中街 32 号

天津航业公司　英租界中街 33 号　公用　船务部　总经理室

美国大律师法克斯　法租界中街 34 号

华安合群保寿公司　法租界中街 34 号美业大楼三层 3 号

仁记洋行　英租界中街 43 号　华账房　进口部　轮船部

克佐时洋行　英租界中街 43 号

近海邮船会社　英租界中街 43 号　出进口账房　公事房

施记烟公司　法租界中街 47 号

德和洋行洋人宅　英租界中街 52 号

雅利洋行　英租界中街 55 号

联新公司　英租界中街 55 号　中国商业信托部

通济隆　英租界中街 63 号　公事房　经理室

汇理银行　法租界中街 73 号　洋账房　华账房

亚细亚火油公司洋人卖货处、华人卖货处　英租界中街 90 号

卫禄士洋行　英租界中街 90 号

沙利洋行　英租界中街 90 号

华比银行洋经理宅　英租界中街 98 号

新茂洋行　英租界中街 98 号　进口账房

利华放款公司　英租界中街 101 号

梅尔牙大夫　英租界中街 105 号

谋得利琴行　英租界中街 105 号

太古洋行保险部　英租界中街 117 号

正广和洋行　英租界中街 126 号

犹太教堂　英租界中街 126 号 A

孟德森大夫　英租界中街 128 号二楼

医学博士纪陆芝专理妇科　英租界中街 128 号三楼

柯达公司　英租界中街 130 号

美华摄影公司　英租界中街 134 号

华茂洋行　英租界中街 132 号

美国运通银行　英租界中街 137 号

天津图书公司　英租界中街 137 号

井泽洋行　英租界中街 138 号

高纯一牙科医院　英租界中街惠罗公司迤南 139 号

美国保险公会　英租界中街 140 号

蓝配克洋行　英租界中街 142 号

宏利人寿保险公司　英租界中街 144 号

拔柏葛锅炉公司　英租界中街 173 号头层

天津保险公会　英租界中街 173A 二楼 1 号

希腊领事馆　英租界中街 173 号二楼

卢广寿牙大夫　英租界中街 173 号二楼

时代美术公司　英租界中街 173 号

佛威大律师　英租界中街 173 号

利喊钟表钻石洋行　英租界中街 175 号

敦华银行　英租界中街 179 号

隆业洋行　英租界中街 179 号

天津印字馆　英租界中街 181 号

永明人寿保险公司　英租界中街 187 号

南英商水火险公司　英租界中街 187 号

华隆洋行　英租界中街 187 号

孚隆洋行　英租界中街 195 号

大隆洋行　英租界中街 197 号

华慎氏汽水公司　英租界中街 236 号

李握夫大夫　英租界中街 237 号

丽福施次照相馆　英租界中街 237 号

恒昌贸易公司　英租界中街 237 号

福斯影片公司　英租界中街 237 号三楼

纽西兰永安森林有限公司　英租界中街 237 号三楼 B12 号

医学博士瓦林廷大夫　英租界中街 238 号

屈臣氏药房　英租界中街 238 号

林大夫　英租界中街 238 号

韩大夫　英租界中街 238 号华生洋行大楼

黎温斯大夫　英租界中街 238 号二楼

威信水火人寿保险公司　英租界中街 239 号

东方图书馆分馆　英租界中街 241 号

美亚售品公司　英租界中街 243 号

倪大夫　英租界中街 245 号

孔爱礼　英租界中街 245 号

泰来大楼　英租界中街 246 号

天玉顺公司　英租界中街 247 号　营业批发部

胜利无线电业公司　英租界中街 252 号

毛瑞司　英租界中街 252 号

欧立司克　英租界中街 252 号

罗办臣琴行　英租界中街 256 号

璧得洋行　英租界中街 262 号

寇大夫　英租界中街 264 号

馥和烟卷公司　英租界中街 268 号

顾林祺大夫　英租界中街 270 号内 77 号

大隆洋行印度绸缎庄　英租界中街 274 号

流丁药房　英租界中街 286 号

北辰洋行　英租界中街 276 号

史铁课　英租界中街 278 号

麦礼洋行　英租界中街 287 号

哥楼洋行　英租界中街 288 号

霹斯地利美容馆　英租界中街 289 号

天盛洋行　英租界中街 293 号

义国理发所　英租界中街 299 号

开滦矿务总局陈少云　英租界中街 312 号

长顺木器行　英租界 375 号(编者注:一般特指英租界中街时,才有如此省略的情形,当时的电话簿中,此种情况并非个别)

2.英租界中后街:

盖苓美术建筑　英租界中后街 7 号(编者注:英租界中后街,待考)

西成洋行　英租界中后街 11 号

中华平安公司　英租界中后街 12 号

宝波洋行　英租界中后街 12 号 A

福来洋行　英租界中后街 15 号

维纳洋行　英租界中后街 17 号

华亨洋行　英租界中后街 19 号

赞多洋行　英租界中后街 20 号

美国律师爱温斯　英租界中后街

3.无门牌:

新雅洗衣公司　英租界中街泰来新楼

来得乐饭店　英租界中街泰来大楼三层四层

永昌泰洋行　英租界中街大雷地大楼二楼

福来女服帽庄　英租界中街大雷第大楼(编者注:大雷第大楼即大雷地大楼)

汇克大洋行　英租界怡和大楼(编者注:怡和大楼在英租界中街)

永和营造公司　英租界中街太古洋行内

广帮办公处　英租界中街太古洋行内

德士古火油公司公事房　英租界中街华比银行大楼

汇丰银行　英租界中街　洋经理室　华经理室　华账房　洋账房　跑合公用

美国律师华克　英租界汇丰大楼

旧金山人寿保险公司　英租界中街汇丰大楼二层

德华银行　英租界中街怡和大楼　洋账房　华账房

美经纪行市部　英租界中街怡和楼上

裕恩永杂货行　英租界中街南头

英国工部局捐务股办公室　英租界中街戈登堂

劳瑞美容馆　英租界中街中街大楼 1 号房

皇宫饭店洋人宅　英租界中街利顺德饭店 51 号

利顺德饭店　英租界中街

游艺津会　英租界中街　楼下

皇宫饭店　英租界中街

花旗银行　英租界中街　洋账房　华账房

怡和洋行　英租界中街　进口账房　进口部　轮船处

金城银行　英租界中街　接内部各机　公用

同大昌报关行　英租界中街

小医生　英租界中街

中南银行　英租界中街　经理室　三线转接各室

日本驻津总领事馆总领事宅　英租界中街

华丰洋行　英租界中街

新亚药房　英租界中街

华生祥　英租界中街

普丰洋行　英租界中街

华比银行　英租界中街　经理室　副理室　公事房　华账房

英国工部局会计处　英国工部局电务处　英租界中街

英国工部局工程处工程司办公室、副工程司办公室、卫生视察员克乐先生
及员司办公室　英租界中街

英国工部局工程处分轮总管安德尔先生办公室　英租界中街

英国工部局电务处陈列室　英租界中街

英国工部局警务处长谭礼士先生住宅　英租界中街

高桥洋行　英租界中街

麦加利银行　英租界中街　经理室　副理室　华账房　洋账行　公事房

惠罗公司　英租界中街

保安保险公司　英租界中街

英国工部局　英租界中街　秘书长办公室　秘书处

美丰洋行　法租界中街

邮政管理局邮政第十一支局　英租界中街

协和烟草公司　英租界中街

京津日报馆主笔办公处　英租界中街

怡和出口洋行洋账房　英租界中街

怡和洋行　英租界中街

怡和机器有限公司华账房　英租界中街

武田兄弟洋行　英租界中街

四银行准备库　英租界中街　储蓄会　经理室　业务部　出纳部　庶务处

四银行天津储蓄会保管部　英租界中街

布路洋行　英租界中街

正金银行　英租界中街　公事房　洋账房　华账房　客人公用

太古洋行　英租界中街　公事房　账房

赤峰道

（法租界 8 号路甲、巴斯德路、花牌电车路，法租界 8 号路乙、
水师营路、黄牌电车路）

东北起张自忠路，西南至南京路。属于金融一条街的范围为从张自忠路至大沽北路一段。1860 年，此路段沦为法租界，1886 年筑路。其中，张自忠路至解放北路一段，称水师营路，也称法租界 8 号路乙；解放北路至和平路一段（其中，解放北路至大沽北路一段属于金融街范围内），称巴斯德路，也称法租界 8 号路甲。1946 年后统称赤峰道。由于电车途经此路，路东部（张自忠路至吉林路一段）称黄牌电车路，吉林路以西路段称花牌电车路。

1.有门牌:

聚东货栈　法租界 8 号路 26 号

法国律师罗伯德及顾乐科　法租界 8 号乙路 53 号

增幸洋行　法租界甲 8 号路 70 号

增幸洋行上田茂住宅　法租界 8 号路 70 号

桐新　法租界 8 号路 70 号增幸洋行内

信源成记　法租界 8 号路 72 号

协力公司　法租界 8 号路 74 号

合泉社　法租界 8 号路 78 号

华北明星报馆　法租界 8 号路 78 号　营业部　编辑室

裕津银行　法租界 8 号路 84 号　总行

上海商业储蓄银行天津分行　法租界 8 号路 100 号

国民商业储蓄银行经理室　法租界 8 号路 103、105 号

德记洋行　法租界 8 号路 105 号 A

正和公　法租界 8 号路 105 号德记洋行院内

雀巢奶品公司　法租界 8 号路 109 号

中国国货银行　法租界 8 号路 110 号　经理室　国外汇兑　营业室

永昌转运货栈　法租界 8 号路 110 号后楼

孔祥吉宅　法租界 8 号路 110 号

东洋制纸工业株式会社　法租界 8 号路 113 号

边业银行　法租界 8 号路 117 号　经理室　营业室

有喊洋行住宅　法租界巴斯铎路 121 号(编者注:巴斯铎路即巴斯德路)

高达洋行　法租界甲 8 号路 129 号

美古绅洋行　法租界甲 8 号路 135—149 号

仪兴轮船公司　法租界河沿 8 号路 137 号

2.无门牌:

盐业银行　法租界 8 号路　四线接内用分机

滋丰号　法租界盐业银行对过隆源泰内

宝丰保险公司天津分公司　法租界 8 号路上海银行内

中国旅行社　法租界 8 号路

裕华银行　法租界 8 号路

法国营盘看厅　法租界 8 号路

华孚贸易公司　法租界 8 号路中国银行对过

中国大陆商业公司　法租界 8 号路大来大楼内　出口部

松江路

（法租界 9 号路、古拔路）

西北起张自忠路,东南至滨江道,长 154 米,全部在金融街的范围内。1860 年沦为法租界后,称古拔路,也称法租界 9 号路。1946 年后改称松江路。

德孚洋行　法租界 9 号路 6 号　公事房　华账房

利康洋行　法租界 9 号路 15 号

北方航业公司公事房　法租界 9 号路 15 号楼上

恒祥公皮庄　法租界 9 号路 18 号

德壁洋行　法租界 9 号路 20 号

哈瓦斯　法租界 9 号路 28 号

正太路局驻津转运处　法租界 9 号路 29 号

上海保险洋行　法租界 9 号路

承德道

（法租界 10 号路、领事馆路,法租界 13 号路、克雷孟梭广场,
法租界 14 号路、威尔顿路）

东北起张自忠路,西南至河北路。属于金融街的范围为从张自忠路至大沽北路一段。1860 年,此路段沦为法租界后,分段辟筑。1864 年修解放北路以北路段,称领事馆路,也称法租界 10 号路。1900 年修解放北路以南路段。其中:解放北路至吉林路一段,称克雷孟梭广场,也称法租界 13 号路;吉林路至花园路一段(其中,吉林路至大沽北路一段属于金融街范围内),称威尔顿路,也称法租界 14 号路。1946 年后统称承德道。

赵幼田宅　法租界 10 号路 41 号

久记皮毛庄　法租界 10 号路

六国大饭店　法租界 10 号路　公事房　新楼头层　新楼二层

日满商事株式会社天津出张所所长泷田重男宅　法租界 13 号路睦安大楼 B4 号

北顺博士廷洋行　法租界 14 号路 8 号

亨来洋行　法租界 14 号路 10 号

复诚皮庄　法租界 14 号路 12 号

瑞洛夫住宅　法租界 14 号路 15 号

赵泉律师事务所　法租界 14 号路 16 号

信中保险公司　法租界 14 号路 18 号

合记公司　法租界 14 号路 18 号

巴扣门　法租界 14 号路 34 号

毕利洋行　法租界 14 号路 37 号

实维洋行　法租界 14 号路 37 号

安钟书牙科　法租界 14 号路 38 号

和昌洋行　法租界 14 号路 40 号

义诚厚银号　法租界 14 号路 40 号

佛慈国药厂天津分行　法租界 14 号路 A42 号

盛利皮毛行　法租界 14 号路 A42 号

兴发涌胶皮厂　法租界 14 号路 44 号

李宝梁宅　法租界 14 号路 44 号 B 字

永记福棉行　法租界 14 号路 48 号

朝长桃水宅　法租界 14 号路 50 号

高德洋行　法租界 14 号路 53 号　洋账房　华账房

美古绅洋行　法租界 14 号路 55 号泰孚大楼三层

河北省银行总行　法租界 14 号路 67 号　总经理室　庶务股号房　交换室电话干线

公记　法租界 14 号路 67 号河北省银行内寓

美克洋行经理室　法租界 14 号路、5 号路拐角 92 号

肠厂　法租界 14 号路

复兴洋行　法租界 14 号路

启新洋灰公司　法租界 14 号路　总协理室　总事务所　营业部　董事部　总协董室

北洋保商银行法租界 14 号路　经理室　营业室

东方印字馆　法租界 14 号路

永兴洋行　法租界大沽路、14 号路角　经理室　出口部　出口账房　进口账房　华账房

合江路

（法租界 11 号路、宝领事路）

西北起张自忠路,东南至赤峰道,长 367 米,全部在金融街的范围内。1860 年沦为法租界后,称宝领事路,也称法租界 11 号路。1946 年后改称合江路。

利源洋行　法租界 11 号路 16 号　账房　华经理室

通成公司　法租界 11 号路 25 号　经理室　营业课　会计课

通成公司棉业部　法租界 11 号路 27 号

天津米业公益研究会　法租界 11 号路 27 号

协和烟厂　法租界 11 号路 40 号

赖大夫　法租界 11 号路 42 号

黑龙洋行　法租界 11 号路 46 号

安西造胰有限公司　法租界 11 号路 57 号

宏利商行　法租界 11 号路 57 号

复记行　法租界 11 号路 60 号

普纶洋行　法租界 11 号路 60 号

营口道

（法租界 12 号路、圣路易路,英租界 2 号路、宝士徒道）

东北起张自忠路,接台儿庄路,西南至新兴路。属于金融街的范围为从张自忠路至大沽北路一段。1860 年,此路段沦为英法租界,为英法租界分界路。其中:营口道西北侧属法租界,称圣路易路,法租界 12 号路;营口道东南侧属英租界,称宝士徒道,英租界 2 号路。1946 年后统称营口道。

1.法租界 12 号路:

津海关办公处　法租界 12 号路 11 号

哥道鲁夫人　法租界 12 号路 21 号

沙露维　法租界 12 号路 21 号

雷士　法租界 12 号路 21 号

济安自来水有限公司洋人宅　法租界 12 号路 25 号

利华放款公司洋人宅　法租界 12 号路 47 号

天津市特别第四区秘书乐玉寓　法租界 12 号路 47 号中法工行银行楼上

池田靭负　英租界中法银行内(编者注:中法工行、中法银行即中法工商银行的简称)

崇德堂　法租界 12 号路 53 号

班大夫罗大夫住宅　法租界 12 号路 71 号

亚细亚火油公司卖货主任住宅　法租界 12 号路 75 号

恒丰货栈　法租界 12 号路 143 号

孙公馆　法租界 12 号路 149 号

马屋原胜宅　法租界 12 号路 155 号

于景陶宅　法租界 12 号路 181 号

北宁铁路管理局总务处处长于景陶宅　法租界 12 号路 181 号

日本驻津总领事馆大原嘱托宅　法租界 12 号路 183 号

法英学校　法租界 12 号路 195 号

义顺煤厂　法租界 12 号路 241 号

德兴义记煤厂　法租界 12 号路公义里南口

义利哥柏　法租界 12 号路陆安大街 A4 号（编者注：陆安大街似应为陆安大楼之误）

长田吉次郎　法租界 12 号路陆安大楼 C1 号

满铁天津事务所溪友吉氏宅　法租界 12 号路陆安大楼 C6 号

中央银行天津分行海关收税处　法租界 12 号路津海关内

海关总监察长（即总巡）　法租界河沿 12 号路角

捷隆汽车行修理处　法租界 12 号路

丁雨庄宅　法租界 12 号路泰昌里 3 号（编者注：1998 年天津人民出版社出版的《天津市地名志·和平区（01）》不载泰昌里。当时，华北实业股份有限公司坐落在法租界 31 号路泰昌里 1 号。是否为同一里巷，尚难确定，留存备考）

申泰木厂　英法交界泰昌里 4 号

钱馨如　英法交界 12 号路泰昌里 5 号

2.英租界 2 号路：

集义长毛庄　英租界 2 号路 32 号

永盛洋行　英租界 2 号路 46 号　汇兑部　洋股票部

福英纸行友记　英租界 2 号路 150 号

德义洋行　英租界 2 号路 186 号

欧亚贸易公司　英租界 2 号路 186 号

利喊钟表钻石洋行洋人宅　英租界 2 号路 210 号

德潜眼科医院　英租界 2 号路 220 号

中央通讯社天津分社　英租界 2 号路 224 号

浙江兴业银行河坝分理处　英租界宝士徒道河坝路转角

浙江兴业银行货栈　英租界 2 号路河坝

浙江兴业银行栈房　英租界 2 号路东头河沿

泉祥鸿记茶庄支店　英租界 2 号路

张自忠路

（法租界 15 号路、柏公使河坝，法租界 16、17、18、19 号路、
大法国河坝，法租界河沿）

西北起荣吉大街，东南至营口道，接台儿庄路。清乾隆四年（1739 年）利用河堤筑土路。1883 年，将督院旁浮桥（金钢桥下游）至紫竹林一段，修石路。属于金融街的范围为从大沽北路（原广场桥口，此桥已不存）至营口道一段。1860 年沦为法租界后，泛称法租界河沿。其中：大沽北路至解放北路一段，称柏公使河坝，也称法租界 15 号路；解放北路至营口道一段，称大法国河坝，也称法租界 16、17、18、19 号路。1946 年后统一改称张自忠路。

1.有路名：
裕生麻袋庄　法租界 15 号路河沿 225 号
益和公司　法租界 15 号路
三兴轮船公司　法租界河沿 17 号路 138 号立兴洋行内
大通兴轮船公司仓库　法租界河沿 17 号路 145 号
公兴存　法租界 19 号路
2.法租界河沿：
信义公麻袋庄　法租界河沿 9 号
公兴存出口部　法租界河沿 57 号
株式会社东兴洋行　法租界河沿 113 号
同发源　法租界河沿 223 号
井上洋行出张所　法租界河沿近海邮船会社内
德华行　法租界河沿近海邮船会社对过
公裕存　法租界河沿大阪码头公兴存内
文义起卸行　法租界大陆货栈院内（编者注：暂且将大陆货栈认定为大陆银行第一货栈。大陆银行第二货栈在法租界 5 号路，即巴黎道。）
正荣洋行　法租界河沿海关对过
金城银行货栈　法租界万国桥东

金城银行分栈　法租界万国桥东河沿

立兴洋行进口部　法租界万国桥东

海河工程总局万国桥工程处　万国桥

大阪商船株式会社　法租界河沿　接各部分机　问询部、船客部、出口部华账房　码头　天津支店

大连汽船株式会社仓库　法租界河沿

大陆银行第一货栈　法租界河沿

山下洋行　法租界河沿

通裕洋行分行　法租界河沿

结城洋行　法租界河沿

海关港务长（即理船厅）　法租界河沿

海关验货监察员　法租界河沿

直东轮船股份有限总公司　法租界河沿　经理室　营业室　码头外账房

近海邮船会社栈房　法租界河沿

厚记报关行　法租界河沿

津海关税务司公署汉文秘书课　法租界河沿

东海运输公司　法租界码头

东海运输公司　法租界码头

津海关区会计主任办公室、津海关办公室、津海关税务司办公室　法租界

津海关税务司公署缉私课　法租界（编者注：津海关坐落在法租界 12 号路与法租界河沿交口西北角）

台儿庄路
（英租界 1 号路、河坝道、英租界河沿）

西北起营口道，接张自忠路，东南至湘江道，原为堤埝。属于金融街的范围为从营口道至曲阜道一段。1860 年，此路段沦为英租界，1919 年，就堤筑路，称河坝道，也称英租界 1 号路。1946 年后统称台儿庄路。

懋昌洋行　英租界河沿 11 号

仁记洋行出口部　英租界河坝 50 号

怡和洋行货栈公事房　英租界河坝 50 号

怡和出口栈房　英租界河沿 68 号

福源号烟行　英租界河坝道 110 号

德和洋行　英租界河沿 118 号

利和洋行　英租界河沿 118 号

集成公　英租界河沿 158 号

久恒木材公司　英租界河沿 270 号

大沽驳船有限公司　英租界 1 号码头　洋账房　华账房　文案室（编者注：英租界 1 号码头位于咪哆士道与河坝道交口西南角）

怡和洋行海关验货房　英租界河沿怡和码头

怡和行栈　英租界河坝道

交通银行货栈　英租界河沿招商局内

怡和洋行　英租界河坝

英国工部局码头捐办公处　英租界河沿

招商津局　英租界河坝　局长室　公事房　北栈　南栈

双合兴发煤处　英法交界河沿

大阪公司验货厂　英租界河沿

大阪商船株式会社英租界码头、公事房（及副经理住宅）　英租界河沿

太古洋行货房　英租界河沿

大同道

（英租界 4 号路、领事道）

东起台儿庄路，西至大沽北路，长 376 米。全部在金融街的范围内。原属英租界，1927 年辟筑，称领事道，也称英租界 4 号路。1946 年改称大同道。

汉士洋行洋人宅　英租界领事道 19 号

交通银行英租界库房　英租界领事道 25 号道胜银行原址

瑞隆洋行　英租界 4 号路 27 号

赛马会　英租界 4 号路 27 号　公事房　秘书室

乡谊俱乐部　英租界 4 号路 27 号

鲁麟洋行　英租界 4 号路 29 号　洋账房　华账房

恩格宅　英租界 4 号路 29 号三楼

孙瑞芳　英租界领事道 62 号

瑞生隆有限公司　英租界 4 号路 63 号

福棉洋行　英租界 4 号路 65 号

欧美旅行社　英租界 4 号路 65 号

合禄洋行　英租界领事道 69 号

德隆洋行　英租界领事道 71 号　洋账房　账房

景明洋行　英租界领事道 73 号

德隆洋行皮毛部　英租界领事道 73 号

上海盛亨洋行梁记津庄　英租界领事道高林行院内

中国实业银行　英租界领事道　总行　经理室　全部拨机　储蓄部(编者注:领事馆道即领事道,中国实业银行旧址在今和平区大同道 15 号)

华北矿物公司　英租界领事馆道中国实业银行楼上

永宁水火保险公司　英租界 4 号路中国实业银行楼上　营业室

中国银行货栈　英租界领事道河沿

高林洋行　英租界领事道　出口账房

发兴洋行　英租界领事道

耀华机器制造玻璃股份有限公司　英租界领事道

大连道
(英租界 8 号路、怡和道)

东起台儿庄路,西至大沽北路,长 285 米。全部在金融街的范围内。原属美租界,后归英租界,1921 年辟筑,称怡和道,也称英租界 8 号路。1946 年改称大同道。

吴鲁生洋行　英租界怡和路 48 号(编者注:怡和路即怡和道)

路透电报公司　英租界怡和路 50 号

太原道
（英租界 12 号路、宝顺道）

东起台儿庄路，西至大沽北路，长 271 米。全部在金融街的范围内。原属英租界，1921 年辟筑，称宝顺道，也称英租界 12 号路。1946 年改称太原道。

会爱公司杂货糖果发庄　英租界 12 号路 51 号
宝顺汽车行　英租界 12 号路招商局大院
普丰洋行货栈　英租界宝顺道

泰安道
（英租界 20 号路、咪哆士道）

东起台儿庄路，西至南京路。属于金融街的范围为从台儿庄路至大沽北路一段。原属英租界，1919 年辟筑，称咪哆士道，也称英租界 20 号路。1946 年改称泰安道。

开滦矿务总局洋人宅　英租界中街开滦大楼 2、3、4、5、6 号
徐公馆　英租界 20 号路 13 号
美国领事署　英租界 20 号路 71 号
胜利洗染公司　英租界咪哆士路 83 号（编者注：咪哆士路即咪哆士道）
森木司洋行陈列公事房　英租界咪哆士道 83 号
李大夫　英租界 20 号路 85 号
发兴洋行洋人宅　英租界 20 号路 127 号
京津泰晤士报洋人宅　英租界 20 号路 129 号
荷兰饭店　英租界 20 号路 130 号
安周立　英租界 20 号路 131 号
孙公馆　英租界 20 号路 134 号
吉宅　英租界 20 号路 185 号

永兴洋纸行分行　英租界 20 号路开滦矿务局对过

景明大楼　英租界 20 号路景明大楼三层

国民汽车公司　英租界 20 号路

开滦矿务总局　英租界 20 号路　总局各部分办公处

开滦矿务总局职员俱乐部　英租界 20 号路

傅礼住宅　英租界咪哆士道

彰德道
（英租界 22 号路、博目哩道）

东北起台儿庄路，西南至大沽北路，长 240 米。全部在金融街的范围内。1860 年沦为英租界，后为英美租界分界道，后又将路南侧并入英租界。1919 年辟筑，称博目哩道，也称英租界 22 号路。1946 年改称彰德道。

大通贸易公司　英租界 22 号路义品大楼 207 号房

巴克尼　英租界 22 号路义品大楼三楼

中国汽车公司　英租界 22 号路 37 号

泰和汽车公司　英租界 22 号路 46 号

曲阜道
（英租界 24 号路、董事道）

东起台儿庄路，接大光明桥，西至南京路。属于金融街的范围为从台儿庄路至大沽北路一段。原属英租界，1921 年辟筑，称董事道，也称英租界 24 号路。1946 年改称曲阜道。

派拉蒙影片公司　英租界 24 号路 12 号

赛连富洋行　英租界董事道 16 号

陶金成衣铺　英租界 24 号路 26 号

德华文具馆　英租界董事道 42A

魁记洋服店　英租界 24 号路 44 号

鸿美建造公司　英租界董事道 136 号

贺乐伯　英租界 24 号路 146 号

永盛洋行洋人宅　英租界董事道 151 号

维多利亚医院　英租界董事道 152 号

欧洲鞋店　英租界海大道、董事道角

华北印务公司　英租界董事道

永昌泰洋行洋人宅　英租界董事道

蔡述堂宅　英租界 24 号路

许公馆　英租界 24 号路

松江胡同
（古拔胡同）

西南起解放北路，东北至松江路，长 59 米。原法租界内。约建于1900 年，因通占拔路，也曾称古拔胡同。

光明巷

滨江道北段东侧，长 30 米的实胡同。1882 年建房成巷。法租界天主教会旧址。因临光明大楼较近而得名。

平和里

滨江道东段南侧，东西向为两条主巷。其中：东巷为西北起滨江道，东南至哈尔滨道；西巷为西北起滨江道，东南西折至黑龙江路，中间还有两条支巷相连。全长 380 米。建于1910 年。1925 年五卅运动时，海员工会天津支部办公地设在巷内。

天源德仁记皮庄　法租界 6 号路平和里 48 号

四合义成衣局　法租界 4 号路平和里

利达转运公司　法租界 5 号路平和里

松茂里

大沽北路北段东侧,西南起大沽北路的实胡同。该里的东侧中间还有两条并行的支巷。全长104米。1922年盐业银行职员石松茂建房成巷。1927年初,中共天津地委机关办公地设在巷内5号。

永和里

哈尔滨道东段南侧,西北起哈尔滨道的实胡同,该里的东侧还有一条支巷,全长61米。1919年华毓良建房成巷。

锦荣大楼

哈尔滨道东段南侧,西北起哈尔滨道的实胡同,全长35米。1932年锦荣货栈负责人刘锦荣建房成巷。

海关胡同

承德道中段南侧,为西北起承德道的两条并行的实胡同,全长85米,1883年海关在此建房成巷,为海关职员宿舍。

新成里

(21号大院)

大沽北路与太原道交口东南侧,西北起太原道,东南折至大沽北路,全长128米,1908年美商建房成巷,初名21号大院,1949年改称新成里。

春萌里

曲阜道中段北侧,南起曲阜道的实胡同,长34米,建于1926年,1986年曲阜道拓宽时拆除。

志同里

曲阜道中段北侧,东南起曲阜道的实胡同,长 55 米,建于 1925 年,由开滦矿务局建房成巷,1986 年曲阜道拓宽时拆除。

小朱家胡同

(朱家胡同、小营市场)

大沽北路南段东侧,西南起大沽北路,东北至解放北路,1900 年建,长 286 米,1953 年以小营市场为界,分段改称小朱家北胡同、小朱家南胡同。两条胡同均于 1994 年拆除。东明里位于曲阜道东段北侧,为东南起曲阜道的曲折实胡同,称"户"状,长 93 米。建于 1920 年,1938 年称小朱家胡同,1954 年改称东明里,1986 年曲阜道拓宽时拆除。与该路相关的里巷还有朱家胡同、小营市场。小营市场位于大沽北路南段东侧,南起小朱家南胡同,北至小朱家北胡同,1932 年建房成巷,长 105 米,因临小营市场而得名。

大东图书局　英租界海大道朱家胡同 284 号

公益成菜业商行　英租界朱家胡同钰成厚院内

天聚公　英租界朱家胡同内公益成同院内

同义成米庄　英租界海大道朱家胡同角

聚丰银号(买卖公债股票、兑换金银货币)　英租界朱家胡同路西

辅兴立　英租界朱家胡同华生祥院内

宏仁堂　英租界海大道朱家胡同旁

张华锠洋服庄　英租界朱家胡同海大道 272 号

德泰祥茧绸花边庄　英租界朱家胡同旁中街 282 号

鹤记电器行　英租界朱家胡同

谦义祥　英租界朱家胡同

义昌号　英租界朱家胡同大光明对过

义利成　英租界朱家胡同

万康酱园南号　英租界大沽路朱家胡同

荣合昌鲜货庄　英租界朱家胡同

荣泰成铜铁电料行　英租界海大道朱家胡同

志德成鲜货庄　英租界海大道小营市场对过

同孚号鲜果行　英租界大沽路小营市场对过

恩云永油作　英租界小营市场内 22 号

宝荣号　英租界小营市场内 48 号

义聚祥和记五金行　英租界小白楼小营市场

宝合顺　英租界海大道小营市场内

德记号牛羊肉庄　英租界海大道小营市场对过

小营市场事务所　英租界海大道

（王勇则　王振良整理）